브랜드를 감춰라

브랜드를 감춰라

월리엄 에이머먼 지음 | 최경남 옮김

쌤앤파커스

디지털 트랜스포메이션 시대의 마케팅은 어떻게 진화할 것인가

현대의 마케터는 소비자가 생각하는 방식을 바꾸고, 소비자의 행동에 영향을 미치기 위해 AI의 힘을 활용하고 있다. 이들이 하는 일은 우리가 소비하고 있는 어마어마한 양의 디지털 미디어에 에워싸여 종종 보이지 않거나 숨겨져 있다. 이 책을 통해 이루려는 나의 미션은 AI 시대에 마케터가 사용하는 도구와 전술을 분석하고 여러분을 그 영향력에 대한 풍성한 논의에 참여시키는 것이다.

나는 지난 25년여 동안 허스트 텔레비전, 캐피털 브로드캐스팅, 트리뷴 미디어 등 미국에서 가장 큰 TV 방송 기업에서 임원진으로 재직하면서 정보가 소비자에게 전달되는 방식에서 일어나는 심오한 변화를 선두에서 목격했다. 또한 새롭게 등장하는 기술을 온라인 광고와 마케팅에 적극적으로 적용하는 역할도 수행할 기회를 얻었다.

내가 대학을 졸업할 당시 대부분의 뉴스와 정보는 TV, 라디오, 대량으로 인쇄되는 잡지와 신문 등을 통해 전파되었다. 현재는 인터넷이 뉴스와 정보의 주 공급망이었던 TV를 무력하게 만들고 있다. 이러한 변화와 더불어 출판계에서도 정보를 개인 맞춤형으로 제공하는 역량을 갖추기 시작했다. 이제 모든 이들은 자신이 원할 때 개인 맞춤화된 정보를 얻을 수 있다. 디지털 광고 분야에서는 선택된 좁은 타깃을 향한 광고를 실시간으로 전달하는 기술을 개발했다. 개별 소비자에게 맞춤형 정보를 제공할 수 있게 된 것은 마케터가 개인화된 메시지를 전달할 수 있는 마케팅 혁명을 일으켰기 때문이다.

나는 회의실에 비치된 화이트보드에 강박적으로 매료되어 있다. 거기에 그림을 그리면서 팀원과 고객에게 이 모든 기술이 어떻게 작용하고 마케팅 문제를 해결하는 데 어떻게 사용될 수 있는지 설명하는 것을 즐겼다. 이들 중 몇몇은 농담 삼아 나를 '교수님'이라고 불렀을 만큼 새로운 기술과 정보를 설명하고 가르치는 것을 좋아한다는 사실을 인정할 수밖에 없다. 다른 이들과 아이디어를 공유하고 디지털 광고 기술을 이해시키려던 열정이 이 책을 쓰게 만든 원동력이 되었다. 실무자로 보낸 지난 시간은 디지털 기술과 AI에 대해 연구한 석사 과정과 결합되면서 독특한 관점을 가지게 되었다.

나는 구글 공식 인증 퍼블리싱 파트너로서 주요 방송사가 오프라인에서 디지털 세계로도 진출해 웹 사이트, 앱, SNS를 통해 온라인에서도 입지를 구축할 수 있도록 도움을 주었다. 지난 수년간 우리 팀은 수백억 건의 디지털 광고를 진행했다. 주요 광고주와 함께 일하며 소비자의 반응을 살피기 위해 테스트를 하는 단계에서부터 디지털 마케팅이 모든 비즈니스의 핵심적인 요소가 되고 있는 지금에 이르기까지 수많은 온라인 마케팅 전략을 수립했다.

그동안 애드 네트워크ad network(다양한 매체사와 여러 광고주를 서로 연결해주는 광고 거래 플랫폼.—옮긴이)가 출현하고 매년 수조 건에 달하는 광고가 거래되는 단계로 성장하는 것을 목격했다. 나는 점점 더 정확하게 타깃 소비자에게 정보를 전달하는 데 사용하기 위한 막대한 양의 데이터를 모을 수 있는 플랫폼을 구현해왔다. 그리고 방대한 규모와 고도로 타깃팅한 소비자에게 닿기 위해 모바일 기기를 통해 뉴스와 정보를 전달하는 SNS의 힘을 활용했다. 이러한 현장 경험은 목표 달성을 위해 정보가 디지털 미디어를 통해 어떻게 개인화되는지 이해하는 것을 날카롭게 다듬어주었다.

노스캐롤라이나 대학교의 미디어·저널리즘 석사 과정은 설득을 과학으로 이해하고 기계 학습(AI의 한 분야로 사람이 학습하듯 기계가 방대한 분량의 데이터를 분석하고 학습해 미래를 예측하는 기술.—옮긴이)이 어떻게 우리의 관심을 끌고 우리의 눈이 스크린에 머물 수 있도록 하기 위해 설득을 활용하는지에 대한 나의 시각에 영향을 미쳤다. 나는 MIT에서 진행한 프로젝트를 통해 사람들이 소유한 기기 사이에 공감적 연결을 일으키기 위해 자연어 처리와 인간의 언어 능력에 집중적으로 관심을 가지기도 했다.

마케팅 산업은 개인 맞춤형 정보, 설득의 과학, 기계 학습, 인간과 컴퓨터 사이의 음성 기반 상호 작용이라는 4가지의 각기 뚜렷한 혁신 영역 간의 융합을 주도하고 있다. 이러한 혁신을 하나로 모아 생각하면 소위 말하는 심리 공학 psychological technology, psychotechnology의 기반이 된다. 심리 공학은 마케터에게 학습 가능한 기계의 음성 기반 소통을 통해 소비자를 개별적으로 설득하는 힘을 부여한다. 이는 인간과 컴퓨터 사이의 사회적 관계를 영구불변으로 재정의하는 획기적인 변화라고 할 수 있다.

심리 공학은 너무나 빠르게 발전하고 있어서 이것에 대해 논하고 그 영향력을 고려할 수 있는 잠깐의 시간조차 확보하기 힘들다. 우리 곁에 몰래 다가와 비밀리에 활동하지만, 그 영향력은 점차 커지고 있고, 그 잠재력은 구석구석 스미고 있다. 우리는 심리 공학이 무엇이며, 누가 이를 통제하고, 어떻게 보이지 않는 힘이 우리의 삶에 지배적인 요소가 되고 있는지 이해해야 한다.

이 책을 통한 나의 목표는 심리 공학이 어떻게 작용하는지, 이러한 심리 공학이 가져오는 위협과 기회는 무엇인지 밝히는 것이다. 나는 마케터로서 심리 공학을 윤리적으로 사용하고, 갈수록 진화하는 시장에서 경쟁력을 유지하는 데 도움이 될 도구와 전술을 소개하고자 한다. 또한 소비자를 위해서는 심리 공학이 우리 모두에게 의미하는 것이 무엇인지부터 소개하고자 한다. 이에 대한 지식과 이해를 통해 가장 고상한 인간성을 유지할 수 있다는 희망을 가지고 대화를 시작하려 한다.

PART 1

출현

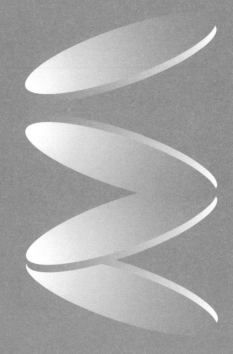

1

감춰진 브랜드

AI는 영화에 등장하는 것처럼 기계가 스스로 사고하고 행동하게 만드는 기술로 설명되기도 한다. 영화의 모습이 현실에서 그대로 구현된다면 가까운 미래 어느 시점에 우리 모두는 기계에 의해 전멸할 가능성이 대단히 높다. 물리학자 스티븐 호킹 박사를 포함한 다수의 사람들이 경고를 하는 것도 놀랄 일은 아니다.

아마도 호킹 박사와 같은 천재들조차도 1970년 앨빈 토플러가 쓴, 매우 큰 반향을 일으킨 베스트셀러에서 언급한 "미래의 충격"future shock이라는 표현에 민감한 반응을 보일 것이다. 토플러는 책의 서문에 이렇게 썼다. "이것은 사람들이 변화에 압도당할 때 그들에게 일어나는 일에 관한 책이다. 이는 우리가 미래에 적응하거나 또는 적응하지 못하는 방식에 관한 책이다."

이 책 역시 비슷한 임무를 가지고 있다. 나의 의도는 우리의 두려움을 악화시키려는 것도 아니고 우려를 가라앉히려는 것도 아니다. 우리는 학습하고 설득하는 힘을 가진 기술이 우리를 둘러싼 숨은 세력들에 의해 사용되고 있는 세계에 살고 있다. 여러분이 광고 전문가든, 기업의 마케터든 혹은 그저 이런 것에 관심이 있는 일반인이든 간에 나의 목표는 여러분이 우리 삶의 형태를 새롭게 만들고 있는 기술에 대한 이해를 갖춤으로써 그 결과에 대처할 수 있도록, 제대로 준비를 할 수 있도록 돕는 것이다. 이를 통해 우리 모두는 이 사회를 좀 더 긍정적인 방향으로 끌고 가는 데 다 같이 힘을 모을 수 있을 것이다.

토플러는 변화에 대해 이렇게 쓰기도 했다. "변화는 미래가 우리의 삶을 침입하는 과정이다." AI의 미래가 불러올 것에 대해 우리를 주춤하게 만드는 것은 아마도 "침입"이라는 단어를 선택했기 때문일 수도 있다. 우리는 챗봇과 같이 인간이 부여한 알고리즘에 따라서만 작동하는 AI의 소위 내로우^{narrow} 적용과 사람 행세를 할 수 있는 안드로이드 로봇이 등장하는 공상 과학 영화에서 묘사된 것처럼 인간처럼 생각하고 스스로 발전하는 제너럴^{general} 적용 사이에 상당한 간극이 있다는 것으로 위안을 삼을 수도 있다. MIT 컴퓨터 과학 및 인공 지능 연구소의 소장인 다니엘라 러스 교수는 다음과 같이 말한 바 있다. "오늘날에는 로봇이 식탁을 치우도록 하는 것보다 로봇을 화성에 보내는 것이 더 쉽다."[1]

왜 그럴까? 식탁을 치우는 것이 우주선을 조종하는 것보다 더 복잡한 작업이기 때문이다. 화성에 가는 로봇은 여러 가지 다른 의사 결정을 내릴 필요 없이 제한적으로 정의된 몇 가지만 수행하면 된다. 예를 들면 안전하게 땅에 착륙해서 분석에 필요한 화성의 토양을 한 덩이 퍼 담는 정도이다(무례할 정도로 지나치게 단순화한 이 예에 대해 나사의 제트 추진 연구소에 사과의 뜻을 전한다). 그러나 접시를 씻는 것은 AI로 하여금 엄청나게 많은 다양한 의사 결정을 내리도록 만든다. 예를 들어 접시에 남은 마카로니 치즈는 남겨둘 만한 것인지, 식기 세척기에 넣을 수 있는 접시는 어떤 것인지, 냉장고 안쪽에 3주간 잊혀 있었던 플라스틱 용기에 담긴 음식은 버려도 되는지 등을 결정할 수 있어야 하기 때문이다. 물론 아무것도 깨뜨리지 않고 어린아이와 반려동물을 피해 주방을 돌아다니는 어려움은 말할 것도 없다.

내로우 AI와 제너럴 AI를 구분하는 데 사용할 수 있는 기본적인 틀은 다음과 같다. 오늘날 AI를 통해 할 수 있는 모든 것은 '내로우'로 볼 수 있으며 우리가 영화에서 보는 것들은 '제너럴'이라고 볼 수 있다. 다행스럽게도 영화에서 묘사하는 대부분의 AI는 실제 기술 수준보다 늘 앞선 상태를 유지할 것이다. 전적으로 안드로이드가 제작하고 안드로이드가 감독하는 영화가 만들어지는 그날이 온다고 해도 말이다.

알고리즘의 목소리

여기 좀 더 미묘하고 다소 불편한 소식도 있다. 내로우 AI는 디지털 세계를 통해 이미 무대 뒤에서 보이지 않게 작용하고 있고 우리 중 대부분은 이 영향력을 그저 희미하게 인지하고 있을 뿐이다. 특히 마케팅과 광고의 세계는 자동화, 빅데이터, 기계 학습에 의해 영구히 바뀌고 있는 중이며 인간의 행동을 조종할 수 있는 더욱 효과적인 수단을 찾기 위한 경쟁은 이미 시작되었다.

우리는 대대적인 규모로 개인 맞춤형 메시지를 전달하기 위한 기술과 설득의 과학이 숨 막히는 속도로 충돌하고 있는 교차점에 이르렀다.

소비자로서 우리는 상대방을 따라잡으려고 애써야 하는 상황에 직면해 있으며 인간과 컴퓨터의 상호 작용에 내재된 힘에 의해 경계를 풀게 되는 경우도 종종 발생한다. 나는 수십 년간 디지털 미디어 분야에서 일했지만 여전히 거대한 변화가 일어나고 있다는 사실을 깨닫고는 깜짝 놀라곤 한다.

우리 옆집에는 두 사람 모두 최신 기술을 다루는 기업에서 일하는, 스타일이 아주 뛰어난 한 부부가 살고 있다. 이들은 AI도 낯설지 않은 사람들이다. 최근 그 부부는 나를 비롯하여 몇 사람들을 저녁 식사를 겸한 수영장 파티에 초대했다. 나는 어쩌다 보니 한 붉은 음료를 마시면서 뒷마당 데크에 있는 긴 의자에 늘어지듯 앉아 있었다. 그때 그들의 네 살짜리 아들이 나의 팔을 잡아당기며 주방에 있는 뭔가를 보여주고 싶다고 했다. 안심을 시키려는 듯 아이 엄마는 내게 고개를 끄덕였고 나는 의자에서 일어나 그 꼬마를 따라 주방으로 갔다. 거기서 꼬마는 자랑스럽게 알렉사(아마존의 인공 지능 플랫폼.―옮긴이)를 소개했다.

"알렉사, 〈스타워즈〉 음악 틀어줘."

아이는 단호하게 명령했다. 알렉사는 충실하게 스타워즈의 메인 테마를 들려주었다. 꼬마 주인은 15초 이상 그 음악을 들을 인내심은 없었는지 또 다른 주문을 던졌다.

"알렉사, 이번에는 〈니모를 찾아서〉 음악 들려줘."

알렉사가 아이의 요청을 수행하고 있을 때 꼬마의 엄마는 조용히 주방으로 들어왔다. 그는 그 기기의 기량을 시험해 보고 있는 조숙한 아들을 사랑스럽게 바라보았다. 꼬마의 명령에 따라 음악이 계속 이어졌고 아이는 신이 나서 환하게 웃었다.

내가 목격하고 있는 것이 어떤 의미인지 곰곰이 생각하고 있을 때 전혀 예상치 못한 일이 일어났다. 아이는 사랑에 흠뻑 빠진 목소리로 알렉사에게 조용히 속삭였다.

"알렉사, 사랑해."

내 눈은 아이의 엄마를 급히 찾았지만, 그는 뒤돌아서 조용히 물러나고 있었다. 아이의 엄마가 사라지는 것을 보면서 나는 방금 일어난 일을 머릿속에서 이해하고자 애썼다.

알 수 없는 곳에서 나온 목소리가 어린 아이에게서 어떻게 그토록 강한 정서적 반응을 끌어낼 수 있었던 것인가? 나는 그날 저녁 내내 어린이들이 진실한 감정, 심지어는 사랑을 표현하며 기계를 대할 수 있다는 깨달음에 사로잡혔다. 그다음은 우리 차례인가? 우리 모두는 가장 은밀한 비밀을 함께 나누며 삶에서 이 야무진 목소리를 신뢰할 수 있을 정도로 AI와 친밀한 관계를 발전시키게 될 운명인가?

몇 달 후, 나는 그 부부에게 알렉사와 그들의 아들에 대한 에피소드를 책에 담고 싶다는 이야기를 했다. 그러자 아이의 엄마는 쓴웃음을 웃으며 이렇게 속삭였다.

"나는 알렉사가 싫어요."

이 이야기가 실증적으로 보여주듯 사랑이나 미움과 같은 감정이

AI와 우리의 상호 관계에서 모습을 드러내기 시작했다. 과거에는 이러한 강한 감정은 사람 사이의 관계에만 적용되는 것이었다면 이제는 우리가 기계와 어떻게 관계를 맺는가에 있어 공감과 정서가 중요한 역할을 할 것이라는 점이 명확해졌다. 보다 의인화되고 말투나 추론 등과 같이 인간을 닮은 특성을 기계에 부여함에 따라 우리와 컴퓨터와의 정서적 연결은 점점 더 증가할 것이다.

> 우리는 평생동안 계속될 기계와의 대화를 시작했다. 그리고 쉽게 손상되는 인간의 기억력에 오류가 생기고 오랜 시간이 지난 후에도 기계는 이를 기억할 것이다.

알렉사처럼 사람과 도구 간 목소리 기반의 인터페이스는 여전히 초기 단계이다. 현재 GUI graphical user interface (그래픽 사용자 인터페이스.—옮긴이)가 대세인 스크린에 집중하고 있는 것처럼 우리는 곧 음성 기반의 대화가 인간과 컴퓨터 관계의 필수적인 특성이 될 것이라는 알게 될 것이다. 이러한 대화가 예상대로 강력한 힘을 지닌 어떤 이해 집단에 의해 설계되고 소유된 기술과의 정서적 연결로 이어진다면 이것은 무엇을 의미하는 것인가?

브랜드의 대리자

보이지 않는 디지털 영역에 숨어 우리를 마치 꼭두각시처럼 조종하려는 이들은 정치인, 언론가, 기업, 협회, 과학자, 기관, 정부 그리고 종교일 것이다. 이들 모두는 우리의 표, 돈, 마음, 생각을 얻기 위해 끈질기게 영향력을 행사하고 있다. VUI^{voice user interface}(음성 사용자 인터페이스—옮긴이)의 출현과 함께 AI는 우리를 설득하고, 생각하는 것을 바꾸고, 행동을 변화시키려는 단호한 결심을 한 다수의 숨은 이해관계자 대신 우리에게 말을 걸 것이다. 이들은 자신의 브랜드를 위해 설득력 있는 메시지를 전달할 AI를 그들의 마네킹으로 사용하는, 복화술사가 되도록 하는 데 열중하고 있다.

브랜드라고 할 때 우리가 매일 보는 코카콜라 캔의 상징적인 로고나 타깃(미국의 대형 소매 유통 체인.—옮긴이) 매장마다 설치된 거대한 붉은 과녁만을 이야기하는 것이 아니라는 것에 주목해야 한다. **브랜드**라는 용어는 소유권을 분명히 하기 위해 가축에 표시를 했던 관습에서 유래되었다고 한다.[2] 흥미롭게도 브랜드라는 용어는 범죄자가 이동할 때 이들을 쉽게 인식할 수 있도록 하기 위해 표시할 때도 사용된다. 브랜드가 다양한 범주에 적용되면서 구체적인 의미를 전달하는 하나의 상징이 되었다. 심지어는 기독교의 십자가, 이슬람교의 초승달과 별 또는 유대교의 다윗의 별 같은 종교적 상징도 브랜드로 생각할 수 있다. 기업의 영역을 넘어서 대학, 정부 기관, 정당, 노동조합과 같은 조직도 브랜드로 생각할 수 있다. 이들 모두는 어떻게든 우리를 설득하는 데 관심을 가지고 있다.

미래에 성공할 브랜드는 AI 시대의 마케팅을 이미 받아들이기 시작했다. 소비자들은 대체로 디지털 마케팅의 숨은 도구와 전술을 알아차리지 못하지만, 이러한 이해 집단은 보이지 않는 브랜드가 사람들을 끌어당기도록 새로운 경제를 구축하고 있다.

보이지 않는 브랜드의 탄생

1776년은 세계사에서 중요한 해라고 할 수 있다. "인류의 역사에서" 로 시작하는 독립 선언문이 발표된 때라는 의미에서만이 아니라, 애덤 스미스의 저서《국부론》이 출간된 때이기도 하기 때문이다. 고전적 자유주의의 초석이 된 스미스의 책은 경제학의 학문적 연구를 위한 기반을 구축했다. 스미스는 이 책에서 자신의 사사로운 이익을 위해 일하는 개인은 최상의 가치를 가진 제품을 생산하기 위해 노력하게 되고 결과적으로 공공의 이익에 기여를 하게 된다고 말한다. 이는 마치 "자신이 의도하지 않았던 목적 달성을 추구하기 위해 보이지 않는 손에 의해 주도되는" 것과 같은 의미이다.[3] 스미스의 보이지 않는 손은 자유 시장의 이점을 설명하는 데 있어 강력하고도 지속적인 비유가 되었다.

이 책의 주제인 **보이지 않는 브랜드**는 애덤 스미스의 '보이지 않는 손'이라는 용어에서 차용한 것으로 새롭게 탄생한 시장을 좌우하고 있는 신생 세력을 상징하는 표현이다. 점점 더 개인 맞춤형 정보, 설득, 기계 학습, 자연어 처리 등과 같이 보이지 않게 숨은 손은 무대 뒤에서 작동하고 있고 우리가 소비하는 미디어와 의사 결정을 유도하는 앱 속에 깊이 개입하고 있다.

마케터와 소비자는 항상 장대한 전투에 참여해왔다. 지난 20년 동안 이 전투는 점점 더 소비자의 승리로 끝이 났다. 우리는 어떤 것에 대한 최적의 가격을 인터넷에서 즉시 찾을 수 있다. 타인이 제품에 어떤 평가를 내리고 있는지도 볼 수 있다. 우리가 보는 영상에서는 광고를 건너뛸 수 있고 걸려오는 광고 전화도 차단할 수 있다. 이러한 변화의 결과로 우리는 과거 어느 때보다 더 많은 힘을 가지게 되었다. 하지만 이 힘의 균형은 완전히 뒤집히고 있다. 보이지 않는 브랜드가 마케터에게 힘을 실어주고 있기 때문이다.

구글, 페이스북, 아마존 같은 거대 인터넷 기업은 믿을 수 없을 정도로 방대한 데이터를 축적하고 있다. 이들이 보유하고 있는 것은 더 이상 기업이 머물러야 하는 경계를 준수하지 않는다. 이들은 수집한 데이터를 신용 점수, 최근에 구매한 차량의 정보, 심지어는 소유한 집의 크기까지 알고 있는 액시엄, 닐슨 같은 데이터베이스 마케팅 회사가 보유한 개인 정보와 연결시킨다. 이들은 우리가 스키를 좋아하는지, 사냥을 좋아하는지 또는 휴가차 유럽으로 여행을 가기 원하는지 등을 알고 있다. 우리 앞에 메시지를 두는 순간이 오면 마케터는 이 **모든** 정보를 결합해 그들이 원하는 행동을 하도록 영향을 미치려면 어떤 종류의 메시지가 필요한지 결정할 수 있다.

데이터 그 자체는 충분하지 않다. 마케터에게 있어 시장의 판도를 바꿀 수 있는 것은 AI이다. AI는 IBM의 왓슨이 인기 퀴즈쇼 〈제퍼디〉의 챔피언을 꺾게 했고, 구글의 딥마인드(AI 바둑 프로그램인 알파고를 개발한 구글의 자회사.—옮긴이)가 상상을 초월하는 경우의 수를 다뤄야 하는 바둑을 AI가 마스터하게 했으며, 알렉사가 우리의 모든 필요에 대응하도록 하는 컴퓨팅 연산 능력을 갖추도록 만들었다. 마케터가 이러한 AI를 활용해 개인 맞춤형 마케팅 캠페인을 했을 때 우리가 물건을 구매하도록 보이지 않게 밀어붙이는 것을 상상해보자.

마케터가 인간의 의사 결정에 영향을 미치는 문제를 파악하고자 엄청난 양의 컴퓨팅 파워를 사용함에 따라 AI는 향후 몇 년간 우리의 삶에 점점 더 중요한 역할을 할 것이다. 개략적으로 AI는 휴대 전화로부터 자동차를 운전하는 동안 그리고 잠을 자는 동안 지속적으로 정보를 수집하고 이렇게 수집한 데이터를 어떻게 설득하고 행동에 영향을 미칠지 파악하기 위해 분석할 것이다.

데이터와 AI의 결합은 마케팅 공식을 바꿀 것이다. 20세기에 일어난 가장 큰 변화는 대량 제조(GM을 생각해보라)에서 대량 유통(P&G를 생각해보라)으로 바뀐 것이었다. 이제 우리는 대량 주문 제작 mass customization의 시대에 들어섰다. 바로 옆 사람이 보는 페이스북의 피드 목록은 나의 피드 목록과 다르다. ESPN닷컴에 가면 우리의 선호에 따라 개인화된, 좋아하는 팀에 대한 정보를 먼저 보여준다. 이제 정보는 맞춤형으로 제공되고 있다. 이는 AI의 활용과 고객에 대한 정보에 기반하여 고객을 제일 잘 알고 있는 사람들에게로 힘이 이동하고 있다는 것을 의미한다.

마케팅과 광고에 대해 짧게 한마디 더하자면, 이제 이 두 용어는 대체 가능하지 않게 되었다. 미국 마케팅 협회는 **마케팅**이라는 용어를 "고객, 클라이언트, 파트너 그리고 넓게는 사회를 위한 가치를 가지는 제공물을 창출하고, 커뮤니케이션하고, 전달하고, 교환하기 위한 활동이자 제도의 집합이자 프로세스"라고 정의한다. 나는 마케팅을 '수요를 예측하고 그러한 수요를 수익성 있게 충족시킬 수 있는 제품을 전달하는 것'이라고 생각한다. 여러분 각자가 생각하는 정의를 거리낌없이 제안해도 좋다. 내가 말하려는 요점은, 마케팅이란 제품의 특성을 고안하는 것에서부터 시장에서 차별화하는 데 이르기까지 그 범위가 다양한 광범위한 장이라는 것이다. **광고**는 마케팅의 일부, 즉 소비자가 제품에 관심을 갖도록 유도하는 구체적인 마케팅 활동을 일컫는다.

마케팅 개론의 고전이 된 이야기가 하나 있다. 바로 타깃이 한 십대 소녀의 임신을 그의 부모보다 먼저 알게 된 사례이다. 2012년《뉴욕타임스 매거진》에 실린 〈기업이 당신의 비밀을 알게 되는 방법〉이라는 제목의 기사를 통해 찰스 두히그는 소비자 행동에 나타난 변화가 임신 여부와 통계적으로 상관관계가 있는지 밝히기 위해 구매 습관을 분석할 것을 지시받은 이 거대 유통 기업의 통계 담당자인 앤드류 폴에 대한 사례를 소개했다. 타깃은 왜 그렇게 했을까? 바로 그 시장 규모가 엄청났기 때문이다. 두히그는 기사에서 이렇게 썼다. "새롭게 부모가 될 이들의 행동은 그 어느 시기보다 유연해진다. 기업이 임신한 소비자를 식별할 수만 있다면 엄청난 수익을 창출할 수 있다."[4]

결과적으로 폴은 성공적으로 이 과제를 수행했다. 타깃이 임신한 여성들을 콕 집어서 우편물을 발송했기 때문이다. 문제는 타깃이 이 우편물을 한 십 대 소녀에게도 보내면서 발생했는데, 아버지가 딸 대신 우편물을 보고는 크게 화를 내며 타깃에 항의를 했던 것이다. 하지만 후에 그 십 대 딸은 실제로 임신을 했다는 사실이 밝혀졌다. 타깃의 알고리즘이 아버지보다 먼저 그 사실을 알아낸 것이다.

알고리즘은 고객의 행동을 예측하는 능력을 지속적으로 향상시켰고, 마케터가 이 이야기를 통해 취하는 요점도 대개 이 부분이다. 타깃은 소비자가 자신의 배우자나 친구, 가까운 친지에게 임신 사실을 알리기도 전에 유아복, 아기 가구, 기저귀 등에 대한 쿠폰으로 가득한 메일을 받았다는 것에 오싹한 기분을 느꼈다는 사실을 깨달았다. 바로 여기에 문제가 있는 것이다. 두히그가 기사에 쓴 대로 "소비자들이 자신의 사생활이 분석되고 있다는 사실을 알아차리지 못하게 하면서 동시에 그들의 습관을 어떻게 이용할 수 있을 것인가?"라는 질문을 할 수밖에 없는 것이다. 타깃은 우편 광고물에 기저귀나 유아복 광고를 잔디 깎는 기계와 와인 잔 광고와 혼합해 무작위로 섞은 것처럼 보이도록 만들기 시작했다. 이제는 디지털 마케팅의 메커니즘을 일부러 애매하게 만드는 것이 권장 사항이 되었고 이렇게 보이지 않는 브랜드가 탄생하게 되었다.

소비자는 자신의 사생활과 물건을 팔고자 하는 기업 사이에 분리의 벽이 존재하기를 원한다.

대량으로 데이터가 수집되고 행동 조종이 이루어지는 시대에 브랜드가 살아남으려면 **완벽하게** 가려져 보이지 않는 방법을 터득해야 한다. 정도의 차이는 있지만, 소비자들은 자신의 휴대 전화와 TV, 심지어는 냉장고를 통해 끊임없이 감시 받고 있으며 수집된 모든 데이터는 자신을 조종하려는 다양한 목적을 가진 이들에게 힘을 실어 주고 있다고 믿는 시대를 살고 있기 때문이다. 나는 이러한 믿음을 **구글노이아**Googlenoia(인터넷으로 대표되는 초연결 시대의 대표 기업 Google과 편집증, 피해망상을 뜻하는 paranoia의 합성어.—옮긴이)라고 명명하고자 한다.

최근 봄 방학 기간에 가족과 함께 플로리다에 갔다. 집으로 돌아온 뒤 3주쯤 지났을 무렵 플로리다 교통 당국으로부터 총 60달러 정도에 이르는 유료 고속도로 요금 청구서를 메일로 받았다. I-95 고속도로는 내가 살고 있는 곳에서부터 마이애미까지 한 번에 쭉 연결되는 무료 고속도로이다. 만약 그 길을 이용했다면 그렇게 비용이 청구되지 않았을 것이다. 그러나 구글 지도는 이 도로 대신 통행료를 몇 차례 지불해야 하는 경로로 안내했다. 그 도로에 설치된 카메라들은 차량의 번호판을 인식해 내가 거주하는 주의 교통국 차량 등록 기록에 접속한 뒤 이메일로 편리하게 청구서를 보냈던 것이다.

바로 이런 사례에서 구글노이아가 시작된다. 구글은 A에서 B 사이에 있는 가장 수익성이 좋은 경로로 유도하기 위해 유료 도로 운영자와 거래를 하는 것인가? 그렇게 믿고 싶지는 않다. 구글이 교통 혼잡을 고려하고 속도와 편의성만을 염두에 두어 가능한 한 가장 빠른 길로 안내한 것이라고 믿고 싶다. 심지어 그 앱에서는 유료 도로를 피할 수 있도록 설정을 할 수도 있었다. 하지만 내 머릿속에서는 여전히 의심을 하고 있다. 특정한 추천 경로가 생성되는 이유와 그 추천 경로가 실제로 모든 이해관계자에게 혜택을 주는가 하는 문제처럼 AI에 대한 의존은 수많은 질문을 야기한다. 우리가 구글노이아를 겪으면서 편집증적으로 피하려 해도 그들이 우리를 따라오는 것을 막을 수는 없을 것이다.

점차 AI 사용이 확산됨에 따라 정보는 점점 개인 맞춤형이 되고 더욱 설득력을 갖게 될 것이다. AI가 말하는 방법을 배움에 따라 우리 머릿속의 새로운 목소리가 되고, 디지털 동반자가 되며, 모든 필요에 대해 의존할 수 있는 존재가 되는 것은 물론이고 깊은 관계를 구축하게 될 것이다. 우리는 AI가 할 수 있게 되는 것들로 인해 생산자와 소비자 사이 힘의 균형에 있어 전적인 변화가 일어나기 직전의 상황에 놓여 있다. 그 가능성은 엄청나게 좋은 것이기도 하고 동시에 무서운 것이기도 하다.

AI의 설득력

AI로 움직이는 마케팅의 세계에서 몇 분만 시간을 보내보자.

에밀리를 소개한다. 그는 노스캐롤라이나주 롤리시 교외에 있는 25년 된 주택에 살고 있는 미혼 여성이다. 그는 기술을 거부감 없이 받아들이는 태도를 가지고 있어 보이지 않는 브랜드의 전략에 딱 맞는 첫 번째 타깃이다. 그가 사용하는 네스트의 온도 조절 장치는 여러 가전제품과 연결되어 있어 네스트의 홈서비스는 에어컨이나 냉장고, 수도 배관 등에 문제가 생길 때마다 알아서 기술자를 보내준다. 그는 이 같은 편리함을 누리고 있다.

에밀리는 한 달에 두 번, 토요일 아침 8시 30분쯤 인터넷으로 각

종 요금을 지불한다. 몇 주 전 그는 분기 보너스를 받아 신용카드 청구
액과 퇴직연금 월 납부액을 처리했다. 이번 토요일에 듀크 에너지는
전기와 수도 요금 등을 정산할 때 그에게 익숙한 상담원의 얼굴을 보
여주었다. 그 상담원은 그의 여동생과 비슷한 외모를 가지고 있었다.
화면에서는 이러한 메시지를 보여주었다. "에밀리, 인근 지역의 다른
가구들의 월 에너지 소비량은 당신보다 15% 낮습니다." 그리고 이웃
들보다 얼마나 더 많은 요금을 지불하고 있는지 그래프로도 보여주었
다. 궁금하게 여긴 그는 자연스럽게 화면을 클릭했다.

이제 에밀리는 7개 항목으로 구성된 에너지 절약 방법에 관한 인
포그래픽을 보게 되었다. 맨 위에는 가장자리의 미세한 틈에서 에어
컨 바람이 유출되는 오래된 창호의 이미지를 보여주었다. 주방 식탁
에 앉아 컴퓨터를 보던 그는 잠시 시선을 위로 옮겼다. 덕분에 주방 창
호 주변에 생긴 작은 틈을 알아차릴 수 있었다. 이곳을 통해 난방 열기
가 빠져나가고 있었던 것이다. 그 틈은 1달러 지폐가 빠져나갈 수 있
을 정도로 넓은 틈이었다. 그는 머릿속으로 무수한 1달러 지폐가 천천
히 그 틈을 통해 미끄러지듯 빠져나가 나뭇잎처럼 날리는 장면을 그
려보았다.

이후 에밀리는 자주 방문하는 지역 뉴스 웹 사이트에 접속했다.
헤드라인 옆의 그래프는 창호 교체를 고려할 때 알아야 할 5가지 팁
을 보여주었다. 여기에는 에너지 효율을 높이고자 창호를 교체할 때
받을 수 있는 1,500달러 상당의 세금 환급에 대한 상세한 내용을 담고
있었다. 또한 비용이 얼마나 드는지, 은행에서 무이자 대출을 받을 수
있는 방법, 어떻게 하면 집에서 무료로 확정 가격의 견적서를 받을 수

있는지 등에 대한 내용도 있었는데 이러한 팁은 인근 펠라 쇼룸이라는 창호 회사에서 스폰서 광고를 통해 제공하는 것이었다. 그는 견적을 내기 위해 직원이 언제 방문할 수 있는지 알아보았고 반갑게도 오전 11시에 가능하다는 것을 알게 되었다. 단 한 번의 클릭만으로 그는 자신의 집을 방문할 직원인 샘 웰스의 얼굴도 확인하고 약속을 잡을 수 있었다.

에밀리는 어떻게 자신의 주방 식탁에 앉아서 몇 시간 만에 창호 교체와 관련한 것들을 자세히 알아볼 수 있었을까? 이것은 우연이 아니다. 모두 보이지 않는 브랜드가 작용한 것이다.

에밀리가 신용카드로 청구액을 결제함과 동시에 신용 점수가 개선됐다. 그는 뱅크 오브 아메리카의 신용 모니터링 조회에 동의했기 때문에 은행은 개선된 신용 점수를 알 수 있었다. 이 때문에 은행은 대출을 사전 승인해줄 수 있었다. 뱅크 오브 아메리카는 비즈니스 서비스의 일환으로 소비자의 신용도가 중요한 지역 기업들과 파트너십을 맺었는데 여기에는 롤리시의 펠라 쇼룸도 포함되어 있었다. 은행은 그가 웹 사이트를 다시 찾았을 때 그를 인지하기 위해, 다른 기업도 그가 온라인 상태라는 것을 인식할 수 있도록 하기 위해 컴퓨터에 쿠키cookie(방문 기록 등 웹 브라우저의 정보가 저장된 텍스트 파일.—옮긴이)를 남긴다.

에밀리가 살고 있는 곳의 전력 공급 회사인 듀크 에너지는 모바일 기기로 제어할 수 있는 온도 조절 장치, 조명, 보안 카메라 등을 만드는 네스트와 비즈니스 관계를 맺고 있다. 2014년, 네스트는 32억 달러에 알파벳(구글의 모회사.—옮긴이)에 매각되었고, 현재는 구글 홈이라는 스마트홈 사업으로 통합되었다. 에밀리가 사용하는 네스트 제품은 온도 조절 장치를 어떻게 설정하는지뿐만 아니라 그의 집에 있는 전자 제품의 제조사와 모델 정보 그리고 언제 그 제품을 사용하는지도 알고 있다. 전기 요금 정보와 결합된 이 정보를 통해 듀크 에너지는 그의 에어컨이 소비한 전력의 요금이 창호 교체를 통해 개선될 수 있다는 것을 파악할 수 있었다.

듀크 에너지가 활용하는 AI는 에밀리의 관심을 끌 수 있는 이미지를 노출하고 그가 창호에 대해 고려하도록 유도하는 인포그래픽을 활용했다. 롤리시의 펠라 쇼룸과 특정 지역 기반의 마케팅 회사인 맥스포인트와 듀크 에너지가 맺은 파트너십은 지역 뉴스 웹 사이트에 정확한 광고, 즉 창호 교체와 관련한 견적 의뢰 약속을 잡고자 하는 생각이 들게 만든 광고를 노출시키는 것으로 이어졌다. 1,500달러 상당의 세금 공제에 대한 내용도 우연이 아니었다. 은행이 그의 컴퓨터에 남겨진 쿠키가 각종 요금을 내는 토요일 아침 시간에 맞추어 이 같은 제안을 하도록 설정한 것이다.

에밀리가 등장하는 이 사례는 가상의 이야기이지만, 이것은 현존하는 기술에 기반할 때 정말로 그럴듯하다. 이러한 상황은 곧 데이터와 AI, 디지털 광고 덕분에 수백만 소비자가 겪게 될 일반적인 경험이 될 것이다. 인간은 이러한 알고리즘의 일부를 설계한다. 이 알고리즘이 일단 활성화되면 어떤 상황에서 어느 제안이 가장 효과적일지 학습하면서 더욱 똑똑해질 것이다. 곧 이들은 우리가 가진 모든 기기를 통해 정보를 수집하고 우리가 보는 모든 화면에 우리를 설득할 메시지를 보여줄 것이며 우리가 듣는 모든 소리를 통해 우리의 모든 행동에 영향을 줄 것이다.

마케터로서 드는 질문 중 하나는 이러한 AI의 설득력을 어떻게 유리하게 만들 것인가이다. 한편 소비자 입장에서의 문제는 어떻게 모두가 설득되고 있으며, 왜 설득되고 있는지 파악하는 것이다.

우리의 앞날

나는 이 책을 통해서 보이지 않는 브랜드가 어떻게 부상했고, 인간과 컴퓨터의 관계를 어떻게 영구적으로 바꿀 것인지 상세한 설명을 제공하고자 한다. 물론 이것이 마케터에게 시사하는 바가 무엇인지도 설명할 것이다. 그런데 이렇게 커다란 트렌드는 미디어, 금융, 건강, 교육 그리고 국제 정치의 역학 또한 뒤바꿀 것이다. 우리는 이러한 변화 앞에서 허둥대기보다는 무슨 일이 일어나고 있는지 정확히 이해하고, 앞으로 일어날 일에 대해 더 나은 의사 결정을 할 수 있도록 미리 무장하는 것이 좋다.

PART 1인 '출현'은 총 5장으로 구성되어 있다. 첫째, 우리는 대량 주문 제작과 정보의 개인화, 그리고 이같은 트렌드는 디지털 미디어와 디지털 광고에 의해 어떻게 가능하게 되었는지 살펴볼 것이다. 둘째, 설득의 기술을 살펴보고 어떻게 이것이 점점 더 정교하게 활용되고 있는지, 디지털 기술에 의해 설득이 과학으로 어떻게 바뀌고 있는지 살펴볼 것이다. 셋째, 기계 학습 영역도 탐구할 것이다. 여기에서는 광고나 마케팅 분야에서 작동하고 있는 알고리즘과 데이터 수집에 초

점을 맞출 것인데, 이것이 소비자와 브랜드 간의 관계를 어떻게 획기적으로 바꾸고 있는지 살펴볼 것이다. 넷째, 컴퓨터는 이제 인간과 유사한, 의인화된 목소리를 사용해 인간과 소통을 하고 있다. 컴퓨터와의 소비자 인터페이스가 입으로 하는 말로 점점 더 이동하게 될 미래를 이해하기 위해 자연어 처리의 내부 작동 방식과 이것이 어떻게 우리를 점점 더 설득에 약한 존재로 만드는지에 대해 철저히 분석할 것이다. 이 4가지 혁신 영역 모두가 결합되면 앞서 언급한 심리 공학이 탄생한다.

심리 공학이란 다음과 같은 요소를 수반한다.

- 개인화
- 설득력
- 학습 능력
- 의인화

PART 1에서 이 4가지 핵심 트렌드, 즉 정보의 개인화, 설득의 과학, 무한한 데이터를 갖춘 기계 학습 알고리즘, 자연어 처리에 대한 이해를 확고히 하면 PART 2 '통합'에서는 이 모두를 하나로 합쳐 우리의 행동을 보이지 않게 개조하기 위해 심리 공학이 어떻게 작동하고 있는지를 분석할 것이다. 인간과 컴퓨터 간 관계의 잠재적 깊이와 우리가 이 같은 기술에 의해 어떻게 변화될 것인지 연구하고, 비즈니스와 산업에 있어 변화로부터 야기되는 현재와 가까운 미래의 기회를 살펴보고자 한다. 특히 교육, 개인 금융, 의료 등의 분야를 집중적으로 분석할 것이다. 또한 전 지구적 차원에서 프라이버시, 프로파간다, 정치 등에 영향을 미치는 정보의 대량 수집에 따른 사회적 시사점을 분석하고자 한다. 마지막은 정서적으로, 심지어는 정신적인 차원에서 인간의 친구가 되어줄 수 있는 AI에 인간이 점점 더 의존하게 되는 현상의 영향력에 대한 탐구로 마무리할 것이다.

AI는 우리 사회의 모든 측면에 광범위한 영향을 미치는 방식으로 마케팅을 바꾸고 있다. AI가 세계를 정복할 수 있는 정도까지 다다른 것은 아니지만, 우리는 인간의 의사 결정에 영향을 미치기 위해 AI가 활용되는 것을 목격하고 있다. 이러한 트렌드는 시장과 소비자에게 지대한 영향을 가져다줄 결과를 만들 조짐을 보이고 있다.

이 책에서는 우리가 생각하고 행동하는 방식에 영향을 미치기 위해 AI를 활용하는 마케터의 숨은 손을 '보이지 않는 브랜드'라고 부른다. 이는 4가지 혁신, 즉 개인 맞춤형 정보, 설득의 과학, 기계 학습, 의인화된 음성 대화 등에 의해 가능해진다. 이 4가지가 융합되면 **심리 공학**이라고 부르는 새로운 분야가 탄생한다. 이 새로운 국면은 기업과 소비자가 자신들의 위험을 무릅쓰고 무시하고 있지만, 이 영향력은 미디어, 의료, 금융, 교육, 정부 등 다양한 분야에서 체감하게 될 것이다. 누가 보이지 않는 브랜드를 조종하고 어떻게 전개될 것인지 정확히 이해하려면 먼저 한 걸음 뒤로 물러나 디지털 광고 산업의 뿌리를 살펴보아야 한다.

2장에서부터 5장까지는 본질적으로 심리 공학이 어떻게 작동하는지에 대해 실무자의 이해를 도우려는 의도로 구성했다. 만약 이것이 여러분의 목적에 부합하지 않는다면 PART 2의 6장에서부터 논의될 심리 공학의 시사점이 좀 더 흥미로울 수도 있다.

2

디지털 마케팅과
알고리즘

광고 산업은 인터넷 기술이 소비자에게 직접 개인 맞춤형 정보를 전달하는 것을 가능하게 했을 때 영원히 변했다. 그전까지만 해도 TV나 라디오 같은 대중 매체와 신문, 잡지 같은 대량 간행물이 광고 환경을 지배했다.

우리는 매스 커뮤니케이션을 통해 동시간에 모든 사람들에게 동일한 메시지를 전달하는 데서 대량 주문 제작을 통해 개개인의 요구가 있을 때 각기 다른 메시지를 전달할 수 있는 기술을 개발하는 단계에까지 이르렀다.

컴퓨터가 광고 산업을 바꾼 것은 이것이 첫 사례는 아니다. AMC 네트워크의 히트작, 드라마 〈매드맨〉을 생각해보자. 이 드라마는 창의력과 영업 능력 거기에다 술과 담배를 탐닉하며 1960년대 광고 세계를 지배한 우아하면서도 제멋대로 구는 광고계 중역들을 그렸다.

이 드라마는 마지막 시즌에서 광고 산업에 도입된 컴퓨터에 의해 초래되는 변화의 조짐을 보여주었다.

돈 드레이퍼라는 인물부터 살펴보자. 레지멘탈 스트라이프 패턴의 넥타이와 몸에 꼭 맞는 정장을 갖춰 입은, 고전적 매력을 지닌 돈은 스터링 쿠퍼 & 파트너스라는 광고 대행사로 걸어 들어가는데, 그곳에는… 정확하게 말하자면, 아무도 없었다. 복도는 조용했고 사무실은 텅 비어 있었다. 마치 모든 사람들이 일을 하던 중 갑자기 사라진 듯이 유선 전화의 수화기가 자리를 벗어나 달랑거리고 있었다.

돈은 버려진 책상 사이를 뚫고 계단을 올라갔고 거기서 마침내 모든 동료들이 진지한 모습으로 모여 새로운 발전에 대한 발표를 듣고 있는 것을 발견했다. 그것은 메인프레임 컴퓨터를 회사에 설치하는 것이었다. 큰 덩치의 컴퓨터가 인정사정없이 치고 들어와 다양한 창조적 의견이 모였던 크리에이티브 라운지를 대체하면서 어느 직원의 말처럼 회사를 돋보이게 만드는 중요한 무언가가 되었다.

드레이퍼는 자신의 새 사무실과 복도로 들어서다 멈춰 서서는 컴퓨터를 설치하고 있던 로이드 홀리에게 말을 걸었다. 이 드라마의 작가는 이들이 주고받는 대화를 통해 중추적인 메시지와 복잡한 주제를 담고 있음을 의도했다는 것이 명백해 보였다.

홀리: 이 기계는 사람들에게 겁을 주겠지만, 결국 이것도 사람이 만든 거죠.
드레이퍼: 사람들이 겁을 먹게 될 거라고요?
홀리: 그게 아니고요, 이게 오히려 어마어마한 폐해가 될 거라는

거죠. 이 기계가 겁이 나는 이유는 여기에 무한한 양의 정보가 담겨 있기 때문이에요. 인간의 존재는 유한하니까 이게 위협적이라는 거죠. 하지만 인간이 이런 무한한 것을 통달했다는 건 신과 같은 존재가 되었다는 사실을 증명한 게 아닐까요?[1]

곧이어 드레이프는 동료가 맨 아래 선반에 두었던 스미노프 보드카 한 병을 훔쳐 병째 잔뜩 마셔버린다. 이런 드레이프에게 누가 나무랄 수 있겠는가? 광고 산업은 영원히 변했고, 드레이프는 지나가버린 시대에 속하는 사람이었다. 또는 그렇게 밀려났다. 이제, 옛날식 올림머리와 담배 같은 것에 지나치게 향수를 느끼지 않으려면 자신에게 가장 중요한 질문을 해야 한다. "그나저나, 그 컴퓨터는 어떤 종류였을까?"라고.

AMC는 〈매드맨〉의 가장 열렬한 팬들의 호기심을 충족시켜 준 것을 아주 흡족하게 여기는 듯하다. 이 드라마의 팬 사이트에는 〈매드맨의 1960년대 핸드북: IBM 시스템/360 컴퓨터〉라는 유용한 글이 게시되어 있다. 이 글은 돈 드레이퍼에게 가해진 디지털 형벌은 바로 1960년대 후반부터 광범위하게 사용되기 시작한 IBM 시스템/360이라는 것을 알려준다. 이 글은 이렇게 말한다.

"전 IBM 회장 토마스 J. 왓슨 주니어는 훗날 《포춘》이 50억 달러짜리(현재 가치로 약 419억 달러)(약 47조 8,100억 원.—옮긴이) 내기라고 묘사한, 상호 작용을 하고 어떤 용도로든 사용할 수 있게 프로그램할 수 있는 컴퓨터 개발 계획을 승인했다. 그는 이 제품의 융통성을 강조하기 위해 완전한 원형을 의미하는 숫자 360을 선택했다."[2]

팬 사이트에 뒤질세라 2014년에 《하버드 비즈니스 리뷰》에는 〈HBR이 알려주는 1969년 매드맨의 그 컴퓨터〉라는 제목의 글을 실었다.[3] 이 글을 보면 스터링 쿠퍼 & 파트너스 컴퓨터에는 "360의 일부였던 강력한 새 컴퓨팅 기술, 즉 상호 작용을 하는 그래픽 디스플레이 단말기"가 포함되어 있었다는 점을 언급했다. 이것은 그저 포트란(IBM에서 개발한 컴퓨터 프로그램 언어.—옮긴이)을 이용해 코딩을 할 수 있는 천공 카드를 사용하는 컴퓨터 괴짜들만을 위한 장난감이 아니었다. 안드레아 오반스는 "오랜 시간 사용해온 브라운관과 라이트펜^{light} ^{pen}을 영어 명령을 수용할 수 있는 소프트웨어와 융합한 것은 데이터 분석에 있어 큰 변혁을 일으킬 것이다"라고 표현한 바 있다.

GUI는 광고 산업에서도 데이터 분석을 할 수 있게 만들었고 "마구 쏘고 나서 명중하기를 기대하는" 기존의 대량 광고 모델에 더 높은 수준의 책임을 물을 수 있게 되었다. 조사와 측정이 광고 캠페인 효과를 가늠하는 일반적인 특징이 되었고 컴퓨터 기반의 분석이 광고에서 새로운 지평을 열었다. 이어서 궁극적으로 인간의 생각과 경쟁하는 도전을 수용할 수 있을 정도로 충분히 빠른 기계를 탄생시켰던 일련의 메인프레임 컴퓨터의 혁신이 있었다. IBM 시스템/360의 손주격이라 할 수 있는 딥블루는 1997년에 세계 체스 챔피언인 게리 카스파로프와의 체스 시합에서 승리를 거두었다. 이 시합이 열리기 1년 전, 카스파로프가 딥블루를 이겼다는 사실은 돌이켜 생각하면 기적처럼 보인다. 딥블루가 체스판 위에서 벌어질 수 있는 수많은 경우의 수와 그 결과의 정보를 고속으로 처리하도록 프로그램되었기 때문에 당시에는 획기적이라고 보기보다 화려한 눈속임 정도로 여겼다. 사실 사람들은 이 기계가 생각하는 것이 아니라 우연히 승리할 때까지 가상의 체스판 위에서 말들을 엄청나게 빠른 속도로 움직이는 것에 불과하다고 생각했다.

궁극적으로 지난날의 쌍방향 그래픽 디스플레이 단말기는 광고 회사의 손에 데이터 분석력을 쥐어 주었다. 또한 40년 후 미국 TV 광고 시장의 규모가 800억 달러를 상회하는 수준까지 성장하도록 견인하는 창의적 혁신의 홍수를 촉발시켰다. 개인용 컴퓨터와 함께 GUI는 인간과 컴퓨터 사이의 주된 소통 방법이 되었고 궁극적으로는 디지털 광고 산업을 탄생시켰다. 컴퓨터 브랜드 자체도 거대한 광고주가 되어 새로운 세대의 드레이퍼와 같은 사람들을 낳게 되었다.

우리를 스토킹하는 광고

어릴 때 부모님은 내가 잠자리에 들 때 닥터 수스의 이야기를 들려주셨다. 한번은 한밤중에 옅은 녹색 바지가 숲속에서 어린 아이를 뒤따라가는 이야기를 들었다. 《날 무섭게 한 그건 무엇이었을까?》라는 제목의 책이었다.

지금 이 이야기를 언급하는 이유는 우리 중 상당수가 인터넷을 할 때 어디에 접속하든 자신을 따라오는 것처럼 보이는 온라인 광고를 봤을 때 드는 느낌과 내가 어릴 때 느꼈던 묘한 느낌이 동일하기 때문이다.

다가오는 골프 시즌을 준비하며 살펴보았던 새 퍼터 광고를 여기저기에서 계속 보게 될 수 있다. 또는 빨간 스트랩 샌들 광고가 어느 웹 페이지를 가더라도 계속 따라다니지는 않았는가? 아마 여러분은 그 샌들이 정말 마음에 들어서 장바구니에 담아 두었지만, 가격표를 보고는 마음을 바꿔 재빨리 그 사이트에서 빠져나왔을 수도 있다. 다음 날, 전혀 다른 웹 사이트를 방문했는데도 **정확히 똑같은** 빨간 스트랩 샌들 광고가 불쑥불쑥 나타나기도 한다. 정말 여러분을 쫓아다니는 것일까? 우리가 온라인에서 하는 모든 것을 지켜보고 있는 디지털 스토커가 존재하는 건 아닐까?

광고가 어떻게 우리를 스토킹할 수 있는지 이해하기 위해서는 먼저 크롬이나 사파리 같은 웹 브라우저에 대한 몇 가지 기본적인 사항을 알아야 한다. 우리가 어떤 웹 사이트를 방문하면 컴퓨터에 설치된 웹 브라우저는 우리의 요청을 흔히 **서버**라고 부르는 호스트 컴퓨터에 보내기 위해 HTML(즉 텍스트로 된 지시 내용)을 사용한다. 우리가 "CBS 뉴스 홈페이지 보여줘"라고 요청하면 서버는 그 웹 페이지를 구성하는 이미지와 내비게이션 아이콘, 글을 찾을 수 있는 곳으로 웹 브라우저를 인도하는 명령으로 반응한다.

서버가 웹 브라우저에 한 장의 큰 그림을 한 번에 모두 보내지 않는다는 사실을 이해하는 것은 매우 중요하다. 이렇게 하는 대신 웹 브라우저는 조각 그림의 퍼즐을 맞추는 식으로 반응한다. 서버는 단순히 웹 브라우저에 각각의 조각을 찾을 수 있는 곳을 알려줄 뿐이다. 대부분의 경우 그러한 조각은 모두 인터넷으로 연결된 각기 다른 컴퓨터에 저장되어 있다. 서버는 (본질적으로) "A라는 컴퓨터에서 B 이미지를 가지고 와 스크린의 좌상단에 배치해. 그 후 C라는 컴퓨터에서 D

이미지를 가지고 와 A 이미지 옆에 배치해"라고 말한다. 서버는 전체 웹 페이지가 온전히 나타날 때까지 계속해서 명령을 내린다. 물론 이 모든 과정은 매우 빠르게 진행되어 우리는 한 조각씩 맞추어지는 것을 알아차리지 못한다.

광고도 이와 같은 방식으로 웹 페이지에 삽입된다는 것을 이해하는 것이 중요하다. 서버가 브라우저에 광고를 가져와 스크린의 오른쪽, 기사 옆에 배치하라고 지시하는 것이다. 구체적으로 말하면 서버는 우리의 웹 브라우저를 **애드 서버**라고 불리는 컴퓨터로 안내하고, 애드 서버는 그 순간 개인별로 최적화된 광고를 노출한다(그림 2.1).

만약 두 사람이 노트북 컴퓨터를 펴놓고 나란히 앉아 동시에 CBS 뉴스 웹 사이트를 방문한다면 이들은 다른 광고를 보게 될 것이다. 한 사람은 새로 출시된 퍼터 광고를 본다면 다른 한 사람은 빨간 스트랩 샌들 광고를 볼 수도 있는 것이다. 이것이 개인 맞춤형 정보다.

시간이 갈수록 늘어나는 엄청난 양의 광고가 SNS를 통해 사람들에게 다가가고 있다. 현재 활발하게 SNS를 사용하는 사람들은 32억 명 정도로 전 인류의 거의 절반에 해당하는 수치이다.[4] 분명한 것은, 이 수치는 광고주들이 집행하는 광고가 가닿기를 바라는 인구이다. 이 때문에 SNS에 대한 디지털 광고 지출이 급격하게 증가하여 이 책을 집필하고 있는 2018년 기준으로 총 680억 달러가 지출된 것으로 추정되는데, 이는 SNS 이용자 한 명당 22.84달러를 집행한 셈이다.[5] 이 수치는 시간이 갈수록 증가할 것으로 기대된다. 기업의 최고 마케팅 책임자들을 대상으로 실시한 조사에 따르면 SNS에 대한 디지털 광고 예산은 2023년이 되면 두 배가 될 것이라고 한다.[6]

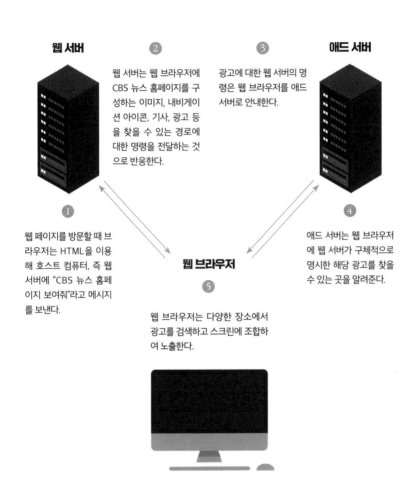

웹 서버   ②   ③   **애드 서버**

② 웹 서버는 웹 브라우저에 CBS 뉴스 홈페이지를 구성하는 이미지, 내비게이션 아이콘, 기사, 광고 등을 찾을 수 있는 경로에 대한 명령을 전달하는 것으로 반응한다.

③ 광고에 대한 웹 서버의 명령은 웹 브라우저를 애드 서버로 안내한다.

① 웹 페이지를 방문할 때 브라우저는 HTML을 이용해 호스트 컴퓨터, 즉 웹 서버에 "CBS 뉴스 홈페이지 보여줘"라고 메시지를 보낸다.

④ 애드 서버는 웹 브라우저에 웹 서버가 구체적으로 명시한 해당 광고를 찾을 수 있는 곳을 알려준다.

웹 브라우저
⑤

⑤ 웹 브라우저는 다양한 장소에서 광고를 검색하고 스크린에 조합하여 노출한다.

그림 2.1 │ 디지털 광고가 컴퓨터 화면에 노출되는 원리

소비자가 뉴스 사이트를 검색하든, SNS 피드를 검색하든 애드 서버는 어떤 광고를 전달해야 할지 어떻게 파악하는 것인가? 애드 서버는 시간이나 지역 등 광고주가 설정할 수 있는 다양한 매개 변수를 바탕으로 광고를 전송하도록 설계된다. 맥도날드의 아침 메뉴인 샌드

위치 광고가 보스턴 지역에서만 오전 6시부터 9시 사이에 노출되도록 설정되었다고 하자. 오전 9시가 지나면 다른 광고인 맥도날드 치즈버거 광고가 노출될 것이다. 그래서 소비자들은 오전 8시 55분에 웹사이트에 방문하면 아침 샌드위치 광고를 보게 되고, 오전 9시 5분에 그 웹 페이지를 새로고침하면 치즈버거 광고를 보게 된다. 채식주의자라면 샐러드 광고를 보게 될텐데 디지털 광고는 소비자들의 행동과 선호를 근거로 타깃을 정확하게 추출할 수 있기 때문이다.

쿠키와 타깃팅

때때로 소비자의 행동과 선호는 웹 브라우저에 남겨진 쿠키를 통해 추론할 수 있다. 이 쿠키는 웹 브라우저 이용자가 특정 사이트에 방문했다는 것을 애드 서버에 알려준다. 그렇다면 이 과정은 어떻게 진행되는 것인가? 1994년, 넷스케이프(최초의 웹 브라우저 '모자이크'의 개발자 마크 앤드리슨 등이 설립한 소프트웨어 기업.—옮긴이)는 전자상거래를 활성화할 수단으로 쿠키를 개발했다.[7] 쿠키는 웹 사이트가 웹 브라우저에 보내는 단순한 텍스트 파일로 이용자의 이전 방문에 대한 정보와 함께 웹 사이트 재방문 여부를 식별하는 것을 주 목적으로 웹 브라우저에 저장된다. 퍼스트 파티first-party 쿠키는 브라우저 주소창에 보이는 도메인에 의해 생성되고, 서드 파티third-party 쿠키는 온라인 광고처럼 애드 서버 등 제3의 도메인에 의해 생성된다. 광고주는 웹 브라우저 이용자의 행동을 유도하기 위해 퍼스트 파티, 서드 파티 쿠키 모두를

활용해 광고를 집행할 수 있다.[8]

쿠키의 광범위한 사용은 소비자의 관심사와 미래에 온라인에서 일어날 잠재적인 행동을 알아내기 위해 인터넷 이용 내역이 담긴 로그 파일을 분석하는 기업을 탄생시켰다. 온라인에서의 활동은 한 개인의 라이프 스타일에 대한 전반적인 그림을 그릴 수 있도록 해준다. 이는 우리가 온라인 공간에서 어디로 이동하든 흔적을 남겨서 데이터 분석 기업이 우리가 어디에 있었고, 어디로 향하는지 파악하고 따라오게 만든다.

액시엄이라는 마케팅 기업은 소비자 행동에 대한 방대한 데이터베이스를 구축해왔다. 이 기업은 미국 내 가정의 약 96%에 대해 구성원의 이름, 현재 그리고 과거 주소, 신용 카드 결제 빈도, 반려견 또는 반려묘 소유 여부와 품종, 오른손잡이인지 왼손잡이인지, 조제 기록에 근거한 복용 약물의 종류 등을 보유하고 있다. 최소 1,500개 항목에 달하는 이들의 데이터는 계속해서 세부 항목을 늘리고 있다.[9]

쿠키는 각 이용자를 개별적으로 인식하기 위한, 특별한 의미를 갖지 않은 정보의 조합 그 이상도 이하도 아니다. 쿠키 자체는 이용자를 기억하지 못한다. 데이터베이스에 저장된 이용자 데이터 창고의 문을 여는 열쇠 역할을 하는 것이다. 프랑스 여행을 계획하며 파리행 비행편을 알아보기 위해 여행 웹 사이트를 방문했다고 하자. 이후부터 파리에 위치한 호텔의 광고가 노출되고 있다는 사실을 알게 될 것이다. 이것은 우연이 아니다. 웹 브라우저의 쿠키가 여행사 웹 페이지를 통해 파리행 비행편을 알아보고 있었다는 정보와 연결되어 여행사 웹 사이트로 다시 돌아갔을 때는 검색을 멈추고 나왔던 파리 여행에 대한 정보가 나타남과 동시에 검색했던 일정도 새로 기입할 필요조차 없게 된다. 만약 이 웹 사이트가 다른 광고주와 계약을 맺었다면 그들 또한 파리와 연관된 상품 광고를 노출할 수 있게 된다.

만약 여러분이 파리 여행 상품을 살피고 있는 상황에서 여러분을 타깃으로 하는 광고를 보게 된다면 이를 '행동 기반 타깃팅'이라고 부른다. 또는 오전 7시에 아침 샌드위치 메뉴에 대한 광고를 본다면 이는 '시간대별 타깃팅'이라고 부른다. 보스턴을 방문했을 때 보스턴 지역에 대한 광고가 나타나면 이는 '지리적 타깃팅'이 된다. 어느 쇼핑몰 웹 사이트의 장바구니에 넣어 두고 잊고 있던 빨간 스트랩 샌들에 대한 광고를 보게 될 경우는 리타깃팅이라고 할 수 있다. 옅은 녹색 바지에 대한 글을 읽고 있는 동안 닥터 수스의 책 광고를 보게 된다면 이는 '문맥 타깃팅'에 해당한다. 이 모든 타깃팅 기법은 종종 애드 테크라고 줄여서 표현하는 디지털 광고 기술 덕분에 가능하다. 애드 테크 덕분에 마케터와 광고주는 매우 개인적이고 이용자에 맞춘 방식으로 타깃팅할 수 있게 되었다. 이제 정보 전달은 개인 맞춤형이 되고 있다.

광고 시장의 진화

1994년에 출현한 온라인 디스플레이 광고(온라인에서 이미지나 동영상 등 시각 요소를 활용한 광고 형태.—옮긴이)는 언젠가 기계가 인터넷의 광고의 배치를 자동화할 수 있다는 새로운 가능성을 보여주었다. 초기 광고 배치는 광고주가 이메일이나 전화 그리고 호화로운 점심 접대 등 전통적인 방법으로 웹 사이트 소유주와 협상하는 직접적인 방식으로 진행되었다.

현재의 온라인 광고 사업은 더 이상 회의를 겸한 점심 식사 자리에서 진행되는 설득에 의해 좌우되지 않는다. 거대한 규모의 애드 익스체인지ad exchange(여러 애드 네트워크 사이의 온라인 광고 거래 플랫폼.—옮긴이)의 등장으로 지난 10년간 온라인 광고 시장은 자동화되었다. 이같은 변화 속에 매체사와 광고주는 이 교환이라는 개념을 수용했다. 그 이유는 기술 발전으로 내셔널 브랜드(전국 규모로 유통되는 브랜드.—옮긴이)를 광고주로 유치할 여력이 없는 소규모 지역 매체와도 연결해주는 역할을 했기 때문이다. 역으로, 내셔널 브랜드는 광범위한 지역 매체사와의 광고 거래를 통합 운영하는 데 애드 익스체인지를 활용할 수 있었다.

광고주를 대신해 매체사가 보유하고 있는 여유 광고 영역을 파악해 서비스하는 것은 시카고에 기반을 둔 센트로라는 기업을 통해 처음 경험했다. 센트로가 등장하기 전에는 미국 북동부의 타깃에게 광고를 노출하려는 광고주라면 해당 지역의 수많은 웹 사이트 사무실에 일일이 전화를 걸어 여유 광고 영역이 남아 있는지 확인해야 했다. 이러한 작업에는 전화, 이메일, 팩스가 수없이 동원되었다. 센트로의 아이디어는 광고주의 입장에서는 무척 매력적이었다. 센트로가 광고주를 대신해 발품을 팔면서 여러 웹 사이트와 커뮤니케이션을 했기 때문이다. 초기에는 엑셀 스프레드시트를 활용해 데이터의 수집, 관리가 이루어졌기 때문에 각 웹 사이트 소유주는 보유하고 있는 여유 광고 영역을 엑셀 문서에 직접 정리해 전달해야만 했다. 센트로는 요청에 응답한 모든 웹 사이트로부터 결과를 종합하고 경매를 준비해 타깃에게 도달할 수 있는 광고 노출 패키지의 가격표와 함께 광고주에게 전달했다.

기술이 발전하면서 센트로와 같은 애드 테크 기업의 업무 과정도 개선되었다. 애드 네크워크와 진일보한 새로운 소프트웨어의 등장으로 각 매체사의 여유 광고 영역 정보를 종합하는 과정이 자동화되었고 광고주도 전국 단위로 확대되면서 모든 이해당사자가 만족할 수 있었다. 이후 짧은 시간 동안 애드 네트워크는 애드 익스체인지를 구성하기 위해 서로 연결되기 시작했다. 이 같은 거래의 탄생으로 온라인 디스플레이 광고에 대한 수요와 공급에 실시간으로 대응할 수 있게 되면서 효율적으로 연결되는 가상 시장이 형성되었다. 초기에 애드 익스체인지와 거래 파트너사들은 판매되지 않고 남아 있는 웹 사이트의 자투리 광고 영역을 저렴하게 채울 수 있었고 거래의 총 CPM cost per thousand(경비 효율 지표. 광고 1,000회 노출 당 상대적 가격으로 'thousand'는 라틴어 'mille'을 어원으로 한다.—옮긴이)에 숨겨진 금액을 광고주에게 청구함으로써 이익을 얻었다.[10]

이 수요-공급 시장에서 기업이 어느 쪽에 위치하든 이러한 거래를 가능하게 하는 플랫폼을 개발했다. SSPs supply-side platforms(공급자 플랫폼.—옮긴이)에서는 매체사들이 여유 광고 영역을 현금화할 수 있도록 돕고, DSPs demand-side platforms(수요자 플랫폼.—옮긴이)에서는 광고주가 원하는 소비자에게 광고가 도달할 수 있는 보다 효율적인 여유 광고 영역을 찾도록 돕는다.[11] 이런 과정을 통해 SSPs와 DSPs가 함께 온라인 광고 산업에 자동화된 효율성을 가져왔고, 프로그래밍된 알고리즘은 광고 거래에 참여하는 중개인, 애드 네트워크와 나란히 경쟁하기 시작했다. 이것은 후에 프로그래매틱 광고 programmatic advertising (프로그래매틱이란 program과 automatic의 합성어이다. 자동화된 프로그램을 이용한 디지털 광고를 뜻한다.—옮긴이)로 자리를 잡는다.

　현재는 구글의 애드엑스(구글이 인수한 더블클릭사의 애드 익스체인지), 오픈엑스, 앱 넥서스 등과 같은 주요 애드 익스체인지는 애드 네트워크를 광고 구매자들과 판매자들의 거대한 온라인 컨소시엄에 통합시켜 프로그래매틱 광고를 전 세계적으로 전개하고 있다. 프로그래매틱 광고 시장의 놀라운 성장세와 시장 확대에 대해서는 프로그래매틱 광고가 모바일, SNS, 검색 등을 포함한 전체 디지털 광고 시장의 80%를 차지한다는 미국 인터넷 광고 협회의 보고서를 참고하라. 2020년에는 프로그래매틱 광고의 시장 점유율이 86.2%가 될 것으로 기대된다.[12] 또 다른 믿을 만한 데이터 또한 이 추정치를 뒷받침한다. 미디어 리서치 기업인 보렐 어소시에이츠에 따르면 2020년까지 웹사이트의 타깃 배너 광고의 85%는 앞서 언급한 거래를 통해 집행될 것이라고 한다. 2018년에는 디지털 광고 규모가 TV 광고에 투자되었던 698억 7,000만 달러[13]보다 월등히 높은 약 1,073억 달러였던 점을 감안할 때 프로그래매틱 광고가 얼마나 엄청난 영향력을 가지게 될지는 자명하다.

프로그래매틱 광고

애드 익스체인지를 통한 디지털 광고 거래 과정에 액시엄과 같은 데이터베이스 마케팅 기업에서 생성한 데이터가 더해지면서 이 산업은 선별된 타깃 소비자에게 광고를 전달하는 과정의 자동화라는 가능성을 광고주에게 보여주었다. 데이터와 기술의 교차점에 놓여 있는 프로그래매틱 광고는 타깃팅의 고도화와 좀 더 효율적인 다채널 마케팅에 대한 필요에서 탄생한 것이다.[14]

데이터 기반의 타깃팅의 역량은 애드 익스체인지를 여유 광고 영역을 거래하기 위한 수단을 넘어서 프리미엄 광고 비즈니스로 만들었다. 광고주에게 있어서 5조 건에 달하는 웹 기록 속에서 구매 의향이 있는 사람을 찾아낼 수 있다는 것은 새로운 성과와 효율성을 의미했다. 또한 매체사에게는 제작 비용이 많이 투입된 콘텐츠를 소비한 웹 이용자의 가치에 더 높은 가격을 매겨 판매할 수 있는 또 하나의 방법이 되기도 했다.[15]

프로그래매틱 광고가 데이터에 기반해 광고주가 찾는 이상적인 타깃을 찾고 개인화된 광고를 실행한다는 사실을 좀 더 자세히 살펴보자. 스포츠 용품을 생산하는 기업은 애드 익스체인지를 통해 광고 자동 구매를 설정하면 웹 이용자의 브라우저에 저장된 쿠키 정보에 근거한 타깃팅 후 축구 용품 광고를 노출하게 된다. 다른 웹 이용자의 경우 새 트럭을 구매하려 한다는 것을 시사하는 쿠키 정보에 근거해 역시 애드 익스체인지를 통해 포드 F-150s에 대한 광고를 노출하게 된다. 프로그래매틱 광고가 더욱 개선된 타깃팅으로 새로운 가치를 제공함에 따라 이 산업은 자투리 광고를 처리하는 애드 테크 정도로 여겨졌던 시각에서 한 발 더 나아가도록 해 주었다.

프로그래매틱 광고는 대량 주문 제작의 무기가 되었다.

실시간 광고 경매

놀랍게도 프로그래매틱 광고 시장에서는 200밀리초(1밀리초는 1,000분의 1초이다.—옮긴이)도 걸리지 않는 시간 내에 거래 결정이 내려진다.[16] 이것이 어떻게 가능한지 이해하기 위해서는 먼저 디지털 애드 익스체인지를 구현한 기술이 무엇인지 이해해야 한다. 우선 공급측에 있는 매체사들을 광고 공간을 경매에 내놓는 대형 경매 전문 기업이라고 생각하자. 수요측에 있는 입찰자들은 매체사들로부터 광고 공간을 구매하고자 하는 광고주들이다. 이 사이에 모든 입찰을 통제하고 입찰 막바지에 망치를 두드리며 낙찰자를 결정하는 경매인, 즉 애드 익스체인지가 있다. 마치 유체 평형을 추구하는 물처럼 광고는 최저의 가격으로 최고의 트래픽을 추구한다. 인적, 물적 네트워크와 전화 통화, 스프레드시트를 통해 광고를 경매 처분하는 프로세스는 시간이 많이 소요되고 힘들다. 애드 익스체인지는 광고 역사에 있어 가장 큰 변화를 가져온 혁신, 즉 RTB^{real-time bidding}(실시간 입찰.—옮긴이)로 이어졌다.

RTB는 웹 이용자의 브라우저로부터 수집된 표적 정보에 기반해 자동 입찰이 되는 형태이다. 입찰을 받고 광고 배치에 대한 낙찰이 결정되는 등의 과정은 눈 깜빡할 사이에 일어나고 매체사는 모든 광고 위치의 가치를 극대화할 수 있다. 광고주는 종합 노출 패키지를 구매하는 대신 잠재 고객이 어디에 있든 찾아낼 수 있게 되었다. 잭 마셜은 글로벌 마케팅 디지털 매체인 '디지데이'에서 다음과 같이 설명했다. "실시간 입찰이란 웹 페이지를 불러오는 짧은 시간 동안에 일어나는 실시간 경매를 통한 온라인 광고를 매매하는 것을 일컫는다."[17]

주식 거래처럼 RTB는 광고를 눈에 보이는 상품으로 바꾼다. 즉 웹 이용자에게 광고가 노출되는 횟수가 상품이 되는 것이다. 어떤 이용자가 웹 페이지에 접속하면 알고리즘은 이 이용자에 대한 정보를 거대한 경매에 입찰하는 수많은 잠재적 광고주들의 니즈와 연결해주고 아주 짧은 순간 사이 낙찰된 광고가 곧바로 해당 웹 페이지에 게시되도록 한다. 알고리즘은 실시간으로 가격을 정하고 광고를 집행한다. 매체사, 광고주, 소비자는 거대한 광고 집행 메커니즘의 구성 요소가 된다.

광고 집행 전에 패키지 단위로 여러 광고를 종합적으로 배치하는 경매와 달리, 실시간 입찰은 광고주에게 초 단위로 구매 결정을 내릴 수 있게 해준다. RTB는 전적으로 새로운 마케팅 프로세스 통제 기회를 만들어낸다. 《마케팅 위크》에서 표현한 바와 같이 "마케터는 전략을 어떻게 바꾸고, 어디에서 여유 광고 영역을 구매하며, 소비자들이 무엇을 원하는지 그리고 얼마를 지불할 의향이 있는지 등에 대해 고려하면서 실시간으로 광고 집행을 결정할 수 있다."[18]

이러한 유연성과 시장 정보, 거의 즉각적으로 대응할 수 있다는 특성은 마케터에게 분명한 이점으로 작용했고 광고주들이 채택하면서 최근 프로그래매틱 RTB의 성장을 견인했다. 또한 실시간 대응이 가능하다는 프로그래매틱 RTB의 특성은 마케터가 브랜드와 관련한 뉴스나 소셜 미디어의 반응에 대해 실시간으로 더욱 정확하게 상관관계를 분석할 수 있도록 해주었다.

이러한 혁신은 광고 비즈니스를 변화시켰다. 광고 구매자는 더 이상 '35~54세 여성'처럼 폭넓은 인구 통계적 속성을 설정하거나 《보그》나 《굿 하우스키핑》 같은 잡지에만 광고를 집행하지 않게 되었다. 이제 미디어 플래너(비용 대비 효율을 최대화할 미디어 조합 전략을 수립하는 역할을 한다.—옮긴이)는 안경 판매를 위해 '얼바인 지역에 거주하는 석사 학위 소지 아이폰 사용 여성'을 타깃팅하는 것처럼 훨씬 구체적으로 광고 구매 주문을 하고 타깃을 찾도록 기다리면 된다. 또한 이러한 프로세스는 시간이 갈수록 진화하고 있다.

광고와 뉴스, 모호해진 경계

개인에게 맞춤형 정보를 전달할 수 있게 된 것은 기술 발전이 이룬 직접적 결과이다. 한정된 타깃에게 도달하기 위한 광고 전략으로 시작된 이후 이제는 어떤 종류든 모든 정보 전달에 엄청난 영향을 주고 있다. 매체사는 정확한 타깃에게 유효한 광고를 전달해야 한다는 것을 더욱 중요하게 생각하게 되면서 웹 이용자의 요구와 관심에 맞춘 정보를 제공할 때 자신의 웹 사이트에서 더욱 긴 시간을 보내고 광고의 효과도 향상될 것이라는 믿음이 강해졌다.

광고주가 마치 뉴스처럼 보이게 만든 광고인 네이티브 광고의 출현과 함께 기사와 광고를 구분하던 벽이 무너지고 있다. 여러분의 페이스북 피드와 지역 신문 웹 사이트에 어떤 콘텐츠가 보이는지 한번 살펴보자. 네이티브 광고는 웹 이용자가 새로운 뉴스라고 생각하도록 일반 기사 아래에, 일반적으로 웹 페이지 하단에 기사와 비슷한 형태의 헤드라인과 이미지를 가지고 배치된다. 그러나 이런 것은 뉴스가 아니라 광고로 우리를 타깃팅하고 있다.

네이티브 광고를 브랜드가 비용을 지불하고 자신들의 제품이 영화 등에 등장하도록 하는 PPL product placement (간접 광고.—옮긴이)처럼 생각해보자. 미니 쿠퍼 자동차는 영화 〈이탈리안 잡〉에 아주 많이 등장하고 제임스 본드는 영화 〈007 스카이폴〉에서 자신의 마티니를 하이네켄 맥주로 바꾼다. 이러한 PPL의 목적은 당연히 관객이 그 제품을 구매하도록 유도하는 것으로 네이티브 광고의 목적과 같다. 네이티브 광고의 가장 큰 차이점은 글과 이미지를 활용해 일반 뉴스처럼 맞춤형으로 제작한다는 것이다.

두 사람이 함께 제임스 본드 영화를 보고 있다고 하자. 한 사람은 본드가 하이네켄 맥주를 마시는 모습을 보게 된다면, 다른 사람은 같은 장면에서 그가 메이커스 마크 위스키를 마시는 모습을 보게 된다. 영화 상영 기술이 아직 이렇게까지 발전하지는 않았지만, 이 예시는 현재 온라인 디지털 광고 세계에서 발생하고 있는 일을 정확하게 묘사한다. 웹 서핑 경험은 우리의 선호에 맞추어지고 있다. 맞춤형 정보는 우리가 편안하게 느끼는 곳에 안전하게 머무르도록 한다.

위 내용을 집필하는 동안 실험 삼아 CBS 뉴스 웹 사이트에 접속해 처음 눈에 들어온 기사를 클릭했다. 화면을 아래로 이동하니 다른 기사의 목록을 볼 수 있었다. 하나는 애플 컴퓨터를 위한 바이러스 백신을 평가한 내용이었고, 하나는 당뇨병 관리에 대한 것이었으며, 또 하나는 사랑스러운 강아지 이미지와 함께 반려동물의 영양에 대해 말하고 있었다. 더 아래로 이동하니 노스 캐롤라이나주의 채플힐을 언급한 보험 광고가 있었고, 1947~1979년 사이에 태어난 사람들을 타깃으로 하는 또 다른 보험 광고도 보였다. 정말 작게 표기된 "스폰서"라는 단어를 보려면 눈을 가늘게 떠야 했다.

이 광고가 내게 노출된 것은 우연이 아니다. 먼저, 나는 1967년생이니 이 광고가 타깃으로 하는 연령대에 정확하게 속하고, 내 사무실은 채플힐에 있다. 그리고 나는 이 원고를 맥북으로 집필하고 있다(물론 이 말은 PPL이 아니었지만, 애플에서 고려해준다면 고마울 것 같다). 게다가 나는 강아지를 키우고 있고 귀여운 강아지 사진도 좋아한다. 우연의 일치일까? 절대 아니다. 이러한 광고는 매우 정밀하게 타깃팅한 뒤 나를 설득하기 위해 그 자리에 배치된 것이다. 나는 사용하는 노트북 컴퓨터의 브랜드와 운영 체제, 나이, 웹 서핑 기록, 활동 지역에 근거해 타깃팅되었고 이 모든 것은 아래 이미지 한 컷에 담겨 있다(그림 2.2).

내 경우처럼 이러한 목록 중 하나라도 클릭해본 이들은 뉴스를 가장한 광고였다는 사실을 깨달았을 것이다. 흥미롭게도 바이러스 백신 광고에는 애플사의 로고를 변형한 것처럼 보이는 이미지를 사용했지만, 자세히 보면 한 입 베어 문 서양배의 모양과 비슷하므로 저작권

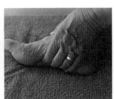

Mac Users Guide (2018) - #1 Antivirus Now Fre...
The 10 Best Providers

Early Signs And Treatments For Diabet...
Yahoo Search

The One Thing Every Dog Owner Should Ad...
Ultimate Pet Nutrition

Chapel Hill, North Carolina: This Unbelievable, Tiny Company Is...
EverQuote Insurance Quotes

North Carolina Residents Born 1947-1979 With No Life Insurance Must...
Consumer Daily

그림 2.2 │ 뉴스 웹 사이트 상에서 뉴스 목록처럼 보이는 네이티브 광고

이나 상표권 위반으로 고소를 당할 우려는 없을 것이다. 내가 그 링크를 클릭하자 어떤 운영 체제를 사용하느냐와 상관없이 백신 소프트웨어를 판매하는 연계 마케팅 프로그램이 있는 정보 센터의 웹 사이트로 연결되었다.

기억하다시피 앞서 나는 뉴스 웹 사이트에서 웹 서핑을 시작했다. 이어서 맥용 바이러스 백신 프로그램의 평가에 대한 기사형 광고를 클릭했다. 그리고 구매 가능한 인기 백신 소프트웨어를 판매하는 곳의 링크를 제공하는 또 다른 웹 사이트로 연결되었다. 이 짧은 몇 단계만으로 CBS 뉴스 웹 사이트의 그 기사(를 가장한 광고)는 내가 필요

로 했을 수도 있는, 편리하게 구매할 수 있는 상품으로 안내했다. 이는 우리가 소비하는 뉴스와 정보가 어떻게 맞춤형 정보로 변환되는지 잘 보여준다. 이는 날이 갈수록 점점 더 정교해지고 있다.

진화한 생각 조종자들

엘리 프레이저는 획기적인 저서인 《생각 조종자들》에서 "개인 맞춤형 웹은 우리가 읽는 것과 우리가 생각하는 방식을 바꾸고 있다"는 주장을 확고히 펼쳤다.[19] 매체사와 마케터는 우리를 주의 깊게 지켜보고 콘텐츠에 소비하는 시간을 연장시키고 광고주의 제품에 더 많은 돈을 지불하도록 하기 위해 우리의 디지털 정보를 조종한다. 만약 미식축구에 관심을 보이면 대학 미식축구에 대한 정보(그리고 광고)가 노출될 것이다. 이와 마찬가지로 AI에 관심을 보이면 AI 관련 사업을 하고 있는 기업에 대한 광고를 더 많이 보게 될 것이다. 이렇게 되면 마치 반향실에 홀로 갇힌 것처럼 유사한 것만 계속해서 보고 있다고 느끼게 된다. 이는 우리가 그동안 보였던 관심과 행동 때문이다.

우리가 관심을 가질 만한 주제와 관련된 정보를 찾기 위해 과도한 노력을 하지 않아도 되니 편리할 수도 있다. 그러나 한편으로는 선택된 뉴스와 정보에 가둬 확증 편향을 야기해 상충되는 뉴스와 정보에 갇힌 사람들의 의견을 이해하는 것을 힘들게 만들 수 있다. 상투적인 표현이지만, 쉽게 말해 유유상종인 것이다. 인터넷은 같은 성향의 사람들이 서로를 더욱 쉽게 찾을 수 있고 좁은 커뮤니티 안에서 정보가 선별적으로 공유되도록 한다. 마케터는 이러한 트렌드를 이용해 타깃이 될 그룹을 찾고 그들의 관심사와 생각을 타깃팅한다.

이제는 '필요한 정보'를 소비하는 것에서 '좋아하는 정보'를 소비하는 것으로 바뀌고 있다.

우리는 이런 방식을 통해 영속 가능한 콘텐츠 생태계에 진입해 있다. 따라서 이 변화가 결국 우리를 어떻게 바꾸고 있는지 정직하게 마주해야 한다.

플랫폼을 넘나드는 광고 시장

우리의 반향실은 우리가 소비하는 웹 페이지를 넘어선다. 온라인 디스플레이 광고 시장에서 디지털을 통한 확산과 데이터 주도 타깃팅의 융합으로 프로그래매틱 광고가 거둔 성공 공식은 TV, 라디오, 모바일 기기에서도 적용된다. 광고주의 예산을 더 끌어들이고 프로그래매틱 기술이 성장하기 위해서는 TV와 라디오와 같은 다른 형태의 미디어로 진출해야 하기 때문이다.[20]
　　프로그래매틱 기술에 대한 TV(웹에 연결된 스마트 TV 포함), 위성 라디오 satellite radio(위성을 활용한 디지털 라디오 서비스—옮긴이) 그리고 나날이 확산 중인 모바일 기기 등의 한계는 가까운 미래에 기술 변화로 극복될 것이다. 프로그래매틱 기술은 비용 대비 최상의 타깃팅 효과를 실현하기 위해 플랫폼의 경계를 뛰어넘는 RTB를 기반으로 한 자동화 디지털 광고 매매 시스템이 구현되도록 하고 있다.[21]

오디오와 비디오를 포함해 인터넷을 기반으로 한 모든 광고에서도 마찬가지다. 분기 매출이 3억 달러가 넘는 거대 오디오 스트리밍 서비스 기업인 판도라는 자사의 전체 광고 매출의 85%가 모바일 광고였다고 발표했다.[22]

프로그래매틱 무대에서 TV와 비디오 포맷이 융합될 것이라는 확신은 산업 분석가들 사이에 여전히 높게 나타난다. 구글의 글로벌 미디어 부사장을 역임한 엔리케 데 카스트로는 "모든 TV가 인터넷에 연결되는 것은 현실이 될 것이다. 이는 광고 산업을 극적으로 그리고 영원히 바꿀 것이다. 광고는 이용자와 쌍방향으로 소통하며 개개인의 TV에 맞춤형으로 노출될 것이다"라고 말했다.[23]

프로그래매틱 방식은 디지털로 전송되는 TV 서비스에서 데이터 기반의 광고가 수요를 충족시키는 곳에서는 어디서나 기반을 구축할 것이다. OTT 서비스 기업 훌루는 자사의 비디오 광고 영역을 경매에 부치기 위해 전용 시장을 운용했다. 몇 년 전, ABC는 가을 업프런트(장기 계약 방식의 광고 판매 형태.―옮긴이) 시 일부 디지털 비디오 콘텐츠의 경우 프로그래매틱 방식으로 판매할 것이라고 선언했다. 컴캐스트 같은 유선 방송사는 주문형 비디오에 대해 자동 광고 타깃팅이 가능하도록 했다. 다이렉TV나 디시 네트워크 같은 위성 방송 사업자는 일부 TV 광고를 프로그래매틱으로 판매한다.[24]

자동화된 광고 체제 하에서 미디어의 융합은 프로그래매틱의 미래에 있어 대단히 중요한데, 이러한 융합은 스크린 간의 비교를 더 용이하게 해서 마케터가 소비자와 관계 맺는 방식을 최적화할 수 있도록 하기 때문이다. 현재 대부분의 광고는 개별 영역별로 지출되고 있다. TV 분야에 대한 예산과 담당자가 있다면, 인쇄에 대한 별도 예산과 담당자가 있고, 온라인 예산과 담당자가 있는 식이다. 이론상으로 프로그래매틱은 이 모든 미디어의 광고 매매가 하나의 통합된 시스템에 통합되도록 해서 미디어 플래너가 어떤 매체가 성과가 높고 어떤 매체는 그렇지 않은지 더 깊이 있게 이해할 수 있게 해준다.

2014년, 야후가 다음과 같이 공표했을 때 큰 뉴스가 되었다. "야후는 기존 '수요 중심 플랫폼'의 대안으로 고안된 새로운 플랫폼을 개발 중이다. 이는 광고주들이 온라인 광고를 관리할 수 있도록 하는 것이다. 핵심적인 차별 포인트 중 하나는 광고주가 하나의 플랫폼에서 다양한 형태의 온라인 광고에 접근할 수 있도록 하는 것인데, 이는 하나의 미디어 플랜 안에 모든 기기의 디스플레이, 비디오, 네이티브 광고 등을 포괄할 수 있다는 것을 의미한다."[25] 이 발표 이후 진행된 통합 과정은 광고주가 어디에 있든 그들의 광고를 우리 앞에 노출할 수 있다는 것을 보여주었다. 또 이는 다양한 미디어에 집행한 광고 효과에 대해 더 많은 데이터를 수집함으로써 보다 정확한 기여도 모델(다양한 매체와 광고 수단을 통해 고객과 접점이 일어난 것에서부터 매출로 연결되기까지의 다양한 경로의 기여도 배분 및 분석 과정.—옮긴이)을 구축할 수 있다는 것을 의미하기도 하며, 이는 결과적으로 보다 효과적인 개인 맞춤형 정보를 전송할 수 있다는 의미가 되기도 한다.

데이터와 기여도

기여도는 마케팅 활동을 소비자의 행동과 연결시킨 것이다. 기업은 무엇이 자신의 브랜드에 효과적이었고 무엇이 그렇지 않았는지 마케터가 파악하는 데 도움이 될 수 있는 더 좋은 기여도 모델을 완성하기를 바라면서 거래에 대한 정보를 수집하고 있다.

이 모든 숫자를 지나치게 깊이 파고들지 말고, 연말 쇼핑 사례로 한번 생각해보자. 한 크리스마스 시즌에 나는 딸과 함께 첼시 아울렛으로 쇼핑을 갔다. 딸은 "50% 할인"이라는 표시가 붙은 콜롬비아 스포츠 의류 매장에 전시된 겨울 코트를 보고는 하나 집어 들고 계산대로 갔다. 당시 콜롬비아가 내건 50% 할인 광고는 효과가 있었고, 판매로 이어져 생성된 데이터는 향후 광고 집행 의사 결정에 영향을 미치기 위해 사용될 수 있다. 이것이 기여도다.

안타깝게도 내 딸이 구매하려 했던 옷은 50% 할인이 적용되는 아이템이 아니었다. 그 매장의 직원은 광고된 가격으로 판매할 수 없다고 했고, 우리는 콜롬비아의 고객 서비스팀에 (성과는 없었지만) 항의를 하는 상황에 이르게 됐다. 고객 서비스팀과의 소통으로도 데이터는 수집될 수 있으므로 콜롬비아는 그 광고가 소비자 경험에 부정적 영향을 미치고 있다는 것을 추론할 수 있어야만 했다. 이 또한 기여도이다. 소비자가 왜 구매했는지 브랜드가 파악할 수 있다면 전반적인 마케팅 계획에 영향을 미치는 데 도움이 되는 비즈니스 정보를 소유하게 되는 셈이다.

또한 왜 고객이 만족하지 못했는지 파악할 수 있다면 향후 유사한 실수를 피할 수 있는 방안을 마련할 수 있다는 점에서도 중요하다. 데이터 수집은 소비자에 대한 광고 효과를 개선하는 데 사용할 수 있는 중요한 마케팅 의사 결정에 도움을 준다.

마케터는 신중하게 데이터를 수집해야 한다. 어떤 정보가 필요한지 전략적으로 생각하고, 기여도에 대한 더 나은 결정을 내리고, 이를 윤리적으로 실행할 수 있는 방법을 생각해야 하기 때문이다.

고객을 추적하라

디지털 세계에서 여러 기여도 모델의 시작점은 클릭이다. 클릭은 정량적 평가가 쉬운 데다 알고리즘은 수를 좋아한다. 1994년 10월 27일, 《와이어드》가 웹 매거진 '핫 와이어드'에 처음으로 디스플레이 광고를 집행한 이래로 디지털 광고 산업에서 클릭은 광고주가 투자 대비 수익률을 쉽게 측정할 수 있도록 하는 일종의 성배로 여기게 되었다. 이 산업이 성숙해지면서 꼭 그렇지 않다는 것이 명백해졌고, 좀 더 통찰력이 있는 광고주는 클릭에 주목해야 하는 순간이 있고, 클릭이 중요하지 않은 순간이 있다는 것을 이해하기 시작했다. 클릭은 맥락을 가지고 있으며 이러한 맥락을 이해하는 것이 클릭이 중요한 순간일 때와 아닐 때를 이해하게 하는 열쇠가 된다.

마스터 같은 신용 카드사들과 구글이 고객이 광고를 클릭한 후에 오프라인 매장에서 그 아이템을 구매했는지 알 수 있게 하는 파트너십을 비밀리에 맺은 것이 드러난 사건은 소매 브랜드로 하여금 이러한 관계와 이면의 배경을 이해하는 것이 얼마나 중요한지 보여주었다. 청바지를 검색한 어떤 사람이 후에 오프라인 매장에서 자신의 신용 카드로 그 청바지를 구매하면 구글은 그 검색이 구매 전환으로 이어졌다고 주장할 수 있을 것이다. 기업은 온라인 광고가 온라인이나 오프라인에서 매출 증대로 이어지면 구글로부터 더 많은 온라인 광고를 구매하게 된다.

클릭은 계산대에서 가까울수록 더욱 유용한 측정 단위가 된다. 반대로 클릭이 계산대에서 멀어지면 측정 단위로서의 유용성도 떨어진다. 예를 들어 "지금 결제하기"를 클릭함으로써 전자 상거래 웹 사이트에서 결제하면 그 클릭은 구매와 상관관계가 매우 높다. 반대로 새로운 차를 알아보기 위해 배너 광고를 클릭한다면 그 클릭은 계산대와 먼 곳에서 일어나는 일로 구매와 상관관계를 찾을 수 없게 된다. 더 많은 예를 위해 그림 2.3의 표를 자세히 보자.

몇 년 전, 석사 학위 연구 중 시장 조사 기업인 컴스코어의 전 회장 지안 풀고니와 접촉한 적이 있었다. 당시 그는 이렇게 말했다. "컴스코어의 연구는 온라인 디스플레이 광고의 클릭이 그 광고의 효과에 대한 정확한 예측 변수는 아니라는 점을 여러 차례 보여준 바 있다. 클릭률이 0.1%에 그친다고 해도 컴스코어의 연구를 보면 온라인 디스플레이 광고의 '노출' 영향력은 상당히 커서 온라인과 오프라인 매장 모두에서 매출을 유의미하게 상승시킬 수 있다. 클릭이 충분하지 않음에도 불구하고 디스플레이 광고의 효과로 평균 17%에 달하는 오프

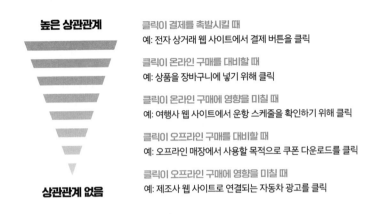

높은 상관관계

클릭이 결제를 촉발시킬 때
예: 전자 상거래 웹 사이트에서 결제 버튼을 클릭

클릭이 온라인 구매를 대비할 때
예: 상품을 장바구니에 넣기 위해 클릭

클릭이 온라인 구매에 영향을 미칠 때
예: 여행사 웹 사이트에서 운항 스케줄을 확인하기 위해 클릭

클릭이 오프라인 구매를 대비할 때
예: 오프라인 매장에서 사용할 목적으로 쿠폰 다운로드를 클릭

상관관계 없음

클릭이 오프라인 구매에 영향을 미칠 때
예: 제조사 웹 사이트로 연결되는 자동차 광고를 클릭

그림 2.3 │ 클릭과 수익의 상관관계

라인 매장에서의 구매 가능성의 상승이라는 긍정적인 영향력을 미칠 수 있다."[27]

이러한 컴스코어의 연구 결과는 지난 수년간 다른 조사 기관에서도 반복적으로 확인되었다. 닐슨 컴퍼니는 〈클릭과 임프레션을 넘어서 : 온라인 광고와 브랜드 구축의 관계에 대한 연구〉라는 제목의 보고서를 통해 "클릭률은 브랜드의 영향력을 측정할 수 있는 적절한 측정 단위가 아니며, 클릭과 브랜드 지표나 오프라인 매출은 사실상 아무 상관이 없다"라는 주장을 펼쳤다.[28] 고소득층이면서 교육 수준이 높은 웹 이용자는 디스플레이 광고를 좀처럼 클릭하지 않지만, 구매율이 높다. 디스플레이 광고는 웹 이용자의 클릭 여부가 어떻든 브랜드에 영향력을 미친다. "구매자는 클릭하지 않고, 클릭하는 사람은 구매하지 않는다"라는 말이 온라인 광고의 세계에서는 격언처럼 전해지고 있다.

현재 클릭과 계산대와의 거리라는 범주에서 한 가지 분명한 사실이 부각되었다. 당연한 일이지만, 구매를 위한 클릭은 100% 예측할 수 있다. 전자 상거래를 완료하기 위해 "지금 결제"라는 버튼을 클릭할 때 이 행동은 구매 의도와 상관관계를 가진다. 전자 상거래 용어로 말하면 우리는 계산대에 있는 것이다. 이제 한 걸음 뒤로 물러서서 생각해보자. 어딘가에서 장바구니에 상품을 추가하는 클릭이 발생한다. 이 클릭 역시 고객의 지불 의사와 상관관계가 크지만, 고객은 얼마든지 결제 직전에 구매 의사를 철회할 수도 있다. 여러분도 이런 경험이 있을 것이다. 따라서 그 클릭은 구매를 위한 마지막 클릭만큼 예측 가능하지 않다. 여기서 한 걸음만 더 물러서면, 그 상품 카탈로그로 유도한 클릭 역시 예측 가능하다는 것을 알 수 있지만, 상품을 장바구니에 넣는 클릭이나 구매를 완료하는 클릭보다는 예측 가능성이 떨어진다. 여기서 다시 좀 더 뒤로 물러서면 그 상품 카탈로그로 이동할 수 있도록 한 광고를 클릭했을 수도 있다. 이들이 고객들의 구매 여정을 이해하는 데 어느 정도 가치를 부여했기 때문에 이러한 클릭은 매체사나 광고주에 의해 추적되는데, 역시 가장 예측 가능한 클릭은 계산대에서 가장 가까운 클릭이다.

이를 잘 알고 있는 아마존은 계산대 그 자체이기 때문에 1조 달러 규모의 전자 상거래 괴물이 되었다. 아마존은 계산대 근처에서 일어나는 모든 예측 가능한 클릭을 볼 수 있다. 가장 확실히 예측할 수 있는 클릭은 구매를 위한 클릭이고, 아마존은 점점 더 이러한 클릭을 모두 볼 수 있게 되었다. 모든 예측 가능한 데이터를 가지고 있으면 기업이 왜 초기에 소비자들의 구매 행동에 영향을 미칠 수 있는 곳으로 올라가기 원하는지 이해할 수 있다. 이러한 맥락에서 제프 베조스가 왜《워싱턴 포스트》를 인수했는지 더 쉽게 이해할 수 있을 것이다. 마케터가 어떤 사람이 왜 구매했는지 이해하고 나면 의사 결정 과정 초기부터 영향을 미칠 준비를 할 수 있게 된다.

아마존처럼 계산대를 가지고 있지 않은 마케터는 광고를 클릭하지 않고 구매하는 소비자의 99% 이상에 대해서는 정보를 거의 얻을 수 없다. 이에 대응할 한 가지 전략은 트레킹 픽셀을 사용해 광고 캠페인을 본 웹 이용자를 식별한 후 행동을 계산하기 위해 구글의 액티비티 태그 같은 픽셀을 광고주의 웹 사이트에 배치하는 것이다. 이러한 태그는 광고에 노출된 후 클릭하지 않은 웹 이용자에 대한 정보는 물론이고 클릭한 웹 이용자에 대한 데이터를 포착하도록 설계된 작은 단위의 코드다. 이러한 광고 노출 후 활동을 살펴봄으로써 광고주는 웹 이용자의 클릭 여부와 상관없이 어떤 광고가 가장 많은 웹 이용자를 웹 사이트로 이끌었는지 알 수 있다. 이러한 태그는 온라인 구매처럼 수치화해 셀 수 있고 페이지뷰도 계산할 수 있다. 광고주는 다수의 태그를 결합하면 어떤 광고가 특정 행동을 발생시키는지 이해할 수 있다. 또한 어떤 광고가 가장 관련 있는 웹 이용자를 이끄는지도 분석할 수 있다.

광고 노출 후 데이터 분석의 효율을 향상시키기 위해 제3자 데이터 공급업체는 광고주, 애드 네크워크와 파트너십을 맺고 온라인 광고를 실제 구매 활동과 상호 연결시키고 있다. 이는 **데이터 페어링**을 통해 가능한데, 거래 정보를 수집하는 판매자가 온라인 이용자의 정보와 동기화시키는 것이다. 이렇게 동기화한 후 개인 식별 정보를 제거한 '익명의' 정보를 판매 시점 정보 데이터와 종합해 광고주에게 제공함으로써 얼마나 많은 구매자가 특정 광고에 노출되었는지 파악할 수 있게 해준다.

광고 노출 후 데이터를 오프라인 판매 정보와 연계하는 기술과 관련한 연구를 살펴보면 무척 흥미롭다. 〈원인 귀속 : 디스플레이 광고 효과의 실효성 측정을 위한 발전된 산업 표준 방안 모색〉이라는 연구를 보면 온라인 광고에 노출된 집단의 미국 내 호텔 체인의 판매 전환율이 노출되지 않은 대조 집단보다 14% 상승한 것으로 나타났다.[29] 이러한 유형의 원인 귀속 causal attribution(외부의 말, 행동 등 결과의 내적 원인을 판단, 해석하는 과정.—옮긴이) 기술이 비교적 새로운 개념이지만, 이는 광고 산업이 클릭과 CTRclick-through rate(클릭률.—옮긴이)에서 한 걸음 물러서고 있음을 보여주는 하나의 좋은 사례이다.

여기서 중요한 핵심은 온라인 광고의 효과를 평가하는 데 있어 클릭을 하나의 측정 기준으로 가치를 분석할 때 맥락이 매우 중요하다는 점이다. 클릭이 전자 상거래 웹 사이트에서 결제로 이어질 때는 명백히 수익과 높은 상관관계가 있다. 그러나 웹 이용자가 광고에 노출된 후 웹 사이트를 방문한다거나, 구매를 위해 오프라인 매장으로 향할지 선택할 수 있는 배너 광고에서 클릭이 발생할 경우 클릭만을 기준으로 효과를 측정하는 것은 잘못된 것이다. 만약 이를 바탕으로 타깃 설정을 최적화하면 잘못된 타깃을 불러오는 결과를 낳게 된다. 이 같은 경우 발생한 클릭은 상품 구매와는 멀리 떨어진 지점에서 발생했기 때문에 CTR은 디스플레이 광고 효과를 분석하는 데는 옳지 않은 측정 기준이 된다. 광고와 관련한 의사 결정을 위해 지침이 되는 측정 기준을 끊임없이 요구하는 광고주는 이 같은 CTR이 가지고 있는 맥락을 이해하는 방법을 반드시 배워야 하고, 광고가 오프라인 판매에 미치는 영향력을 평가할 수 있는 더 나은 측정 기준을 개발해야 한다.

마케팅의 미래

우리는 앞에서 대량 주문 제작이 어떻게 디지털 광고의 표준이 되었고, 데이터와 기여도 모델이 어떻게 개인 맞춤형 정보를 더욱 효과적으로 만드는 데 도움이 되는지 살펴보았다.

> 미래 예측을 위한 데이터 분석의 힘과 학습을 위한 알고리즘의 역할은 마케팅을 완전히 탈바꿈시킬 것이다.

이미 AI는 타깃팅 최적화, 이미지, 카피, 전달 방법 등 마케팅 영역에서 일어나는 모든 과정에 관여해 도움을 주고 있다. 어떤 광고에서는 최상의 결과를 얻고자 1만 곳에 걸쳐 선택된 50건의 각기 다른 타깃을 대상으로 100가지 카피와 1,000가지 이미지를 조합해 완성된 100만 가지 광고를 노출하고 있다. 인간의 능력으로는 이러한 작업을 수행할 수 없지만, AI는 쉽게 할 수 있다.

보이지 않는 브랜드는 개인 맞춤형 정보를 통해 우리가 생각하는 방식에 영향을 미치는 역량을 지속적으로 강화하고 있다.

개별 소비자를 겨냥한 메시지는 마케팅 자동화와 기계 학습의 결합에 의해 좌우되는 것이 현실로 다가올 것이다. 이 모든 것은 점점 더 정교하고 감지할 수 없는 방식으로 우리를 설득하도록 설계될 것이다.

이제 마케터는 기술을 통해 개인화된 맞춤형 광고와 메시지를 엄청
난 규모로 개발하고 전송할 수 있게 되었다. 이제 브랜드는 더 이상 불
특정 다수를 상대로 메시지를 광범위하게 내보내고 결과를 기대하는
데 만족하지 않는다. 브랜드는 애드 테크를 통해 다양한 플랫폼에서
원하는 타깃을 더욱 정확하게 타깃팅할 수 있게 되었다. 이러한 브랜
드는 메시지를 더욱 섬세하게 조정하기 위해 이용자의 행동을 그들이
본 광고, 광고에 노출된 장소와 연결시킬 수 있게 된다.

　　브랜드는 이러한 역량을 확보하기 위해 추가 비용을 기꺼이 지
불할 용의가 있다. 이로 인해 개인적 차원으로 마케팅 전략을 미세 조
정하는 데 사용할 더 많은 소비자 데이터와 분석 정보에 대한 막대
한 수요가 발생했다. 개인화된 정보를 전달하기 위한 역량은 브랜드
가 AI를 활용해 실시간으로 메시지를 맞춤화하도록 자극했다. 보이지
않는 브랜드의 출현에 있어 맞춤형 정보는 결정적으로 중요한 요소가
되었다. 우리는 다음 장에서 우리의 행동, 생각하는 방식을 바꾸기 위
해 AI가 메시지를 어떻게 만드는지, 우리가 스크린에서 시선을 옮기
지 않도록 하기 위해 AI가 설득의 과학을 활용해 사용자 경험을 어떻
게 제공하는지를 살펴볼 것이다.

3

설득의 방정식

사람들이 특정한 방식으로 행동하도록 설득하는 데 필요한 역량의 이면에는 일련의 법칙이 존재한다. 마케터와 광고주는 자신의 제품을 구매하거나 서비스를 이용하도록 설득하려는 목적으로 이러한 법칙을 규칙적으로 사용한다.

나는 미시간 대학에서 베스트셀러 교재인 《인간 행동의 이해》의 저자 짐 맥코넬 교수로부터 심리학을 배웠다. 그는 이 책에서 1940년, 사회 심리학의 선구자인 솔로몬 애쉬가 마케팅에서의 자명한 이치에 주목한 것을 언급했다. 마케터가 새 자동차처럼 아직 구매 의사가 없는 무언가를 구매하도록 설득하고 싶다면 두 가지 선택권이 존재한다고 했다. 하나는 자동차의 상품성을 개선해 유용하게 만들거나, 다른 하나는 자동차 자체에 대한 인식을 바꾸는 것이다. 맥코넬은 이렇게 썼다. "설득에 있어 가장 중요한 측면은 외부에서 일어나는 소통의 흐름을 자신의 신경계에 들어오도록 하는 것이다."

설득의 기술이 사실은 기술이 될 수 없다는 점에 대해 살펴보는 데서 시작하자. 설득은 구체적 원칙으로 압축할 수 있는 과학이다. 유튜브에 게시된 영상 중에 '설득의 과학'이라는 제목의 영상이 있었다. 이 영상은 누군가를 설득할 가능성을 높이는 데 사용할 수 있는 강력한 기법의 이면에 있는 과학에 대해 이야기하고 있었다.[1] 성공적인 설득을 위해 기억해야 할 것은 다음과 같다.

- 대가성 : 일반적으로 자신이 뭔가를 받았을 때 화답해야 한다는 강박을 느낀다.
- 희소가치 : 일반적으로 흔치 않다고 인식하는 것들을 탐낸다. 특히 기회를 놓쳤다는 두려움을 느낄 때 더 그렇다.
- 권위 : 일반적으로 종종 권위를 가진 사람들이 그들에게 기대한다고 믿는 것을 한다.
- 일관성 : 일반적으로 다른 사람에게 약속한 무언가에 대해 일관성 있게 행동해야 한다는 강박을 느낀다.
- 애호 : 일반적으로 자신과 유사한 사람, 자신과 관련이 있는 사람에게 더 우호적으로 반응한다.
- 일치 : 일반적으로 자신과 같은 사람을 흉내 낸다.

과거에 자신의 생일을 기념해 선물을 준 사람의 생일이 다가오면 선물을 줘야 한다는 부담, 즉 대가성을 경험한다. 옛말에도 있듯이 "뿌린 대로 거둔다." 혹시 더 많은 저녁 식사 자리에 초대를 받고 싶은가? 그렇다면 저녁 식사 자리를 먼저 더 많이 제공하면 된다. 마케터도 이를 알고 있다. 여러분도 어떤 상품이나 서비스의 이벤트 내용이 담긴 이메일을 받아 본 적이 있는가? 이러한 선물을 보내는 마케터는 대가성을 통해 다시 돌려받을 것을 기대한다. 한번 사용해보고 구매하라는 의미이다!

희소가치는 사실상 홈쇼핑의 근간을 이루고 있다. "주문 마감 시간이 얼마 남지 않았습니다!", "지금도 많은 분이 주문하고 계십니다!" 여러분도 이러한 멘트를 한 번쯤은 들었을 것이다. 재고는 한정되어 있고, 지금 구매하지 않으면 일생에 한 번 있는 기회를 놓치게 될 것이라고 느끼게 된다. 사람들은 공급이 부족하다고 믿으면 필요하지 않은 것을 구매해야 한다는 부담을 느낄 수 있다.

권위는 마케팅과 미디어 환경의 도처에서 두드러진 역할을 한다. 닥터 오즈와 닥터 필(미국의 유명 TV 프로그램 사회자들.—옮긴이)은 너무나 익숙한 얼굴이 되어서 권위 있는 인물로 캐리커처로까지 표현되기도 했다. 이들이 진짜 의사가 맞는가? 그런데, 그것이 중요한가? 이들은 사람들에게 조언을 하고 지지를 표현하면서 순전히 개성의 힘을 통해 일반 대중을 설득할 수 있다. 이들은 자신들이 지닌 설득력이 거부할 수 없는 것이라는 권위를 대중과 함께 조심스럽게 쌓아왔다.

일관성은 또 하나의 중요한 요소다. 우리는 어릴 때부터 일관적인 것이 보상을 안겨줄 것이라고 배운다. 이는 우리가 삶에서 잊지 않는 교훈이다. 따라서 누군가에게 무엇을 할 것이라고 말하면 그것을 끝까지 해야 한다는 부담을 느낀다. 설문지를 작성하겠다고 약속한 사람은 결국 작성하게 될 가능성이 높다. 그게 인간의 속성이다.

사람들을 좋아하는 것을 더 신뢰한다. 누군가에게 호감을 가지면 그가 요청한 일을 더 쉽게 수락하는 경향을 보인다. 어떤 방식으로

든 자신이 누군가와 연관된다면 그들은 설득에 성공할 가능성이 커진다. 내가 새로 산 셔츠가 좋아 보인다고 말하거나, 같은 음악을 듣거나, 내 반려견과 같은 종류의 반려견을 키운다고 한다면 제법 친해질 수 있다. 결국 그들의 제안을 더 잘 수용하고 그들을 화나게 하는 일은 피할 것이다.

일치는 십 대 시절을 겪은 모든 이들이라면 익숙할 것이다. 학교에서 볼 수 있는 모든 또래 모임의 핵심에는 주변 사람과 비슷해지고 싶다는 욕망이 존재한다. 사람들이 뭔가를 하고 있다면 분명 이유가 있기 마련이다. 그래서 함께 해야 한다는 생각을 하게 된다. 일치는 틀림없이 선조들에게 있어 매우 유용했던 생존 본능이었을 것이고 현재까지도 꽤 잘 지속되고 있다.

일치 설득의 사례를 훌륭하게 보여주는 영상이 하나 있다. 수건을 한 번만 사용하지 않고 2회 이상 재사용함으로써 얻을 수 있는 모든 환경적 혜택을 설명하는 내용이 담긴 카드를 화장실에 비치함으로써 객실 이용자가 수건을 재사용하게 만든 기발한 방법을 찾은 호텔에 대한 이야기이다.[2] 그저 작은 카드를 비치했을 뿐인데 26%의 호텔 객실 이용자가 수건을 재사용한 것이다. 연구자들은 그 카드의 메시지를 어떻게 수정하면 수건 재사용률을 더 높일 수 있을지 테스트했다. 그 객실에 머무른 이용자 중 75%가 수건을 재사용했다는 표현을 사용함으로써 수건이나 침구류 교체를 매일 요청하지 않은 이용자가 33% 상승하는 결과로 이어졌다. 일치의 원칙은 호텔 이용자에게 다른 사람처럼 행동하도록 설득한 것이다.

이 사례는 다른 사람들, 특히 자신과 비슷하다고 여기는 사람의 행동에 어떻게 영향을 받는지 잘 설명해준다. 또한 이는 자신과 비슷하다고 생각하는 사람에게 맞추어 자신을 조정하게 되는, 동료 집단의 사회적 압박에 우리가 얼마나 취약하며 얼마나 설득되기 쉬운지 잘 보여준다.

이처럼 설득의 과학은 특정한 행동을 유발하는 무의식적 반사 작용을 보여준다. 실제로 이 반사 작용은 너무나 강력해서 그것을 인지하더라도 극복하기 힘들다.

인간 심리의 약점

우리가 왜 설득에 민감한지에 대한 해석 중에는 뇌가 우리를 배신한 다는 의견이 있다. 그렇다고 뇌가 인간의 기분과 행동을 좌우할 정도로 큰 영향을 미치는 여러 화학 물질과 신경 전달 물질을 방출할 정도까지 작용하지는 않는다.

인간의 신경계와 내분비계에 화학 물질 간의 상호 작용은 욕망, 기분, 행복에 직접 영향을 준다. 기쁨과 행복에 대한 경험은 도파민, 세로토닌, 옥시토신, 엔도르핀 등 신경 전달 물질의 수치와 밀접하게 연결되어 있다. 노르에피네프린과 흔히 아드레날린이라고도 하는 에피네프린 같은 스트레스 호르몬은 심장 박동을 급격하게 증가시키는 감정을 심화시킬 수 있고 투쟁-도피 반응(위협을 대할 때 반사적으로 나타나는 각성 상태.—옮긴이)과 밀접하게 연관되어 있다. 정신 집중과 기억 형성은 코르티솔 호르몬의 영향을 받는다. 신체의 화학적 작용은 개인마다 다르게 나타나지만, 과학은 우리에게 이러한 다양한 화학적 요소가 어떻게 작용하고 통제될 수 있는지 힌트를 제공한다.[3]

인간의 독특한 생리 작용으로 인해 어떤 사람은 이러한 화학 물질이나 호르몬에 중독되기 쉽다. 더 좋은 것을 쫓아 자신을 위험한 상황으로 점점 더 몰아붙이는 사람을 '아드레날린 중독자'라고 표현하기도 한다. 극단적인 예일 수도 있지만, 인간은 누구나 뇌의 화학 작용으로 즐거운 자극을 추구한다. 이 때문에 화학 물질로부터 받게 되는 보상은 인간을 설득하는 핵심이 될 수 있다. 마케터는 소비자에게 뇌의 화학적 보상 중 하나를 촉발하는 경험을 제공함으로써 돈, 시간, 에너지 등을 다양한 방식으로 소비하라고 설득할 수 있다.

현재는 사라진 냅스터 같은 벤처 기업의 배후에 존재하는, 그리고 2005년까지 마크 저커버그의 고문이었던 논쟁적 기업가인 숀 파커는 페이스북의 중독성에 대해 설명한 바 있다. 당시 컨퍼런스에서 '어떻게 페이스북은 우리의 시간과 집중을 끌어낼 수 있었는가?'라는 질문에 답하며 전략이 존재했음을 인정했다.[4] 그의 대답은 이러했다. "누군가 자신이 게시한 사진이나 글을 좋아하거나 댓글을 남길 때마다 뇌가 자극되면서 마치 도파민 주사를 맞은 것처럼 느끼게 됩니다. '오, 이거 기분 좋은데! 한 번만 더 해 줘!'라고 말이죠." 파커는 페이스북 이용자의 의식이 깨어 있을 때 가능한 한 최대로 시간을 소비하도록 만들 방법을 찾기 위해 실제로 '인간 심리의 약점을 활용'했다고 말한 것으로 전해진다.[5]

이는 사람들이 '납치'라고까지 표현하는 기법으로, 저명한 심리학자인 B. F. 스키너가 제시한 행동 과학에 근거를 둔 것이다. 예를 들어 라스베이거스의 슬롯머신을 설계한 이들은 쥐에 대한 스키너의 연구를 오랫동안 활용했다. 스키너는 이 연구에서 쥐를 설득하는 가장 효과적인 방법은 임의 간격으로 보상을 제공하는 것이라는 것을 깨달았다.[6] 쥐 또는 페이스북 이용자는 달콤한 도파민이라는 보상을 언제 받을지 알 수 없기 때문에 보상을 받을 때까지 끈질기게 반복해 확인할 것이다.

스탠퍼드 대학교 설득 기술 연구소의 연구원인 BJ 포그는 도파민 보상 반응 같은 설득 기제를 집중적으로 분석해왔다. 포그는 특히 웹 사이트, 비디오 게임, 휴대 전화와 같은 기술이 사람들의 믿음과 행동을 바꾸는 데 어떤 역할을 했는지 관심을 보였다. 포그는 "인간을 설득하려는 기술은 디지털 제품이나 서비스를 터치할 때마다 우리의 삶을 터치한다"라고 말한다. 포그는 자신이 연구하는 분야를 '캡톨로지' captology라고 명명했는데 이는 '설득을 위한 테크놀로지로서의 컴퓨터' computers as persuasive technologies의 줄임말이다.[7]

포그는 페이스북 등의 SNS를 연구하며 사람들이 계속 서비스를 이용하도록 설득하기 위해 각 기업이 어떻게 하는지 연구했다. 포그는 페이스북이 다른 이용자가 게시물에 자신을 태그했음을 알려 주는 기능은 사람들이 다시 접속하도록 설득하는 데 매우 효과적이라고 설명한다.[8]

이 예는 포그 행동 모델 fogg behavior model, FBM에 깔끔하게 들어맞는다. 포그는 이 모델에서 누군가가 무엇을 하도록 설득하려면 세 가지 요소가 제시되어야 한다고 주장한다. 즉 충분한 동기 motivation, 충분한 능력 ability, 효과적인 자극 prompt 또는 계기이다. 그림 3.1에서 볼 수

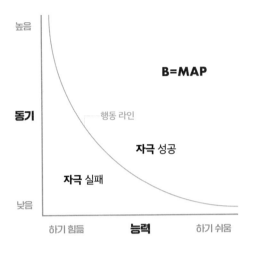

그림 3.1 | 포그 행동 모델

있는 것처럼 세 요소는 첫 글자를 따서 MAP으로 표시한다.[9]

포그의 모델에서 설명한 것처럼 나 또한 누가 왜 나를 태그했는지 궁금하기 때문에 페이스북에 접속하고는 했다. 이는 클릭 한 번이면 되는 무척 쉬운 일이다. 그리고 자극, 즉 내가 태그되었음을 알려주는 알림에 관심을 보이고 반응하게 된다. 페이스북에 접속하고 누군가 내 게시물에 좋은 이야기를 남긴 것을 보면 기분 좋은 도파민을 맞은 것처럼 더 많은 보상을 찾기 위해 여러 계정을 둘러보게 된다. 나는 의식조차 하지 못한 사이 SNS에서 몇 시간을 보내도록 설득당한 것이다.

유튜브 같은 다른 SNS도 매우 유사한 방식으로 작동하는데, 포그의 표현처럼 "핫 트리거"hot trigger 를 눈앞에 가져다줌으로써 자극을 받은 이용자가 아주 쉽게 더 많은 콘텐츠를 소비하도록 만들었다. 이러한 장치에 우리는 거의 저항하지 못하고 꼼짝없이 당하고 만다. 포그가 "소셜 미디어의 비법"이라고 언급한 것의 한 부분으로 강력한 힘을 가지고 있다.[10]

온라인에 남겨진 발자국

포그는 자신의 연구에서 인간의 행동에 강하게 영향을 주는 다른 보이지 않는 힘도 밝혀냈다. 예를 들어 사람들은 영상으로 본 것을 쉽게 믿는 경향이 있다.[11] 그 영상이 진실인지 아닌지 의구심을 갖기보다 눈으로 본 것을 믿는 것이 인간의 본성이기 때문이다. (이러한 영상은 진실이 아닌 경우가 점점 더 늘어나고 있다.)

포그는 우리가 가장 취약하게 반응하는 설득 전략의 종류라는 관점에서 우리 각자는 저마다 다 다르다고 깨우쳐주었다. 우리 모두는 어떤 것에 특별히 강한 영향을 받거나 동기가 부여되는 독특한 "설득 프로필"을 저마다 가지고 있다. 이 프로필을 통해 자신이 동일시하는 사람들의 공동체에 영향을 받는다는 사실과, 주기적인 도파민 주입에 우리가 얼마나 민감하게 반응하는지를 보여준다. 이는 치즈버거를 꼭 먹겠다는 갈망을 실현하기 위해 기꺼이 차를 몰고 시내로 외출을 하게 만드는 것과 같은 현상이다.

사람들이 가진 정확한 갈망만 찾을 수 있다면 원하는 행동을 유발할 수 있다.

포그는 신용 정보 기업이 개인의 신용 보고서를 만드는 방식과 동일하게 기업이 소비자의 행동과 관련해 수집한 정보를 바탕으로 설득 프로필을 모으는 미래를 예상했다. 기업이나 정치가는 자신들의 제품을 구매하거나 자신에게 투표하도록 설득하기 위해 맞춤형 방식으로 우리에 대한 정보를 사용할 수도 있을 것이다. 이는 누군가에게 이론을 넘어서서 그들이 알고 있는 단서를 바탕으로 해 매우 효과적으로 사람들을 분류할 수 있는 역량을 선사할 것이다.

마케터가 각 사람의 독특한 개성을 형성하는 요소를 더 잘 이해하기 위해 미국 심리학회가 "생각, 감정, 행동에서 나타나는 개인 특유의 패턴 차이"라고 정의한 온라인에 남겨진 발자국을 활용하고 있다는 점에서 앞서 말한 것들이 이미 현실에서 일어나고 있기도 하다.[12] 심리학자들은 이 특성을 경험에 대한 개방성 openness to experience, 성실성 conscientiousness, 외향성 extraversion, 우호성 agreeableness, 신경증 neuroticism 으로 구분하고 "빅 파이브"라고 명명했다. 이 다섯 가지 특성의 머리글자만 모으면 마침 부르기 좋게 OCEAN이 된다.

우리가 남긴 디지털 흔적의 도움을 받아 구축된 프로필은 AI가 가진 힘과 만나 극도로 정교해질 수 있다. 예를 들어 페이스북에서 '좋아요'를 클릭한 게시물에 근거해 만들어진 프로필을 활용한 알고리즘은 실제 성격을 파악하는 데 있어 동료, 친구 심지어는 가족보다 더 효과적일 수 있다.[13]

심리 공학의 출현

설득의 과학으로 프로그래밍되고, 우리의 성향과 행동 프로필의 세부 정보로 무장했으며, 대량 주문 제작 역량까지 갖춘 AI가 우리의 의사 결정과 행동을 변화시키는 방법을 어떻게 학습하게 되는지에 대해서 고려해볼 만하다. 만약 이 AI가 인간처럼 느껴지도록 외모나 언어 등에서 의인화되어 있다면 특히 더 그렇다. 조금 전 소개한 포그의 **캡톨로지**라는 용어는 이 시대 대중의 시대정신을 관통하는 것은 아니다. 앞에서 언급했듯, 이 책에서는 인간과 기계의 교차점에서 탄생한 새로운 형태의 심리적 테크놀로지를 다루고 있기에 고심 끝에 **심리 공학**이라는 용어를 제시한 것이다.

AI가 사람들에 대한 모든 종류의 데이터를 제공 받은 후 이들이 의도한 대로 움직일 수 있도록 설득하는 데 있어 가장 효과적인 방법을 찾기 위해 수백, 심지어는 수천에 달하는 작은 실험을 진행하라는 명령을 받았다고 상상해보자. AI는 사람들의 OCEAN 프로필, 뇌의 화학 작용, 권위에 설득되는 편인지 아니면 자신의 애호나 가까운 이들과의 관계에 의해 설득되는 편인지 등을 토대로 판단할 것이다. 애호에 의해 설득된다고 판단하면 AI는 이들과 친구가 되는 것이 가장 큰 영향을 미칠 수 있다고 판단할 것이다.

클리포드 나스도 스탠퍼드 대학교에서 컴퓨터와 기술이 우리가 행동하는 방식에 어떤 영향을 미치는지 연구해왔다. 나스는 미국 공영 라디오 방송과의 인터뷰에서 "우리는 컴퓨터 혹은 최소한이라도 지능을 가진 것으로 보이고 소통 가능한 기계와는 깊고, 오래 지속되

며, 복잡한 관계를 형성하는 경향이 있다"라고 말한 바 있다.[14]

나스는《관계의 본심》에서 사람들이 차량에 장착된 GPS 내비게이션 시스템과도 만들어가는 정서적 관계의 종류에 대해 기술했다.[15] 나스는 내비게이션 시스템의 목소리가 행복하게 들리든 슬프게 들리든 운전자의 정서적 상태에 눈에 띄는 영향을 미친다는 사실을 발견했다. 묘한 것은, 사람들은 내비게이션 시스템의 목소리가 그들의 기분과 일치할 때 훨씬 더 운전을 잘했다. 만약 슬프거나 화가 난다면 역시 슬프거나 화가 난 것 같은 목소리를 들려주는 내비게이션 시스템과 상호 작용하는 것을 선호했다. 연구자들은 화가 난 운전자에게 내비게이션 시스템이 행복한 목소리로 "속도를 늦추세요"라고 말을 했을 경우 안 그래도 짜증이 난 운전자를 훨씬 더 화나게 만들어 운전을 하는 동안 심각한 사고를 겪을 가능성을 훨씬 더 높인다는 것을 알아냈다.

운전자들은 내비게이션 시스템의 목소리 성별에 따라서도 다른 반응을 보였다. 많은 독일 운전자들은 BMW의 내비게이션 시스템이 여성 목소리를 사용했다는 이유로 BMW에게 격하게 항의했다. 고객 서비스 센터 직원이 이 목소리는 단지 컴퓨터에 녹음된 소리에 불과할 뿐이지 운전자에게 지시를 하는 것은 실제 여성이 아니라고 했지만, 결국 남성 목소리가 사용된 새 시스템으로 교체하기 위해 대대적인 리콜을 해야 했다. 오늘날 대부분의 시스템은 안내하는 목소리의 성별을 선택할 수 있도록 한다. 심지어는 사투리까지도 선택할 수 있기도 하다. 나스가 연구를 통해 파악한 주요 시사점은 사람들이 기계와 관계를 구축할 때 어떤 식으로든 기계가 자신과 비슷하다고 생각하면 더욱 깊은 관계를 맺는다는 점이다.

기계와 기술이 더욱 인간다워질수록 인간은 기계와 기술에 더욱 정서적 애
착을 느끼게 된다.

나스는 다음과 같이 말하기도 했다. "시간이 지나면서 우리의 이
름을 기억하고, 선호를 파악하고, 우리와 비슷하게 변하면서 기분이
좋아지게 만드는 것 같이 우리가 흔히 타인에게 바라는 반응을 보여
주는 기계의 모습은 인간과 상호 작용을 한다는 충분한 증거가 된다."
기계를 의인화한 디지털 대리자인 아바타를 함께 활용하면 이러한 효
과를 확실히 증폭시킬 수 있다.

바꾸어 말하면, 우리가 운전을 할 때 내비게이션을 통해 운전 방
식과 운전하는 동안 느끼는 감정에 영향을 받는 것처럼 미처 깨닫지
못하는 사이 기계과 기술에게 설득될 수 있다. 우리는 시간이 갈수록
의사 결정에 영향을 주고 있는 요소들을 알아차리지 못하게 되고 있
다. 강력한 설득의 힘으로 프로그램되어 무장한 기계 학습과 AI가 지
금까지 인간이 발견하지 못한 설득에 대한 획기적인 새로운 진실을
밝혀낼지도 모르는 변곡점에 와 있다. 이러한 변화의 증거를 찾기 위
해 멀리 갈 필요 없이 비디오 게임의 세계를 살펴보면 된다.

게임으로 배우는 설득

나는 비디오 게임이 활기를 띠기 시작한 시대에 성장했다. 당시는 아주 멋진 시기였다. 집에는 아타리 또는 닌텐도에서 만든 게임 콘솔과 코모도어나 애플에서 만든 초기 컴퓨터가 있어 카트리지나 테이프로 게임을 할 수 있었다. 여윳돈이 있어서 전자오락실에 갈 수 있을 때는 팩맨, 스페이스 인베이더, 아스테로이드처럼 지금은 고전이 된 게임 기계에 끝없이 동전을 집어넣을 수도 있었다.

초기 게임의 초보적인 그래픽과 조작 방식은 최신 게임과 비교하면 유치하게 보인다. 누군가는 여전히 전자오락실을 찾기도 하겠지만, 이제 많은 게임은 온라인에 연결된 컴퓨터나 게임 콘솔 또는 모바일 기기로 집에서 즐길 수 있다.

흥미로운 사실은 게임 이용자의 평균 나이가 남성은 32세, 여성은 36세라는 점이다. 이는 수백만의 성인이 판타지의 세계로 이동해 월드 오브 워크래프트 같은 게임을 하며 다른 이용자와 싸우고 캐릭터를 더욱 강하게 만들기 위해 필요한 보물이나 경험을 얻는 데 돈과 시간을 투자하고 있다는 것을 의미한다. 월드 오브 워크래프트는 흔히 MMORPG로 불리는 대규모 다중 접속 온라인 역할 수행 게임으로 수천만, 때로는 수백만에 달하는 이용자가 정기적으로 게임을 하기 위해 무서울 정도로 접속한다. 이들 중 일부는 수 시간, 심지어는 며칠 동안 게임을 한 후에야 게임의 세계에서 나온다.

내가 이런 사실을 알고 있는 이유는 한때 나 또한 그러한 이용자 중 하나였기 때문이다. 2004년, 나는 월드 오브 워크래프트가 등장한지 얼마 되지 않아 이 게임에 빠져들었다. 당시 결혼을 한 30대 가장이었고 좋은 직업과 활발한 사회생활을 즐기고 있었지만, 게임은 나를 빨아들였다. 게임 속에는 탐험해야 할 끝없는 세계와 극복해야 할 수많은 전투가 기다리고 있었다. 때로는 새벽 2시가 되도록 게임을 할 때도 있었고, 뜬눈으로 밤을 새우기도 했다. 솔직히 말하자면 그 게임에 중독되어 있었다.

다행히도 아내는 그런 나를 떠나지 않았고, 결국 나는 스스로 게임을 끊었다. 그때의 경험은 삶의 다른 것을 거의 제쳐 두고 게임을 가장 중요하게 여기게 할 만큼 마음을 사로잡고 영향을 미치는 데 얼마나 강력하게 작용할 수 있는지 깨닫게 했다. 미국 엔터테인먼트 소프트웨어 협회에 따르면 미국 가정의 3분의 2는 집에서 비디오 게임을 즐기고 있고, 전 세계적으로는 26억 명이 집에서 게임을 하고 있다고 한다.[16] 게임 산업은 미국에서만 360억 달러의 매출을 거두고 있는데 더 혁신적이고 매력적인 게임이 새로운 이용자를 끌어들이고 있기에 이 수치는 매년 급격하게 상승하고 있다.

심지어 이 수치는 우리의 모바일 데이터를 알게 모르게 소비하고 있는 성가신 앱 형태의 모바일 게임 시장은 포함하지 않은 결과이다. 모바일 게임 개발자는 선택할 수 있는 몇 가지의 비즈니스 모델이 있다. 이용자에게 게임을 내려받는 비용을 청구할 수도 있고, 게임을 내려받는 것은 무료로 하되 게임 내 광고나 아이템 구매 등을 통해 수익을 거둘 수도 있다(그러나 흥미롭게도 이용자 중 단 5%만 게임 내 구매에 지갑을 연다).[17] 일단 게임에 지갑을 열기 시작하고 자유로운 지불 수단을 가지게 되면 몇 달러씩 쓰는 건 아주 구미가 당기는 일이 될 수 있다. 게임에서의 목표를 더 빨리 달성하기 위해 여기에서 0.99달러, 저기에서 4.99달러씩 쓰는 것이다. 이렇게 조금씩 소비한 금액이 모여 500억 달러의 글로벌 시장이 만들어졌고 이는 계속 성장하고 있다. 이 시장은 이미 애플 앱스토어와 구글 플레이 스토어에서 발생하는 전체 매출의 75% 이상을 차지하고 있다. 할리우드 영화 시장의 규모가 연간 400억 달러 정도 된다는 것을 생각하면 이 시장의 규모가 얼마나 거대한지 쉽게 깨달을 수 있을 것이다.[18]

> 마케터 그리고 기계과 기술은 비디오 게임으로부터 강력한 설득의 힘을 배울 수 있다.

마케터는 게임 시장에 거대한 이해관계가 얽혀 있고 대부분의 미국인이 자신의 휴대 전화로 적어도 하나의 게임을 즐긴다는 사실을 고려해 이들의 시선을 잡아끌 수 있는 방법을 찾고자 AI의 도움도 받고 있다는 것은 분명한 사실이다.

보상에 이끌린 사람들

최근 포그를 포함한 스탠퍼드 대학교의 연구원들은 게임 이용자가 보상 시스템에 따라 어떻게 설득되는지, 즉 특정 결과물을 얻고자 하는 바람에 기반해 이들이 어떠한 동기에 이끌려 행동하는지 이해하기 위해 많은 시간과 노력을 투자했다.

연구원들은 MMORPG의 인기 덕분에 연구 대상으로 삼아야 할 일련의 역동적 테스트 주제를 확보하게 된 것이다.

온라인 게임은 마케터와 연구자에게 사회적, 심리적 실험을 안정적으로 수행할 수 있는 샌드박스를 제공한다.

연구자는 매우 엄격한 사회학적 실험을 구상하게 되면 그 안에서 상당한 통제력을 행사할 수 있는데 이는 실험 참가자들을 연구할 때 발생할 수 있는 변수(그리고 제약)을 제거하는 데 도움이 된다. 예를 들어 연구자가 실험 참가자에게 어떤 지시를 내리는 각본을 만들고 실시간으로 반응을 관찰할 수도 있다.

이러한 일은 우리가 깨닫든 그렇지 못하든 끊임없이 일어나고 있다. 온라인 게임에서 놀라운 것은 이용자가 게임 내에서의 성취를 위해 얼마나 많은 시간을 소비하고 때로는 돈을 지불하기도 한다는 점이다. 기본적으로 모든 게임은 이용자가 완수해야 하는 과제, 한정된 보상, 특별한 무기나 그저 명예에 불과한 것을 얻기 위해 해야 하는 임무를 준비해 더 빠져들도록 교묘하게 설계되어 있다.

전 연령의 이용자가 게임에 중독되도록 유도하는 비법은 과제를 완수하기 위한 과정을 더욱 어렵게 만들고 이 과정에 많은 자원이 소모되도록 하는 것이다. 이용자는 이를 깨닫기도 전에 '놀라운 위업의 반지'나 '그 무엇도 막을 수 없는 칼'을 얻기 위해 밤을 새우고, 일주일

중의 많은 시간을 게임을 하며 보내게 될지도 모른다.

다른 과제도 이용자가 미리 정해진 수의 힌트를 축적해야 수수께끼를 해결할 수 있게 되어 있다. 다시 말하지만, 이용자가 목표를 향해 전진하는 과정에서 이러한 힌트를 얻는 과정은 점점 더 어려워진다. 그럼에도 불구하고 이용자는 목표를 달성하기 위해 비상한 노력을 한다. 바로 이 지점에서 심리 공학이 작동하는 것이다.

인간의 중독성을 유발하면서 보상의 형태로 주어지는 증표의 힘은 깊고도 오랜 역사가 있음이 분명하다. 체로키 인디언은 전장에서 탁월한 성과를 거둔 전사에게 독수리 꼬리 깃털을 보상으로 제공했다. 그러면 깃털을 받은 이들은 머리 장식물로 자랑스럽게 드러내 보였다. 고대 로마의 병사는 자신이 속한 부대가 거둔 업적을 기념하는 배너를 가지고 다녔다. 현대의 군인은 자신이 참여한 군사 작전을 기념하기 위해 군복에 약장을 자랑스럽게 패용한다. 영국의 로버트 베이든 파월 중장이 보이 스카우트를 창설하고 공로 배지를 처음 만들었을 때 이 작은 헝겊 조각을 위해 사람들이 얼마나 열심을 다할 것인지 알고 있었다. 그 배지는 귀금속으로 만들 필요도 없었고 굉장히 신경을 쓸 정도로 본질적인 금전적 가치를 지닐 필요도 없었다. 배지와 랭킹은 포트나이트 같은 슈팅 게임의 순위표나 페이스북의 좋아요 그리고 이베이의 최우수 등급 배지 등을 포함해 주변 모든 곳에 다양한 형태로 존재한다.

어떤 면에서 보면 SNS에 게시하는 이국적인 장소와 아름다운 산 정상의 풍경 사진 등도 친구들에게 보여주는 배지라 할 수 있다. 우리는 이런 사진을 자랑스럽게 게시하면 친구들이 그 게시물에 좋아요를

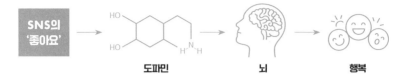

누르고 댓글을 달아줄 기대에 부풀며 기다린다. 어떤 사람에게는 대단히 보람 있고 강력한 경험이라 하루의 상당 시간을 새로운 게시물을 등록하고 좋아요를 누르는 데 바친다. 그 작은 좋아요는 중독 상태에서 벗어나지 못하게 만드는 도파민 투입을 불러온다(그림 3.2).

기업에서도 인적 자원 관리 분야에서 배지 현상을 활용해 구성원의 작은 성과에도 보상을 주는 '사회적 인정'social recognition(SNS의 방식을 활용해 구성원 간에 공개적으로 감사나 칭찬을 표현하게 유도하는 기업 문화.—옮긴이) 프로그램을 적용하고 있다. 이러한 가상의 보상은 비금전적 방법으로도 대우할 수 있는 효과적인 방법이다. 배지는 디지털 기반 학습 환경에서도 필수적인 요소가 되고 있다. 디지털 학습에 참여하는 학생은 단계별 학업 성취도를 통과하며 순위에 오르고 인정을 받게 된다.

게임에서 아이템 세트는 강력한 유형의 배지로 아이템 세트를 완성하면 대단한 명망이 부여된다. 예를 들어, 온전한 세트에서 보석 다섯 개가 부족할 경우 이용자를 몇 시간 동안이나 게임을 하게 만들 수 있다. 구체적으로는 처음 네 개의 보석은 상대적으로 쉽게 얻을 수 있도록 하고, 마지막 다섯 번째 보석은 몇 시간을 투자해야 얻을 수 있도록 설정하는 것이다. 이때 이 보석들이 배지라고 할 수 있으며 한 세트를 완성하는 것은 특별한 지위를 안겨준다. 갑옷 한 세트의 마지막 조각을 얻기 위해 또는 마법의 힘을 가지기 위한 마지막 재료를 얻기 위해 몇 주 동안이나 게임에 매달리는 것이 드문 일이 아니다. 이렇게 보상은 강력한 것이다.

보상과 중독

이제는 이와 같은 설득력이 온라인 도박의 세계에 이끌리는 사람들이 증가하는 데 어떤 영향을 미치는지 살펴보자. 전 세계의 카지노는 영업장으로 사람들을 유인하기 위해 공짜 음료, 뷔페 식사, 디럭스 룸 등을 이용하는 것으로 유명하다. 포커에서부터 야구, 축구 같은 스포츠에 이르기까지 어디에서든 온라인을 통해 도박을 할 수 있도록 법과 제도가 점점 철폐되고 있다. 미국 대법원은 각 주가 온라인 도박의 허용 여부를 자체 결정할 수 있도록 했다.[19] 사람들이 집이 주는 안락함 속에서 더 많은 시간과 돈을 투자해 도박을 하도록 설득의 방정식이 어떻게 활용되는지 상상하는 것은 어렵지 않다.

이때 사람들이 원하는 배지는 자신이 VIP라는 사실을 보여주거나, 일정 수준에 올랐다는 것을 나타내거나, 야구에 판돈을 거는 것을 좋아한다는 것을 보여주는 상징물이 될 수도 있다. 도박 사이트는 이용자에 대해 더 많이 알수록 통찰력을 사용해 추가 도박 기회를 제공할 수 있다. "뉴욕 양키스의 승리에 배팅했으니 이번 일요일에는 뉴욕자이언츠에 배팅하는 것도 고려해보세요" 같은 메시지를 보여주는 것이다. 혹은 배팅 후에 더블링 다운(성과에 집중하고 손실은 과감히 포기하는 것.—옮긴이)할 수 있는 기회를 주기도 한다. 판돈을 높이도록 옆에서 부추기는 친구처럼 AI는 이용자의 통상적인 배팅 액수보다 더 많은 돈을 배팅하도록 부추기는데 어쩌면 처참한 결과를 가져올 수도 있다.

이러한 설득은 중독에 빠지기 쉬운 사람에게는 문제가 될 수 있다. 사실 이것은 이미 광범위하게 퍼진 이슈로 약 1,000만 명에 달하는 미국인이 도박 관련 문제를 가지고 있는 것으로 여겨진다.[20] 다른 한편으로는 그 시간과 돈을 가지고 다른 무언가를 하도록 설득하고 돕는 데 AI를 활용하는 것도 상상할 수 있다. 여기에 딱 들어맞는 사례가 하나 있다. 베트버디라는 기업은 AI를 활용해 온라인 도박 이용자와 상호 작용하면서 문제가 있을 수 있다는 분명한 단서를 찾기도 한다. 이 시스템이 중독 문제를 가진 사람을 찾아내면 사이트 운영자에게 알려주고 그들의 행동을 정지시키도록 하는 것이다.[21]

요지는 우리가 여러 가지 모습을 띠고 있는 배지를 얻기 위해, 그러한 배지를 신분의 상징이나 자부심의 원천으로 활용하기 위해 도박에 몰두한다는 것이다. AI에게 사람들로 하여금 토르의 망치인 묠니르나 VIP 갬블러 배지보다 더 중요한 무언가를 얻도록 동기를 부여하라는 임무를 주었을 때의 영향을 생각해보자. 대학 학위를 얻기 위해, 세계 곳곳에서 발생하는 기아 문제를 종식하기 위해, 암 치료법을 찾는 데 그 열심을 쏟도록 동기가 부여된다면 세상은 어떻게 바뀔까? 심리 공학을 사용한 설득은 우리의 손이 닿는 가까운 곳에 있다.

티핑 포인트

연구자들은 온라인 게임 연구를 통해 소수의 이용자가 MMORPG의 가상 세계 내에서 엄청나게 큰 영향력을 미치고 있다는 것을 확인했다.[22] 연구자들은 이용자 사이의 각기 다른 연결을 분석함으로써 1,000명의 적극적인 이용자가 있는 게임 서버에서 실제로 모든 것이 돌아가게 만드는 사람은 고작 12명에 불과하다는 사실도 발견할 수 있었다.

이 12명의 이용자가 게임에서 적극적으로 활동하면서 그 외 다른 이용자 사이에 다른 많은 활동이 일어나도록 돕는 셈이다. 그러나 이 12명의 핵심 이용자가 게임을 멈추거나 게임에서 한꺼번에 떠나버리면 다른 이용자도 그렇게 한다. 연구자들은 게임 안에서 일어나는 상당량의 활동이 이러한 작은 그룹의 이용자를 통해 진행된다는 것을 알고 깜짝 놀랐다. 실제로 이들이 파악한 것은 핵심 이용자의 참여 없이는 애초에 그렇게 할 만한 게임 자체가 없었을 것이라는 점이었다.

이러한 연구 결과는 베스트셀러 《티핑 포인트》의 저자 말콤 글래드웰의 결론과 유사하다. 글래드웰은 '소수의 법칙'에 대해 썼는데 이는 경제학자들이 일반적으로 '80대 20의 법칙'이라고 부르는 것으로 한 조직 내에서 20% 사람들의 활동이 전체의 80%를 차지한다는 의미이다.[23] 온라인 게임의 경우 소수 이용자 그룹이 다수의 이용자에게 이례적으로 강한 영향력을 미친다는 것을 의미한다.

글래드웰은 이러한 영향력 있는 핵심 집단을 구성하는 이들을 세 종류로 구분해 각 특성을 다음과 같이 묘사했다.

- 커넥터 connector : 마치 모든 사람을 알고 있는 것 같은, 최고의 네트워킹을 가진 사람
- 메이븐 maven : 새로운 트렌드에 정통한 사람
- 세일즈맨 salespeople : 설득하는 비법을 알고 있는 사람

글래드웰은 핵심을 설명하기 위해 영국의 식민지 침략 소식을 전하고자 한밤중에 길을 떠난 두 사람의 흥미로운 이야기를 소개한다. 둘 중 한 명은 미국 독립혁명 당시의 국민적 영웅 폴 리비어다. "영국군이 오고 있어요! 영국군이 오고 있다고요!" 이 말에서 한밤중 자갈길을 전속력으로 질주하는 말의 발굽에서 튀어 오르는 불꽃이 그려질 것이다. 그러면 다른 한 사람은? 그 사람 이름은 전혀 기억이 나지 않는다. 이게 글래드웰이 말하는 요점이다. 폴 리비어는 커넥터였다. 그는 영향력 있는 클럽과 위원회에 모두 속해 있었다. 사람들에게 인지도가 높은 폴 리비어는 대중을 부추기기에 매우 효과적인 사람이었다. 다른 한 사람은? 별로 그렇지 못했다. 만약 여러분도 혁명을 성공시키고, 헨리 워즈워스 롱펠로 같은 유명한 시인이 자신에 대한 서사시를 쓰게 만들고 싶다면 다른 한 사람, 이름 없는 아무개가 되기보다 폴 리비어 같은 커넥터가 되어야 한다.

우리가 어떤 작은 그룹이나 사물에게서 영향을 받을 수 있다는 것에 동의한다면 그렇게 설득하는 사람은 누구인지, 특정 방식으로 행동하도록 설득해 그들이 얻는 것은 무엇인지 궁금하지 않은가? 더

나아가 커넥터, 메이븐, 세일즈맨이 우리에 대해 분야를 망라한 통찰력 있는 정보와 우리에게 가장 의미가 있는 보상으로 무장한 AI라고 한다면, 이것이 주는 시사점은 무엇인가?

내가 학생일 때 조지아 공과 대학교의 찰스 이스벨 교수가 AI에 대해 강의한 내용을 담은 영상을 볼 기회가 있었다.[24] 이스벨 교수는 자신의 본질적인 연구 목표는 "어떻게 하면 자율적으로 판단하는 AI를 만들어낼 수 있는가"에 있다면서 "이 AI는 다수의 고지능 개체와 함께 살면서 교류를 해야 하는데, 이들 중 일부는 인간일 수도 있다"라고 말했다.

이스벨의 설명에 따르면 기계가 배우고 적응하려면 시간의 경과에 따라 관측하고 데이터를 편집할 수 있어야 한다. 이는 특히 코봇이라는 AI에게 특히 더 해당하는 것이었는데, 이 AI가 초점을 맞춘 것은 인간의 사회적 관계와 상호 작용으로 이는 서서히 발생하고 적절한 학습과 적응이 일어나기까지 긴 시간이 소요된다.

코봇의 관측과 적응 기술의 정교함을 탐구하기 위해 이스벨은 1990년, 유명한 제록스 파크 연구소에서 만든 다중 채팅 환경의 머드 MUD, multiuser dungeon (온라인 게임의 일종으로 텍스트 기반이다.—옮긴이) 게임인 람다무 LambdaMOO에서 일어나는 행동의 패턴을 분석하도록 프로그래밍했다.

실험 초반에 코봇은 여러 소스 중에서도 (별스럽게) 유나바머 (1978~1995년 사이 16건의 우편물 폭발 사건을 일으킨 연쇄 테러범 시어도어 카진스키의 별칭.—옮긴이)의 선언문과 영화 〈혹성 탈출〉 대본을 바탕으로 학습한 사회적 어휘를 갖추고 있었다. 코봇은 실험이 진행되면서 단순히 관찰하는 데서 서서히 인간과 상호 작용하는 모습을 보여주었다.

예를 들어 코봇은 관찰과 상호 작용을 통해 아바타의 일상적 순간과 행동 패턴을 바탕으로 특정 이용자가 게임 내에서 다중 아바타를 만들어내는 것을 감지할 수 있었다. 이스벨은 이 실험에 대한 논문에서 다음과 같이 기록했다. "코봇은 5개월간의 훈련 후 254명의 각기 다른 람다무 이용자로부터 3,171건의 보상과 벌을 경험했다. 코봇은 자신의 현재 상태를 근거로 행동을 수정하면서 다수의 이용자로부터 유의미한 선호를 파악할 수 있었다."[25]

이스벨은 코봇이 관찰하고 수집한 데이터와 사회적 상호 작용에 기반해 현실에서 사람들 사이의 상호 작용을 보여주는 그래프를 만들고 색깔로 표시한 교점을 사용해 람다무 내에서 일어난 사회적 상호 작용의 '지도'를 만들었다(그림 3.3). 이스벨은 이 지도에서 모든 이용자와 연결된 것처럼 보이면서 서로서로 연결된 것으로 보이는 몇몇 이용자에 주목했다. 사회적 상호 작용에 구조가 있다는 가정은 이스벨로 하여금 "구조가 있다면 파악할 수 있고, 파악할 수 있다면 활용할 수 있고, 더 바람직하게 행동하도록 유도하는 방법도 찾을 수 있다"라는 결론에 이르게 했다. 이러한 통찰을 바탕으로 이스벨은 사회적 학습을 이해하고 코봇이 "사회적으로 최적화"하는 방법을 배울 수 있는지 알아보기 위한 실험에 착수하게 되었다.

이스벨은 코봇에게 장기적인 혜택과 보상에 기반해 의사 결정을 내리는 **강화 학습** 모델을 적용해 사람이 상호 작용하는 방식을 관찰하게 함으로써 코봇이 시간이 지남에 따라 변할 수 있고, 사회적 상호 작용에 적응하는 방법을 배울 수 있다는 결론을 내렸다. 이스벨 교수의

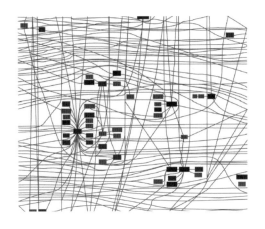

그림 3.3 | 로봇의 사회관계 지도

출처 : http://www.iai.gatech.edu/projects/cobot/map.html

연구팀은 이렇게 말했다. "우리가 기대하는 바는 각각의 행위가 적절한 때가 언제인지 구체적으로 명시하는 것처럼 수작업이 필요한 복잡한 규칙보다 코봇이 **이용자의 개인적 그리고 공동의 선호를 학습**하는 것이다."

홍미로운 사실은 한 이용자가 채팅방을 떠나면 코봇이 자신의 행동을 바꾸어 채팅방에 남아 있는 나머지 이용자에게 다르게 행동해야 한다는 것을 학습했다는 점이다. 다시 말해 코봇은 채팅을 하고 있는 상대방에 대해 파악한 사실에 기반해 채팅하는 방식을 조정한다면 인간과의 대화를 더 길게 이어나갈 수 있다는 점을 배운 것이다.

초기에 낚아라

게임 개발자는 나 같은 이용자를 그들의 가상 세계에 묶어두는 방법 (그리고 게임 내에서 더 결제하도록 유도해 수익성을 높이는 방법)에 대해 매우 의도적이고 신중하게 심리 공학적 선택을 한다. 게임은 많은 경우 스키너가 대중화시킨 조건화의 기본 원리를 이용한다.[26] 부리로 버튼을 누르면 보상으로 음식을 받을 수 있도록 조건화된 상자 안에 든 비둘기처럼 이용자는 대가로 주어지는 보상을 기대하기 때문에 게임에서 결정을 내리고 행동을 취한다.

말하자면 게임 개발자는 손쉽게 제거할 수 있는 몇몇 몬스터를 처리하는 것만으로도 쉽게 등급을 올릴 수 있게 함으로써 게임 초기에 이용자를 빠져들게 할 수도 있다. 하지만 그렇게 등급을 올린 후에는 더 강력한 적을 처리하거나 더 악랄한 수수께끼를 해결해야 다음 보상을 얻을 수 있다. 이용자는 자신의 목적을 이루는 데에만 매진하면서 점점 더 오래 게임을 하는 상황에 빠지게 되고 좀 더 빠르게 그 과정을 끝내기 위해 돈을 투자해 게임 내에서 아이템을 구매하기도 한다.

게임 개발자의 관점에서는 이용자가 게임에 더 오래 머무르는 것이 더 바람직한 상황인 것이다. 그러나 이용자가 흥미를 잃지 않도록 하는 방법을 찾는 것은 쉽지 않은 일이다. 점점 더 정교한 세계관과 캐릭터를 만들어내야 하고, 이용자가 실제로 게임을 즐기는지 확인하려면 상당한 돈과 시간이 필요하다. 경우에 따라 추정액은 매우 달라지지만, 게임을 홍보하기 위한 마케팅 노력과 광고비를 감안하면 업계에서 '최상급'으로 알려진 블록버스터 게임을 제작하는 데 평균 500만

달러에서 6,000만 달러가 투입되는 것으로 예상된다.[27]

소문에 의하면 '스타워즈 : 구 공화국'이라는 게임은 6년이 넘는 시간 동안 글로벌하게 구성된 800명 이상의 인력이 투입되어 완성된, 제작비 2억 달러가 들어간 게임이라고 한다.[28] 게임 개발에 관여한 개발자의 추산에 따르면 수익을 내기 위해서는 최소 100만 명의 이용자가 60달러에 게임을 구매하고도 향후 몇 년간은 15달러의 월정액을 이용해야 했다. (이것이 사실인지는 모르겠으나, 이 게임은 지난 수년 동안 온라인에서 무료로 게임을 하도록 비즈니스 모델을 바꾸었어도 여전히 존속하고 있음은 물론이고 잘 운영되고 있다.[29])

가능한 모든 경우를 테스트하고 각각의 이용자의 프로필에 최적화된 맞춤형 경험을 제공할 수 있는 AI에게 게임 제작을 맡기는 체제로 전환하면 상황이 어떻게 달라질지 상상해보자. 이는 우리가 생각하는 것보다 빨리 현실이 될 수 있다.

게임 개발자는 이용자의 참여를 늘리기 위해 각 이용자에게 최적화된 독특한 스타일의 게임을 제공하는 과제에 이미 AI를 적용하고 있다. 이들이 활용한 기법은 디지털 마케팅에 영향을 주고 있다.

AI가 없는 게임은 존재할 수 없다고 생각할 수도 있다. 1972년 아타리가 개발한 게임인 퐁에서 컴퓨터를 상대로 대결을 했던 순간부터 게임에는 인간을 참여시키고 즐겁게 하기 위한 컴퓨터 지능이 존재했다. 그러나 우리는 이러한 초기 컴퓨터가 온전한 지능이 있다고 말하지는 않는다. 1978년 출시된 게임 스페이스 인베이더에서 파도처럼 내려오는 외계인이나 1980년 출시된 게임 팩맨의 색깔별 유령은 정해진 규칙과 패턴을 따른다. 여기에는 게임 이용자에게 스스로 행동하고 있다고 보이게 만드는 임의적인 행동이 포함되어 있다.

1990년대에 게임 개발자들은 FSM finite-state machine(유한 상태 기계.—옮긴이)알고리즘이라는 획기적 개념을 개발했다.[30] 이 알고리즘 하에서 개발자는 게임에서 마주할 수 있는 상황에 대한 목록을 AI가 만들면 각각의 경우에 대한 일종의 반응을 각본으로 작성한다. 배틀필드, 콜 오브 듀티, 툼 레이더 같이 대단한 인기를 누리는 게임에서 이 FSM 알고리즘이 사용될 때, 이 알고리즘은 AI에 의해 구동되는 NPC non-player character(게임에서 이용자가 통제할 수 없도록 미리 설정된 캐릭터.—옮긴이)를 향해 다가가면 이용자의 캐릭터를 향해 총을 쏘거나, 이용자가 반격할 때 사태를 장악하도록 할 수 있다.

그러나 NPC의 행동이나 반응은 고정된 알고리즘을 따라 각본으로 짜여 있기 때문에 이들의 반응은 시간이 지나면 예측 가능해지고 새롭고 흥미로운 것을 찾는 이용자를 유인할 흡인력이 떨어진다.

그러다가 **몬테카를로 트리 탐색** monte carlo tree search, MCTS 이라고 불리는 더 발전된 알고리즘을 채택한 딥블루가 탄생해 체스 세계 챔피언인 가리 카스파로프를 상대로 승리를 거두며 세계적 뉴스가 되었다. 이 사건은 게임 개발자에게 있어서 자신들의 게임을 구동하는 데 사용할 수 있는 새로운 핵심 도구가 될 것임을 보여주었다. 딥블루가 사용한 이 알고리즘은 결론에 도달하기 전에 취할 수 있는 모든 움직임과 이 움직임에 대항해 나타날 수 있는 잠재적인 반응의 조합을 전체적으로 훑는 트리 검색과 같다. 그런 다음 상대방의 행동이 끝나면 알고리즘은 결정 트리를 처음부터 다시 계산한다.

딥블루가 체스 게임에서 유리할 수 있었던 것은 언제든 취할 수 있는 움직임의 수가 제한적이어서 모든 의사 결정을 실시간으로 꽤 깊은 수준으로 평가할 수 있었기 때문이다. 그러나 도시를 건설하고 다른 도시를 공격하는 등 복잡한 결론을 내려야 하는 **문명** 같은 게임에서 AI는 결정을 내려야 하는 시점에서 활용할 수 있는 정보에 기반해 '최선을 찾는' 접근법에 의존해 결정을 내린다. 개발자들은 강렬한 NPC를 만들기 위해 애쓰지만, 최소한 어느 정도는 이용자가 게임을 즐겨야 하기 때문에 적정 수준에서 제어한다. 만약 모든 NPC가 임의로 행동하거나 절대 이길 수 없게 되면 게임의 재미가 감소하고 이용자가 떠나게 된다. 아마도 이는 인공지능 로봇에 의해 통제되는 미래형 테마파크를 다룬 드라마 〈웨스트 월드〉의 모든 호스트가 정해진 각본을 벗어나 눈에 보이는 모든 인간을 죽이기 시작했을 때의 모습과 다르지 않을 것이다.

그럼에도 불구하고 인간과의 대결에서 승리한다는 것은 때때로 프로그래머의 목표가 되기도 하며 컴퓨터는 계속해서 인간과의 대결에서 인상적인 승리를 거두고 있다. 유명한 예로 알파고가 바둑으로 세계 챔피언들에게서 승리를 거둔 것이 있다. 바둑에서 발생할 수 있는 무수한 경우의 수를 감안할 때 많은 사람들이 불가능할 것이라고 생각한 일이었다.[31] (우주에 존재하는 원자의 수보다 바둑에서 등장할 수 있는 경우의 수가 두 배 이상 많다.[32]) 흥미로운 점은 구글의 딥마인드가 개발한 알파고는 의사 결정 트리나 규칙 세트로 프로그래밍되어 있지 않다는 점이다. 오히려 알파고는 온라인으로 무수히 많은 바둑 사례를 관찰한 후 이보다 더 많은 바둑을 둠으로써 스스로 규칙을 '배웠다'. 이후 사례가 존재했다고 해도 극소수나 고려했을 법한 반직관적인 반응을 보였다. 알파고는 먼저 익명으로 온라인에서 인간과 게임을 하는 것으로 시작했다. 기계가 인간에게서 승리를 거두고 있다는 말이 퍼져나갈 때 세계 최고의 바둑 기사들이 나섰다. 알파고가 계속해서 승리를 거두는 데다 그 결과가 너무도 인상적이자 맥없이 패배한 중국의 프로 기사 구리는 다음과 같이 말했다. "인간과 AI가 함께 바둑의 더 심오한 미스터리를 곧 밝힐 수 있을 것이다."

또 하나의 사례로 AI가 트위치 같은 온라인 라이브 스트리밍 서비스에서 유료로 제공되는 프로 게이머의 경기를 통해 슈팅 게임 도타2의 비법을 배운 것이다.[33] 본래 도타2는 팀 단위로 더 많이 즐기는 게임이지만, 일론 머스크에 의해 설립된 오픈AI 연구소가 후원한 AI는 일대일 경기에서 프로 게이머 중 몇몇을 상대로 승리를 거두기도 했다. 알파고처럼 오픈AI의 AI는 단 2주라는 기간 동안 수백만 번의 게임을 하며 강화와 시행착오를 통해 학습을 했고 그 결과 인간을 넘어서는 최고의 경지에 이른 것이다. AI에게 세 차례 패배한 프로 게이머 덴디의 말처럼 AI는 "조금은 인간처럼 느껴지지만 동시에 뭔가가 다르다."[34]

이제 연구자들은 내가 어릴 때 하던 고전 게임으로 돌아와 이 게임을 AI를 위한 학습에 활용하고 있다. 독일에서는 28개의 큐브로 이루어진 피라미드에서 폴짝폴짝 뛰어다니는 귀여운 캐릭터를 제어하는 게임인 큐버트를 배우게 했다.[35] 이 게임의 목표는 주인공 캐릭터가 NPC보다 빠르게 움직이고 피라미드가 무너지는 것을 피하면서 큐브에 폴짝 뛰어올라 색을 바꾸는 것이다. AI는 이 게임을 무수히 많이 경험한 후 사람이라면 좀처럼 시도하지 않았을 전략을 개발했다. 예컨대 NPC를 몰아내기 위해 고의로 자살을 하는 것 말이다. 또한 AI는 무작위로 폴짝폴짝 뛰어다니면서 피라미드의 모든 큐브를 작동시켜 깜빡거리게 만들어서 수백만 포인트를 획득하는 순간 오랫동안 잊혀 있던 게임 개발자가 숨겨둔 이스터 에그를 발견하기도 했다.

연구자들은 보다 흥미로운 목표에 도전하기 위해 고전 아케이드 게임을 훈련장으로 사용하기도 한다. 이 훈련은 AI 스스로 게임을 구축하는 방법을 배우게 하기 위한 것이다. 조지아 공과 대학교에서 실시한 실험을 보자. 이 실험에서 연구자들은 우선 2분 동안 사람이 슈퍼마리오 브라더스 게임을 실제로 하는 것을 AI가 관찰하도록 했다.[36] 이후 연구원들은 AI에게 본 것을 바탕으로 그리고 게임 플레이라는 면에서 어떤 일이 일어날지 예측한 것을 바탕으로 자신만의 버전으로 게임을 만들어보도록 요청했다. 다시 말해 AI에게 그 게임을 만드는 데 사용된 코드는 제공하지 않았다. 최종 결과물인 게임만 주어졌을 뿐이었다. 이것이 기계 학습이 작동하는 방식이다.

개발자들은 게임을 하는 이용자와 정서적 연결을 만들 방법을 계속 찾고 있다. 2000년대 초반에 첫 선을 보인 심스는 이용자가 NPC와 어떻게 정서적 유대를 형성할 수 있는지 보여주는 흥미로운 예다. 이 게임은 수백만 카피가 팔리며 대 히트를 거두기도 했다.[37] 다마고치나 크리처스처럼 가상의 반려동물을 돌보는 게임은 단순히 모든 것을 파괴하겠다는 것과는 다른 마음가짐으로 게임에 참여할 수 있는 방법을 찾았다.

2005년에 출시된 파사드라는 게임은 이용자에게 어느 커플의 부부싸움을 해결하고 함께 지낼 수 있도록 돕는 임무를 부여했다. 이 게임은 이용자가 대화의 일부로 입력하는 단어가 NPC로부터 정서적 반응을 이끌어내는 자연어 처리를 이용했다. 더욱 최근에는 '프롬 위크'라는 게임이 이와 유사한 접근법으로 이용자가 정서적으로 참여하도록 유도했다.[38]

이용자와 정서적으로 연결되는 게임은 이용자를 게임에 더 끌어들인다. 어떤 게임은 상기시키기 위한 메시지, 푸시 알림, 이메일 등을 활용해 일상생활을 하는 중에도 게임에 다시 끌어들이고자 우리에게 접근한다. 게임 개발자는 게임과 실제 삶 사이의 경계가 흐릿해지도록 지속적으로 밀어붙이고 모바일 경험을 증대시켜 일상이 게임화되도록 하고 있다. 게임을 현실에서의 도피로 생각한 이용자에게는 개발자들의 이러한 노력이 당황스럽게 느껴질 것이다. 사람들의 참여를 위한 더 좋은 전략을 고민하는 마케터에게 게임의 세계는 중요한 실험실이나 다름없다.

마케팅의 게임화

여기서 잠시 멈추고, 게임 개발사 일렉트로닉 아츠의 CEO 앤드류 윌슨이 전망하는 AI와 게임의 미래에 대해 살펴보자. "아침에 일어나는 순간부터 내가 하는 모든 행동은 불연속적이고 무분별하게 게임 라이프에 영향을 미칩니다." 윌슨은 이렇게도 말했다. "인터넷으로 연결된 내 냉장고에 있는 달걀의 수는 게임 심즈 속 내 캐릭터가 나보다 형편이 더 낫다는 것을 의미할지도 모릅니다. 그리고 테슬라를 타고 출근하는 거리만큼 니드 포 스피드 게임에서 더 많은 힘을 얻게 될지도 모릅니다. 오후에 인터넷이 연결된 축구화를 신고 축구 연습을 하게 되면 FIFA 게임에서 새로운 카드나 힘을 얻게 될 수도 있습니다. 머지 않아, 아마도 2021년부터는 거의 확실하게 일상생활과 게임이 혼합되기 시작할 것입니다."[39]

윌슨이 묘사한 가까운 미래의 모습은 마케터에게 분명 요긴한 기회가 될 것이다. 마케터가 게임 같은 보상과 이벤트를 활용해 소비자를 설득하는 게임화 전략은 한 차원 성장할 것이다.

우리 모두는 마케팅에서 이런 종류의 게임화에 대한 수많은 예와 마주해왔다. 대표적인 예는 맥도날드가 1987년 이후 쭉 진행하고 있는 모노폴리 게임 이벤트로, 찾기 힘든 파크 플레이스나 보드워크(모노폴리 게임에서 가장 비싼 땅.—옮긴이) 토큰을 획득하기 위해 버거, 프렌치프라이, 셰이크 등을 더 구매하도록 부추겼다. 토큰을 수집하고 세트를 완성해야 하는 목표는 강력한 동기 부여 조건이 되었다. 맥도날드는 이러한 마케팅 활동이 패스트푸드를 더 많이 구매하도록 부추기는 데 매우 효과적일 수 있다는 점을 증명했다.

수많은 다른 기업도 추가 서비스를 제공하고 고객에게 혜택을 나눠주기 위한 방법으로 온라인과 모바일 기기로 유사한 접근법을 취하고 있다. 스타벅스는 마이 스타벅스 리워드라는 모바일 앱을 만들어 별이라는 시각적 단서를 제공함으로써 고객이 얼마나 소비했는지 추적하고, 소비자가 음료를 원할 경우 가장 가까운 매장으로 이동하도록 안내한다.

마케터가 우리를 계속 잡아두는 AI 요소를 추가할 때 마케팅에 있어 게임화는 완전히 새로운 뜻을 지니게 될 것이다. 미래를 준비하는 마케터라면 이용 가능한 모든 데이터를 통해 구축된 소비자들의 일상적인 행동과 프로필에 기반해 강력한 설득력을 갖춘 크로스 셀링(어떤 상품과 연계된 다른 상품도 함께 구매하도록 하는 행위.—옮긴이) 전략을 성공시킬 수 있는 엄청난 기회를 갖게 될 것이다.

요약

마케터는 소비자의 의사 결정에 영향을 미치기 위해 설득의 힘에 오랫동안 의존했다. AI의 출현 덕분에 설득은 소비자의 감정과 뇌의 화학 작용에 영향을 주는 방식으로 은밀하고 반복적으로 실행되는, 일련의 규칙을 가진 과학의 영역으로 한층 더 진화하고 있다. 설득의 과학은 심리 공학의 핵심 구성 요소로 보이지 않는 브랜드의 필수적인 도구가 될 조짐을 보이고 있다.

이미 우리는 이러한 새로운 과학이 게임 세계에서 어떻게 이용되고 있는지 목격했다. AI는 업무 현장에서부터 SNS, 온라인 학습에 이르기까지 다양한 영역에서 인간을 설득하고 영향을 미치기 위해 게임에서와 마찬가지로 끊임없이 배우고 이를 바탕으로 진화하고 있다는 것도 보았다. 다음 장에서는 개인 데이터가 엄청나게 다양한 기기와 센서를 통해 어떻게 모이는지, 정보 전달을 더욱 개인화하고 설득력을 높이기 위해 기계 학습이 데이터를 어떻게 분류하고 사용하는지 살펴볼 것이다.

4

사방에서 수집되는
데이터

우리는 추적을 당하고 있다. 이를 깨닫고 있든 그렇지 못하든 말이다. 지금 이 순간도 마찬가지다. 스파이나 범죄자가 쫓고 있다는 말이 아니다. 전화, 시계, 자동차, 칫솔, 온도 조절기, 심지어는 집 스마트 냉장고에 이르기까지 우리를 둘러싼 사물이 우리의 모든 움직임과 반응을 모니터링하고 있다. 이는 모든 것이 똑똑해지고 데이터를 모아서 편집하고 공유하는 소위 사물 인터넷 internet of things 때문에 가능해진 일이다. IoT라고도 표현하는 사물 인터넷이라는 신조어를 만든 사람은 MIT의 케빈 에쉬튼이다. 에쉬튼은 사물 인터넷을 다음과 같이 정의한다. "IoT는 인간의 문화, 즉 우리가 사용하는 사물들 사이의 상호 연결과 디지털 정보 시스템인 인터넷의 상호 연결을 통합한다. 이것이 IoT이다."[1]

레이저 프린터나 GUI 같은 혁신을 탄생시킨 저명한 연구소인 제록스 팰로앨토 연구소의 연구원 마크 와이저는 "모든 것에 컴퓨터가 내장되고, 이것이 완벽하게 작동하고, 너무나 자연스러운 나머지 컴퓨터를 사용한다는 생각을 할 틈도 없이 컴퓨터를 사용하는 포부를 담은 '보이지 않는 세계'로 가는 길"을 상상했다.[2]

카메라나 전화기처럼 뻔한 것에서부터 가로등, 젖소와 같은 예상치 못한 것에 이르기까지 우리 삶의 모든 기기와 제품이 진정한 무선 커뮤니케이션 기기인 인터넷 사용 기반의 블루투스나 무선 주파수 인식 시스템, 즉 RFID radio-frequency identification 등을 활용한 태그가 이미 붙어 있다(또는 곧 붙게 될 것이다). 이러한 기기가 컴퓨터에 단거리 파장을 송신하면 이 정보는 컴퓨터에 기록되고 데이터베이스에서 상호 참조할 수 있다.

이러한 근거리 무선 통신 near-field communication, NFC 기술은 새로운 것이 아니다. 이 기술의 역사는 제2차 세계 대전으로 거슬러 올라간다. 이 기술과 관련한 최초의 특허 중 하나는 1973년에 찰리 월턴이라는 발명가가 가지고 있다.[3] 많은 이들이 은행의 ATM 기기에서 현금을 인출할 때마다 그 기술을 경험한다. 그러나 인터넷의 출현 덕분에 이제는 공상 과학 소설 작가들이나 상상했을 법한 방식으로 데이터가 모이고 결합된다.

이 모든 칩은 인간의 몸을 포함해 부착된 모든 것에서 각종 데이터를 전송한다. 웨어러블 기술은 우리가 전 세계에 송신하는 개인 정보의 양을 매 걸음마다 기하급수적으로 늘린다. 우리의 몸에 또는 아이들의 몸에 이러한 장치를 부착할 때마다 세상은 우리에 대해, 우리가 하고 싶어 하는 것에 대해 더 많은 정보를 파악하게 된다.

출처마다 추정치는 다르지만, 현재 도처에서 이러한 기기가 폭발적으로 증가하는 시대에 와 있다는 사실에는 모든 전망 사이에 이견이 없다. 어떤 이들은 이를 4차 산업 혁명이라 부른다.[4] 리서치 기업인 IHS 테크놀로지가 내놓은 예측에 따르면 인터넷에 연결된 기기의 수는 2015년 154억 대에서 2020년에는 307억 대로 두 배가 될 것이라고 예상했다. 그리고 2025년에는 다시 두 배로 증가해 754억 대가 될 것이라고 전망했다.[5]

일반적으로 알려진 것처럼 마이크로프로세서 사업에 관여하는 컴퓨터 칩 제조사인 인텔은 이에 대해 훨씬 더 낙관적이다. 인텔은 2020년까지 약 2,000억 대의 스마트 기기가 인터넷에 연결될 것이라고 예측하는데 이는 지구상의 인간 한 명당 약 6대에 해당하는 수치다.[6] 이러한 전망이 현실이 되면 작업할 데이터가 엄청나게 증가한다. 어쩌면 무한대에 가까울 수도 있다. 이 때문에 지난 10년간 데이터마이닝, 빅데이터와 같은 용어가 그렇게 인기를 끈 것이다.

이 모든 데이터 역시 거대한 비즈니스다. 또 다른 리서치 기업인 IDC는 IoT 추진에 대한 전 세계의 투자는 2018년에 7,720억 달러를 넘어설 것이라고 예상하며 2021년까지 1조 1,000억 달러까지 상승할 것이라고 전망했다.[7]

다시 말해 모든 사람이 상업, 산업, 행정 등을 포함해 가능한 전 분야에서 사용한 응용 프로그램으로부터 생성된 데이터를 수집하기를 원하는 것처럼 보인다. 그들의 목표는 우리를 둘러싼 모든 것들의 제조, 구성, 유통 과정을 최적화할 방법을 찾는 것이다. 내 고등학교 시절 윤리 선생님은 공산주의, 자본주의 할 것 없이 모든 사회는 무엇을, 누가 생산하고, 사용하게 될 것인지 이 세 가지를 결정해야 한다고 가르치셨다. 나는 이 가르침을 오랫동안 새겨왔다. 이 가르침은 사물을 보는 꽤 유용한 방식이기도 하고, IoT는 이 질문에 대한 답을 제시하는 데 도움을 주도록 설계되었기 때문이다.

리서치 기업인 디지털 캐터펄트의 전 대표, 캐롤린 고르스키는 IoT에 대해 "이는 네트워크에 관한 것이자 기기에 관한 것이고 데이터에 관한 것이다"라고 말한 바 있다.[8] 그는 또한 "IoT는 폐쇄형 개인 인터넷 기기가 다른 기기와도 커뮤니케이션하도록 해주며, 이러한 네트워크들을 결합한다. 기기들이 가까운 기기 사이의 폐쇄적 네트워크 내에서뿐만 아니라 다른 네트워크 전체에 걸쳐 커뮤니케이션할 기회가 열리고 훨씬 더 연결된 세상이 창조될 것이다"라고도 말했다.

공장에서부터 철도에 이르기까지 RFID는 이를 활용한 선적 컨테이너나 트럭 등 모든 것의 운영을 능률화하는 데 도움을 준다. 물류 기업인 UPS는 이제 물품이 얼마나 효율적으로 배송되고 있는지 모니터링하기 위해 운송 수단에 센서를 사용하고, 배송 대상자에게 지연 가능성 등의 정보를 전달하기도 한다.[9]

내가 글로벌 네트워크에서 기계들이 서로 연결되어 운영되는 모습을 현장에서 처음 접한 것은 1990년대 중반 GE 항공의 마케팅 영상을 제작할 때였다. 당시 이들이 새롭게 내놓은 GE90은 전 세계에서 가장 큰 항공기 엔진으로 보잉777 같은 거대한 상업용 항공기에 장착된다. 이 엔진은 승객과 화물을 포함해 36톤이 넘는 무게를 수송할 수 있도록 만들어졌다. 이 거대한 기계의 길이와 높이는 각각 8m와 4m에 달하는데, 이는 엔진 공기 흡입구에 한 사람이 다른 사람의 어깨에 올라설 수 있는 정도의 크기이다.

내 기억이 맞다면, 당시에도 이 엔진의 가격은 1,000만 달러가

홀쩍 넘었을 만큼 고가의 기계였다. 나는 GE의 프로젝트 매니저가 평생 서비스 계약을 맺는 조건 하에 엔진을 기꺼이 무상으로 제공할 것이라고 말한 것을 기억하고 있는데, 이 엔진이 가동되는 동안 4,000만 달러의 추가 수익이 창출될 것으로 기대했기 때문이다.

GE가 제공하는 이 서비스의 핵심은 이 엔진이 장착된 항공기가 향하는 목적지 공항의 직원에게 미리 엔진의 정보를 전달할 수 있는 진단 시스템이다. 이것은 항공기가 착륙할 때 정비 담당자가 필요한 도구를 미리 준비할 수 있도록 함으로써 정비 시간을 줄이고 운항 스케줄을 준수하도록 하는 것이다. 이러한 정보를 전달하기 위해 지상과 커뮤니케이션하는 항공기를 한번 상상해보자. "거기 지상 근무자 양반, 엔진 오일을 교체하고 팬 날개 중 하나도 살펴봐야 할 것 같군요."

실제로 GE90과 정비 담당자가 어떻게 커뮤니케이션을 하는지 알 수 없지만, 더 신속하게 정비하기 위해 필요한 정보를 확보하는 것의 이점은 누구라도 쉽게 이해할 수 있을 것이다. 다시 생각하면 이는 꽤 놀라운 기술이었고, GE의 매우 진보적 사고의 결과물이라고 할 수 있다. 현재 GE는 약 14기가바이트에 달하는 데이터를 생성하는 엔진을 생산하고 있다. 엔지니어들은 비행 데이터를 분석해 앞으로 있을 운항에 엔진이 안전하게 성능을 발휘하고 정비에 드는 시간을 줄여 비용을 절약할 수 있도록 하고 있다.[10] 한 발 더 나아가 이러한 데이터는 언제 엔진 고장이 발생할지 예상해 이를 피할 수 있는 서비스를 실행하는 데에도 사용할 수 있다.

GE90의 사례처럼 기계에 의한 진단과 보고는 인터넷 활용이 광범위하게 확대되면서 일반화되었고, 그 수준도 상당히 발전했다. 이제 센서는 콘크리트에도 내장되어 엔지니어에게 다리 같은 구조물에 발생한 균열이나 곧 발생할 수 있는 위험에 대해 경고할 수도 있다.[11] 스페인 바르셀로나는 수도와 전기의 효율적인 사용으로 수백만 달러를 절약하기 위해 그리고 주차 수입의 증대를 위해 시 전역에 IoT 시스템을 활용하고 있다.[12]

심지어 농업에도 IoT가 도입되고 있다. 농기구와 산업 장비를 생산하는 존 디어 같은 기업은 논밭에 심어 토양의 수분 함량이나 온도 등의 정보를 측정할 수 있는 센서를 개발해왔다.[13] 농부는 관개, 모내기, 밭갈이 등을 계획하는 데 이러한 정보를 활용한다. 때로는 GPS 위성의 도움으로 작동하는 자율 주행 콤바인 등을 사용하기도 한다.[14]

앞에서도 언급했듯 이제는 소들도 IoT의 일부가 되었다. 센서를 통해 소떼의 움직임 패턴과 행동을 모니터링해서 어떤 소에게서 젖이 많이 나오는지 등의 정보를 수집할 수 있다. 뉴욕주에 위치한 현대식 농장인 헴데일 팜스의 설립자 데일 헤밍어는 매일 모든 소에게서 수천 건의 데이터를 수집해 어떤 소에게서 문제가 생길 가능성이 있는지 추적하고 있다.[15]

오픈 데이터 프로젝트라는 프로젝트를 통해 거둔 일련의 성공 스토리도 있는데, 이 프로젝트는 정부 기관이 자체적으로 해결하지 못한 고질적 문제를 풀기 위해 3자 기관들과 협력했다. 잘 알려진 사례로는 시카고시에서 연구자들과 협력해 도시에 서식하는 쥐의 개체 수 문제 해결에 나선 것이다.[16] 비어 있는 건물의 위치, 수거되지 않은 쓰레기, 쓰러진 나무 등에 대한 311건의 민원 전화를 포함해 수많은 변수 데이터를 통합해 쥐가 많이 서식하는 지역이 어디인지 지도에 표시할 수 있을 뿐만 아니라 다음 감염이 언제 발생할지 일주일 전에 예측할 수도 있었다. 이러한 방식으로 시카고시는 데이터를 사용해 인간이 혼자 힘으로 내릴 수 있는 것보다 더욱 효과적으로 예측과 처방을 할 수 있게 됨으로써 담당자의 단순한 직감을 넘어 방제의 수준을 한 차원 올려놓았다.

이 모든 것은 수집된 데이터가 미래에 일어날 일을 예측하는 의사 결정을 하는 데 어떻게 적용할 수 있는지 보여주는 인상적인 예시이다. 이는 일반적으로 '예측 분석'이라고 알려진 분야다.[17]

예측 분석의 성과는 기계 학습에 의해 크게 향상될 수 있다. 인간의 해석에 의존하는 것에 비해 기계 학습을 활용하면 예측 모델을 실시간으로 재측정하고 결과를 개선할 수 있다.

기술과 기계에 더 많은 정보를 제공할수록 더 향상된 예측과 처방을 얻을 수 있다. 그러나 현실에서는 후에 발생할 일이 무엇인지 피상적으로 다룰 뿐이다. 특히 우리를 설득하고 심지어 우리의 행위와 왜 그 행위를 하는지 통제하는 데 정보가 어떻게 사용될 수 있는가에 대해서는 더욱 그렇다.

데이터 페어링

마케팅이나 광고 관련 기업에서 데이터를 활용하는 것에 있어서 핵심적인 개념 중 하나는 **데이터 페어링**(데이터 세트 사이의 공통 요소를 찾고 유의미한 분석 결과를 도출하는 것.─옮긴이)이라고 불리는 것이다. 마케터는 종종 두 가지 이상의 개별 데이터 세트에 접근하게 되는데 이 데이터들의 접점을 식별하는 것이 데이터 페어링이 해결해야 하는 과제이다.

예를 들어 공개적으로 이용 가능한 유권자 정보에 대한 데이터 세트를 확보한다고 해보자. 이 데이터는 우편물, 선거인 명부, 기타 오프라인에서 수집된 것이므로 오프라인 데이터로 간주한다. 쿠키나 애널리틱스(빅데이터 분석과 관련한 기술 전반을 의미한다.─옮긴이)를 통해 수집한 인터넷 이용 기록과 같은 온라인 데이터와는 반대의 경우이다.

이제 바로 앞에서 언급한 마케터가 다른 데이터 세트인 아마존에서 신용카드로 구매한 영수증을 확보하고 있다고 해보자. 데이터 페어링은 두 가지 데이터 세트, 즉 유권자 정보와 신용카드 영수증 사이를 연결하는 공통 요소가 무엇인지를 파악하는 과정이다(그림 4.1). 데이터 페어링의 가장 일반적인 방법 중 하나는 주소를 활용하는 것이다. '미합중국 메인 스트리트 123'이라는 주소는 유권자 정보의 일부일 수도 있고, 별도 데이터베이스에 있는 신용카드 구매 기록과 일치할 수도 있다. 이 두 개의 데이터베이스를 통합하고 같은 주소를 가진 데이터를 확인하면 한 사람에 대한 두 가지 개별 데이터를 연결할 수 있게 된다. 이 작업이 완료되면 데이터 사이언티스트는 이것으로부터 "이 유권자가 산악자전거를 구매했다" 같은 결론을 도출할 수 있다.

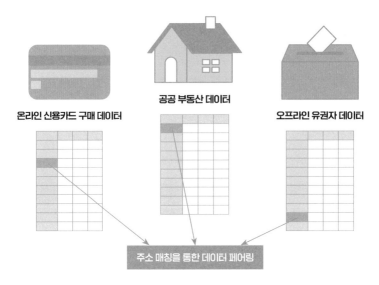

온라인 신용카드 구매 데이터　　공공 부동산 데이터　　오프라인 유권자 데이터

주소 매칭을 통한 데이터 페어링

이 온라인 이용자는 최근 골프채를 구매했고,
주택 매입에 25만 달러를 지불했으며, 무소속 유권자로 등록되어 있다.

그림 4.1 | 데이터 페어링이 작동하는 방식

　　만약 앞의 주소에 부부가 거주하고 있다면 상황이 조금 복잡해
질 수 있다. 이 부부가 같은 정당에 등록되어 있지 않을 수도 있고, 두
사람 중 누가 구매했는지 알 수 없기 때문이다. 하지만 대부분의 경우
부부의 성향이 비슷할 가능성이 높기 때문에 데이터 페어링으로 주소
를 활용하는 것은 꽤 성공적인 방법이다. 데이터 애널리틱스 분야에
는 "어림짐작보다 나은 것이라면 어떤 것이라도 가치가 있다"는 유명
한 격언이 있다.
　　기업은 공공 데이터를 행동이나 거래 내역과 결합하기 위해 데
이터 페어링을 함으로써 사람들의 습관을 기반으로 소비자 프로필을

구축할 수 있다. 이때 구축되는 프로필의 대상이 되는 사람들은 이를 인지할 수 없다. 또한 프로필 구축에 대해 허가를 할 수도 없고, 기업이 허가를 받을 필요도 없다. 기업은 이러한 과정을 통해 소비자와 소비자의 의사 결정 습관에 대해 추측할 수 있게 된다.

모바일 기기, 웨어러블 기기로부터 수집된 데이터까지 활용하면 앞에서 실시한 데이터 페어링 과정에 지역과 관련한 데이터도 포함할 수 있게 된다. 마케터는 이동전화 기지국, GPS, 심지어는 우리가 사용하는 블루투스 기기 등 다양한 경로를 통해 우리의 위치를 꽤 정확하게 찾아낸다. 항공기 조종사가 각기 다른 기준점 데이터로 삼각 측량하는 것을 생각해보자. 이들은 정확한 위치를 확인하기 위해 최소 3개의 무선 송신탑에서 자료를 수신한다.

훨씬 더 정확하게 위치를 확인하기 위해 오차 범위가 약 5m 이내인 위성 GPS 데이터를 사용할 수도 있다. 이보다 더 정확하게 위치를 측정할 수 있는 다른 방법은 블루투스나 와이파이 신호로 휴대 전화를 추적하는 것이다. 나는 이 부분의 원고를 노스캐롤라이나주 채플힐에 위치한 카리부라는 카페에 앉아 집필하고 있다. 이 건물의 어딘가에는 블루투스 송수신기가 설치되어 있을 것이다. 현재 내 휴대 전화는 블루투스 기능이 활성화되어 있기 때문에 내가 카페에 들어왔다는 것을 알고 있을 것이다. 나의 휴대 전화와 이 건물의 블루투스 기기 사이에는 이전에 어떤 관계도 형성되어 있지 않았지만, 내가 이 카페에 들어서면서 서로 악수하고 아는 척을 한 셈인 것이다.

나의 휴대 전화에 특정 소프트웨어 개발 키트로 개발한 앱이 설치되어 있다면 이 앱은 카페의 블루투스 기기에서 발생한 신호를 데이터베이스에 기록한다. 이제 내 휴대 전화 고유의 ID는 특정 일시에 이곳을 방문했다는 것을 보여주는 기록을 남긴다. 이 데이터는 나와 관련한 다른 데이터 세트와 연결될 수 있다. 후에 내가 자주 운전하는 경로를 지날 때 어느 카페 앞을 지나게 된다면 그 카페를 정기적으로 방문하는 사람들을 위한 특별 할인 광고를 받을 수도 있다(이것을 경쟁 사업체의 고객을 끌어들이는 콘퀘스팅 conquesting 기법이라고 한다). 마케터는 우리가 인터넷에서 어디로 향하는가에 대한 정보와 실제 세계에서 어디로 가는가에 대한 정보를 결합함으로써 더 많은 정보를 파악할 수 있다.

나는 이러한 블루투스 하나하나의 위치를 확인해 지도로 구성하고 각 사업장의 비즈니스 유형에 대한 정보가 완비된 대규모 데이터베이스를 구축한 기업의 CEO를 알고 있다. GPS가 어느 쇼핑몰 내에 있는 모바일 기기를 확인해줄 수 있다면, 블루투스는 어떤 사람이 쇼핑몰 2층에 위치한 애플 매장의 계산대 옆에 서 있다는 것까지 확인해줄 수 있다. 일단 누군가가 시간과 비용을 들여 블루투스 기기를 설치하고 나면 일반적으로 수년 동안은 좀처럼 옮겨지지 않기 때문에 이러한 정보가 가치를 지니게 된다. 이렇게 고정된 블루투스 기기는 사람들의 움직임과 행동을 보여준다는 면에서 극도로 유용하다.

애초에 블루투스 기기가 왜 그곳에 설치되어 있었는지 이해하는 것은 도움이 된다. 이러한 기기의 처음 목적은 소매업자들이 자신의 매장을 지나가는 유동 인구를 측정하고 이해하는 데 도움을 받기 위함이었다. 만일 내가 소매점이나 식료품점을 운영하고 있다면 사람들이 어떻게 우리 매장이 위치한 길을 지나다니고, 그들이 장바구니에 무엇을 담고, 어떤 영향을 미치는지 이해하려 했을 것이다. 이 같은 방법으로 매장을 들어서는 사람들을 식별하고 이들이 아동복 매장을 방문했다가 전자 제품 매장과 장난감 매장으로 이동했는지 추적할 수 있다. 이 사람들이 25분 후 선택한 상품을 결제하면 그 계산대에서 발행된 영수증과 동선을 연결할 수도 있다.

이제 이것을 활용해 모든 사람들의 데이터와 종합해 사람들이 빈번히 방문한 곳을 특정 색상으로 표현해 그곳이 위치한 층에 대한 정보를 그래픽으로 구성할 수 있는 히트 맵heat map을 만들 수 있다. 빨간색처럼 따뜻한 색상은 유동 인구 많이 모이는 출입구 등을 시각화하는 데 사용할 수 있고, 파란색처럼 차가운 색상은 상대적으로 덜 붐비는 화장실 같은 곳을 시각화하는 데 사용할 수 있다.

매장의 점주는 이러한 데이터를 활용해 A/B 테스트(두 가지 이상의 안 중에서 최적을 선정하기 위한 디지털 마케팅 기법.—옮긴이)를 실시하거나 상품 배열의 변화로 히트 맵과 구매가 어떻게 변하는지 실험할 수도 있다. 만약 매장의 첫 번째 통로 양 끝에 있는 진열대에 변화를 준다면 히트 맵을 바꾸거나 사람들이 매장을 이동하는 방식을 바꿀 수 있을 것인가? 또 중요한 것은 이를 통해 장바구니에 담기는 상품이 바뀌는가이다. 이는 사람들의 행동을 분석하는 근본적인 목적이다. 우유는 식료품 상점에서 가장 일반적으로 판매되는 상품 중 하나로 대개 매장의 안쪽에 배치되어 있다. 이는 유제품 코너로 향하는 길에 다른 솔깃한 상품을 반드시 거치게 함으로써 계산대에 도착하기 전에 장바구니에 담는 상품의 수를 늘리기 위한 것이다.

스포츠 경기장에서 공항에 이르기까지 우리가 가는 거의 모든 곳에서 동일한 기법이 사용된다. 나는 항공편을 이용할 때마다 착륙 게이트와 수하물 찾는 곳이 늘 멀다는 느낌을 받았는데 이는 우연이 아니었다. 공항 내의 모든 공간을 임대하는 공항 경영진(사실은 임대인 이라고 해야 맞을 것이다)에 의한 매우 의도적인 결정이다. 임차인은 임대료를 지불하기 위해 돈을 쓸 승객이 필요하기 때문에 매장 앞을 지나는 사람이 많으면 많을수록 좋다. 공항 입장에서도 부동산 가치를 극대화하는 데 도움이 되는 의사 결정을 하기 위해 공항 내 사람들의 위치 데이터를 사용한다.

마케터는 더욱 대대적인 규모로 위치 기반 데이터를 구매 이력 같은 다른 데이터 세트와 연결하면서 소비자로서의 우리에 대한 더욱 전체적이고 정확한 모습을 그리는 데 사용한다. 이러한 과정은 우리가 깨닫지 못하는 사이에 진행된다.

AP 통신에 따르면 구글의 서비스와 앱은 위치 정보 옵션을 비활성화하더라도 이용자의 위치를 추적할 수 있다고 한다.[18] 구글맵은 앱을 실행하면 어디에서 앱을 실행했는지 기록을 저장한다. 날씨를 확인해도 마찬가지이다. "초콜릿칩 쿠키"처럼 사회에 전혀 해가 되지 않는 것을 검색할 때조차 그 순간의 위도와 경도를 기록한다. 전 세계 수십억에 달하는 이용자로부터 기록이 수집된다는 점을 생각하면 구글이 축적하고 있는 데이터가 얼마나 거대할지 상상할 수 있다.

특히 이 데이터가 고객이 유심히 살펴보던 상품의 정보와 결합될 경우 소매업자가 매장에서의 위치 정보 접근권을 가지게 되면 놀라운 가치가 창출될 수 있다. 이러한 정보는 온라인에서 더 저렴한 가격으로 구매하기 위해 해당 상품을 직접 확인하러 오프라인 매장을 방문하는 쇼루밍 showrooming 을 극복할 수 있도록 돕는다. 사실 쇼루밍은 소매업자에게 점점 큰 문제가 되고 있다. 하지만 고객이 원하는 상품이 무엇인지 파악하기 위해 고객의 와이파이 신호를 바탕으로 한 삼각 측량 정보를 소매업자가 활용할 수 있다면 온라인에서 상품을 구매하고 배송을 기다릴 필요 없이 오프라인 매장에서 바로 구매할 경우 20% 할인 쿠폰을 제공한다는 식의 메시지를 발송할 수도 있게 된다.

이 책의 뒤에서 더 자세하게 분석하겠지만, 이렇게 연결된 위치 정보가 가져올 수 있는 중대한 사생활 문제와 보안상의 우려는 잠시 제쳐 두고, AI에게 이러한 정보에 대한 접근 권한을 주었을 때 우리의 삶에서 기대할 수 있는 변화는 무엇일지에 대한 큰 그림부터 생각해 보자.

학습하는 기계

지금까지 IoT에 관한 많은 저술이 발표되면서 IoT는 이른바 '넥스트 빅 씽'이라 불리며 많은 주목을 받았다. 그러나 이 IoT가 시사하는 바를 완전히 이해하는 사람은 많지 않다. 다니엘 버러스는 《와이어드》에서 다음과 같은 도발적인 의견을 제시했다. "사람들이 '넥스트 빅 씽'에 대해 이야기할 때 이들은 결코 충분히 '크게' 생각하지 않는다. 이는 상상력 부족 때문이 아니다. 관찰이 부족하기 때문이다."[19]

버러스는 IoT가 우리의 삶을 한층 더 변형시킬 수 있는 가능성에 대해 이야기하고 있다. 우리 삶의 거의 모든 측면에서 그토록 많은 정보를 모을 수 있다는 것은 놀라운 일이지만, 판도를 뒤바꿀 게임 체인 저가 되기 위해서는 그렇게 모인 데이터를 가지고 무엇을 할 것인지, 즉 이야기를 만들고 그 이야기에서 결론을 끌어내기 위해 만들 수 있는 여러 연관성이 갖추어져야 한다.

버러스는 다음과 같이 썼다. "센서는 기계가 아니다. 센서는 기계가 하는 방식으로는 어떠한 것도 하지 않는다. 센서는 측정하고 평가한다. 간단하게 말하면 데이터를 모으는 것이다. 사물 인터넷은 센서와 기계가 진정으로 연결된다는 것을 뜻한다. 다시 말해 IoT가 창조할 진정한 가치는 데이터를 수집하고 이를 활용하는 교차점에 있다. 전 세계의 센서에 의해 수집되는 모든 데이터는 실시간으로 분석할 인프라가 구축되어 있지 않다면 큰 가치를 갖지 못한다."[20]

이를 달리 말하면 IoT에 의해 생성되는 모든 데이터의 실질적 잠재력은 AI의 컴퓨팅 파워와 결합될 때 실현된다. 이렇게 될 때 비로소 AI가 수면 주기, 건강, 관심사, 다음 행보 등에 대한 데이터를 활용할 가능성이 열린다. 실제로 마케터는 우리가 깨닫지 못하는 방식으로 우리를 둘러싼 세계를 근본적으로 바꾸기 시작했다. 이제 우리 모두는 데이터와 기계의 결합으로 탄생한, 완전히 새로운 마케팅을 실현하고 있는 보이지 않는 브랜드의 일부가 되었다. 이 보이지 않는 브랜드는 데이터와 기계의 결합에 의해 작동하며 우리 대부분이 이해하지 못하는 완전히 새로운 방향으로 우리의 마케팅과 광고 방식을 이끈다.

IBM이 새로 만든 용어인 체화된 인지embodied cognition 는 "AI의 기능이 사물, 로봇, 아바타 또는 수술실이나 우주선의 벽 등의 공간에 배치되어 주변 환경을 이해하고, 이에 따라 추론하고, 학습하는 것"으로 정의된다.[21] IBM의 수석 컨설턴트 겸 AI 분석가인 수잔 후퍼는 다음과 같이 말했다. "인간의 필요를 예상하고 예측, 추천, 솔루션을 제공하는 인간과 IoT기기, AI로 작동하는 로봇과 사물이 일종의 집단 '디지털 뇌'로 조화롭게 공존하는 미래를 상상하는 것은 그리 어려운 일이 아니다. 가까운 미래에 인간은 이 디지털 뇌가 인간의 의사 결정을 더 나은 방향으로 향상시키도록 허용할 가능성이 높다. 조금 더 먼 미래에는 인간을 대신해 일정한 조치를 취할 수 있도록 할 정도로 디지털 뇌를 신뢰하게 될지도 모른다."[22]

우리에 대한 데이터의 폭발적 증가, 이 데이터 사이의 새로운 연관성을 찾기 위해 AI의 컴퓨팅 파워와 결합되는 것은 컴퓨터와 인간 관계의 본질을 심오한 방식으로 바꿀 것으로 보인다. 고공 성장 중인 테크 기업 세일즈포스닷컴에 대한 보도에 따르면 "AI 기반의 마케팅 정보 및 애널리틱스 플랫폼"으로 소개된 데이토라마라는 기업을 8억 달러에 인수했다고 한다. 세일즈포스닷컴은 이 인수의 배경을 설명하며 다음과 같은 보도자료를 배포했다.

"데이토라마는 세일즈포스닷컴을 통해 마케팅 담당자가 더 현명한 의사 결정을 할 수 있도록 믿을만한 데이터를 공급하는 핵심 업무를 더욱 가속화할 것입니다. 지금이야말로 다음과 같은 것을 실행하기에 최적이라는 의미입니다.

- 모든 마케팅 데이터 통합
- 모든 마케팅 투자와 활동에 대한 통찰력 확보

- 마케팅 캠페인 최적화, 분석 보고 자동화, 더욱 신속한 데이터 주도의 의사 결정

니오앳오길비, 펩시코, 티켓마스터, IBM, DWA 등을 포함한 3,000개가 넘는 선두 글로벌 에이전시와 브랜드는 마케팅 캠페인을 최적화하고, 분석 보고를 자동화하며, 더욱 신속한 데이터 주도의 의사 결정을 실행하고 있습니다."[23]

한 블로거는 세일즈포스닷컴의 데이토라마 인수에 대해 이렇게 논평했다. "이제 세일즈포스닷컴의 고객은 전반적인 마케팅, CRM, 그 외 다른 클라우드로부터 수집한 더 좋은 데이터 기반의 통찰력을 얻을 수 있게 되었다. 이는 결과적으로 고객에게 더 나은 관점을 제공할 것이다."[24]

이제는 데이터 수집 자체에 가치를 부여하고 최종 목표였던 시대에서 벗어나고 있다. 이러한 일은 자동으로 실행되고 있다. 심지어 과거에 어떤 일이 일어났는지 파악하기 위해 데이터를 통계적으로 분석하는 것이 중요한 가치를 제공하는 시대도 지나고 있다. 이는 1950년대만 해도 최첨단 작업이었다.

우리는 이제 새로운 기계 학습의 시대에 접어들었다. 나의 대학원 교수진 중 한 분의 표현을 빌리면, "전적으로 새로운 통계학의 분야"가 탄생했다고 할 수 있다. 구글의 컴퓨터 과학자인 조지 달은 한 인터뷰에서 기계 학습을 다음과 같이 설명했다. "이성적으로 생각해 보자. 기계 학습은 비선형 회귀 nonlinear regression 이다." 이는 수집된 데이터를 모델에 연결하는 그저 통계적인 분석 유형의 하나이다.[25]

이제는 결론을 도출하기 위해 많은 데이터를 수집해 분석하기보

다 목표와 핵심 성과 지표를 추진하는 과정에서 실시간으로 수집되는 데이터를 바탕으로 지속적 개선이 가능하다. 이는 상호 작용에 관한 것으로, 단 1초도 안 되는 시간에 확보할 수 있는 최신 가용 정보를 바탕으로 새로운 통찰력, 예측, 처방을 만드는 것에 관한 문제이다. 기계는 실시간으로 입력된 각기 다른 데이터를 기반으로 학습을 한다. 이제 우리는 은유의 거울을 통과해 통계의 왕국에 들어섰다. 여기에서 기계는 느긋하게 앉아 과거에 무슨 일이 일어났는지 추세를 파악하는 것보다 학습을 하고 복잡한 알고리즘에 기반해 미래에 어떤 실험을 수행할지 결정한다. 앞에서 예로 든 항공기의 유지 및 보수에 대한 내용에서 보았듯, 뭔가가 실패할 것이라고 예측하는 것과 실패하기 전에 그 문제를 해결하는 것은 전혀 다른 문제이다.

이는 마케팅과 광고 영역에 극적 영향력을 미쳤다. '알고리즘이 데이터를 분석하고 학습에 기반한 미래 의사 결정을 하는 것'[26]으로 정의할 수 있는 기계 학습의 능력 덕분에 우리는 어떤 메시지가 잠재고객이 의도한 방식으로 행동하도록 설득하는 데 효과적일지 실시간으로 판단할 수 있다. 캠페인을 집행하고, 결과를 측정하고, 결론을 내린 다음 캠페인을 다시 집행할 때까지 기다리지 않아도 되는 것이다. 이 모든 것은 기계가 마케팅 목표를 달성하는 것에 매진하는 과정에서 신속하게 실험을 수행하고 알고리즘에 실험 결과를 반영하면서 실시간으로 일어나고 있다. 이 분야의 유명한 전문가인 워싱턴 대학교의 페드로 도밍고스 박사는 이렇게 말했다. "기계 학습은 결코 무에서 유를 창출할 수 없다. 기계 학습이 하는 일은 적은 것에서 더 많이 얻어내는 것이다."[27]

이러한 접근법이 얼마나 강력한지는 아무리 강조해도 지나치지 않다. 그리고 무수히 긴 시간이 필요한 조사, 분류, 분석, 요약, 초록 작성, 출판, 때로는 고통스러운 동료 심사의 과정 등을 수반하는 실험에 대한 유효성 증명 같은 학문적 방식의 접근법과 얼마나 다른지도 마찬가지다. 이러한 학문적 접근은 적격한 결과를 얻기까지 몇 달이 걸릴 수도, 심지어는 몇 년이 걸릴 수도 있다. 기계는 기다리지 않는다. 이 모든 프로세스가 일어나는 것을 기다리지 않는 것이다. 기계는 수 초 내에 확보되는 결과를 바탕으로 학습하고 필요한 조치를 취한다.

이러한 처리 속도는 센서가 기계 학습과 더욱 끈끈하게 맞물리면서 지속적으로 빨라진다. 어떤 사람들은 이를 에지^{edge} 컴퓨팅 또는 에지 AI로 부른다.[28] 간단하게 설명하면 에지 AI는 하드웨어 기기에 있는 센서로부터 수집된 데이터를 이용해 기기 내에서 자체 알고리즘으로 처리되는 것을 일컫는다.[29]

많은 AI는 클라우드와 데이터를 주고받기 위해 와이파이나 블루투스 연결을 사용하는 센서를 가지고 있을 수 있다. 이렇게 전송된 데이터는 데이터베이스에 저장되고, 알고리즘이 데이터를 가공해 결론을 내리면 클라우드를 통해 데이터가 원래 수집되었던 곳으로 다시 보내진다. 최신 기술 전문 블로거인 벤 딕슨은 길에서 강아지 한 마리를 발견한 어떤 사람이 품종을 확인하고 싶을 때 백과사전을 보기 위해 도서관으로 뛰어가는 것으로 비유하기도 한다.[30]

이러한 과정이 빛의 속도로 진행되기는 하지만, 데이터가 수집되는 현장에서 알고리즘이 제대로 작동할 수만 있다면 훨씬 더 빠르게 처리할 수 있을 것이다. 앞에서 예로 든 소나 항공기 엔진에 부착된 센서로부터 수집된 데이터가 전송되는 것을 기다리지 않고 바로 그 순간 무슨 일이 일어나고 있는지 파악하고 실시간으로 결론을 내릴 수 있다면 어떻게 바뀔까? 이는 중앙 처리보다 분산 처리의 예라고 할 수 있다. 그저 더 빨리 처리하는 것을 넘어 효율적이기도 하다.

또한 알고리즘적 기계 학습은 소위 극댓값 local maximum 을 피할 수 있도록 도와줌으로써 무한한 가능성을 열기도 한다. 만약 어떤 공간에서 가장 높은 봉우리에 올라야 한다고 해보자. 인간의 본능은 가장 가까이에 있는 경사부터 시작해 꼭대기에 오를 때까지 계속 위로 올라가도록 할 것이다. 힘들게 꼭대기에 서서 주변을 둘러보니 계곡을 가로질러 저 건너편에 지금 서 있는 곳보다 확실히 더 높은 봉우리가 있다는 것을 깨달았다. 그렇다면 임무는 완료되지 않은 것이다. 극댓값에 도달한 것뿐이다. 처음 출발한 지점과 비교했을 때 더 높은 봉우리일 뿐이지 여전히 최종 목표인 최댓값 global maximum 에 도달하지 못한 것이다. 가장 높은 봉우리에 올라 목표를 달성하기 원한다면 아래로 내려가 여정을 다시 시작해야 한다.

이 비유를 업무에도 적용할 수 있다. 특정한 핵심 성과 지표를 달성하고자 하면 항상 비탈을 오르기 위해 아래로 내려가야만 한다는 사실을 생각해야 하는데 누구나 이에 좌절감을 느끼게 된다. 그냥 위로 올라가기만 하는 것이 훨씬 더 쉽기 때문이다. 눈앞의 목표만 달성하고 싶은 것이다. 이 때문에 우리는 훨씬 더 큰 결과인 최댓값이 아닌, 극댓값만 달성하고 마는 경향을 보이게 된다. 하지만 기계는 좌절을 느끼지 않는다. 기계는 알고리즘 원칙에 근거해 또는 신경망이라고 부르는 것 안에서 서로 정보를 제공하고 학습하는 복합적 과정을 따라서 꾸준히 업무를 수행할 뿐이다. 이러한 신경망은 기계가 인간의 두뇌처럼 일련의 명령어를 넘어서서 그 누구도 프로그래밍할 생각조차 하지 못했던 방식으로 혁신과 실험을 시작하도록 허용한다. 신경망이 여럿 모이면 모두가 놓쳤던, 가장 높은 봉우리에 오르는 새로운 방법을 찾을 수 있는 딥러닝(기계 학습의 일종으로 사람처럼 스스로 판단하고 학습하도록 하는 기술.—옮긴이)을 창조할 수 있다.

또한 이러한 알고리즘과 학습 시스템은 목적을 끈질기게 추구한다. 싫증을 내거나 좌절감을 느끼지도 않을뿐더러 산만해지지도 않는다. 오로지 인간이 제공할 실시간 데이터를 갈망하며 주도권을 넘겨받아 마음대로 실험할 수 있기를 바란다. 이 덕분에 알고리즘과 학습 시스템이 보이지 않는 브랜드를 구축하는 토대가 될 수 있었다.

알고리즘의 기초

이쯤에서 특히 마케팅을 위해 AI를 움직이는 각기 다른 종류들의 알고리즘과 기계 학습, 딥러닝, 신경망의 하위 영역을 제대로 이해하는 시간을 갖는 것이 중요하다는 생각이 든다(딥러닝과 신경망은 다음 장에서 상세히 논의할 것이다).

먼저, 알고리즘이란 무엇인가? 알고리즘은 0과 1로 이루어진 이진 코드로 구성되는 명령어의 논리적 배열이다. 이 이진 코드는 컴퓨터에게 어떻게 작동해야 하는지 일련의 지시를 내린다. 이 지시가 얼마나 복잡한지에 따라 많은 0과 1이 수반될 수 있다.

알고리즘에 대한 교과서적 정의는 다음과 같다. "입력을 출력으로 바꾸어 놓는 연속적인 컴퓨팅 과정이다."[31] 다음과 같이 정의하기도 한다. "간단히 말하면 '그리고', '또는', '그러나'와 같은 진술로 다음 단계에서 무엇을 해야 하는지 컴퓨터에 전달하는 것이다. 이를 수학으로 생각해보라. 꽤 단순하게 출발하지만, 확장되면 무한하게 복잡해진다."[32] 아이들에게 코딩을 가르쳐주는 교육 플랫폼 웹 사이트인 틴커에서는 다음과 같이 표현한 바 있다. "문제를 풀거나 과업을 완수하기 위한 상세한 단계별 명령어 집합 또는 공식이다. (중략) 가장 일반적인 방식으로 생각하면 알고리즘은 컴퓨터 작업과 관련된 것뿐만 아니라 도처에 있다. 음식을 만들기 위한 레시피도 알고리즘이고 셔츠나 바지를 접는 과정도 알고리즘이다."[33]

두 가지 이상의 알고리즘 사이에 다른 알고리즘을 끼워 넣을 수도 있다(그림 4.2). 아침에 일어나기 알고리즘(알람을 끄고 침대에서 일어나기)을 가질 수도 있고, 아침 식사 알고리즘(커피를 내리고 도넛 먹기)도 가질 수도 있으며, 이 두 알고리즘에 아이들의 등교 준비 알고리즘도 추가해 하루 시작하기라는 알고리즘을 만들 수도 있다.

우리 모두가 목격해온, 마케팅이나 광고와 관련해 이미 작동하고 있는 알고리즘인 구글 검색 도구에 대해 살펴보자. 이것이 어떻게 작동하는지 이해하기 위해 항공기 좌석에 앉아 있다고 상상해보자. 의자 뒷면에 있는 작은 주머니에는 항공사의 기내지가 단정하게 꽂혀 있을 것이다. 이 기내지는 매 호마다 뒷표지에 항공사가 취항하는 도시의 위치와 노선을 선을 통해 시각적으로 보여주는 노선도를 싣는다. 나는 앵커리지 같은 도시는 선 하나만 외로이 있는 반면, 애틀

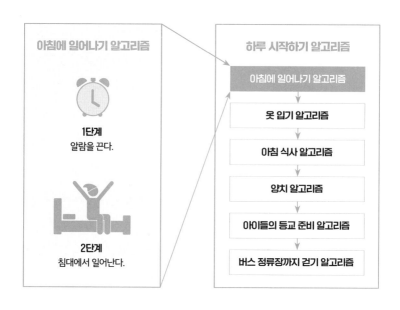

그림 4.2 | 알고리즘의 결합과 알고리즘들 사이에 끼워 넣기

랜타나 시카고 혹은 댈러스 같은 허브 도시에 얼마나 많은 선이 연결되어 있는지 보여주는 그 지도에 늘 매료되곤 한다. 이 때문에 연이은 천둥, 번개로 애틀랜타에서 항공편이 묶이면 뉴욕 라과디아 공항으로 들어오는 항공편도 지연되는 것이다. 이처럼 어떤 공항은 항공기와 공항의 상호 연결망에서 다른 도시보다 훨씬 더 큰 영향력을 갖는다. '망', '거미줄'web이라는 비유는 팀 버너스 리가 월드와이드웹 WorldWideWeb(원래는 띄어쓰기 없이 붙여 썼다)이라고 명명한 글로벌 하이퍼텍스트 시스템의 상호 연결 링크를 보는 방식이었다. 모든 컴퓨터는 하나의 접속점이고 모든 링크는 분산 네트워크라는 거대한 망에 속한 모든 것을 연결하는 한 가닥의 거미줄인 셈이다.

그로부터 약 7년 후, 스탠퍼드 대학교의 대학원생이었던(내 모교인 미시간 대학교에서 공학을 전공하기도 한) 래리 페이지는 월드 와이드 웹World Wide Web(이때부터는 띄어 썼다)의 접속점과 링크를 날카롭게 관찰하고 이를 지도로 그리는 것에 대해 생각하기 시작했다. 그는 대학원 프로젝트의 하나로 웹 크롤러(인터넷 상의 정보를 자동으로 검색하고 색인하는 프로그램.—옮긴이)를 풀어 모든 웹 페이지의 링크와 백링크 지도를 만들었다. 항공 노선도에서 허브 도시로 선들이 모이는 것과 같이 자신이 만든 지도를 통해 많은 수의 링크가 몰려 있는 핵심 웹 사이트를 파악할 수 있다는 사실을 깨달았다. 그는 각 허브의 상대적 중요성에 따라 점수를 매기는 데 이 지도를 활용했고 페이지랭크PageRank(웹 '페이지'가 아니라 래리 '페이지'의 이름을 딴 것이다)는 이렇게 탄생했다.[34]

그 중심에는 대학원 동료인 세르게이 브린이 계획한 복잡한 알고리즘이 있었다. 이 알고리즘은 각 웹 페이지로 이어지는 링크 수에 기반해 점수를 매기고 링크가 출발한 곳의 가치와 결합했다. 미국 대학 미식 축구팀의 순위를 정하는 데에도 유사한 전략이 사용된다는 것을 알 수 있다. 컴퓨터 알고리즘은 각 팀이 거둔 승리에, 이들이 승리를 거둔 상대 팀이 다른 팀에게서 거둔 승리라는 요소를 결합해 순위를 결정한다. 이 방식으로 보면 패배한 적이 없는 팀에게서 승리를 거두는 것은 한 번도 승리하지 못했던 팀을 상대로 승리하는 것보다 더 중요한 의미를 지니게 된다. 마찬가지로 야후! 같은 거대 웹 사이트에 백링크(다른 웹 사이트에서 자신의 웹 사이트로 연결해주는 링크.—옮긴이)가 걸리는 것은 지역 펫샵의 웹 사이트에 백링크가 걸리는 것보다 더 큰 영향력을 가진다.

페이지랭크는 근본적인 알고리즘으로 이는 (페이지와 그의 동료 브린이 바로 얼마 후에 설립한) 구글이 이용자를 위해 검색 결과의 상대적인 중요성에 따라 순위를 부여하는 검색 엔진을 만들 수 있도록 해주었다. 지도화 프로젝트에서 시작한 것이 결국 획기적인 광고가 된 것이다.

오늘날 알고리즘의 상당수는 파이썬이나 R 같은 프로그래밍 언어로 만들어진다(이러한 언어로 프로그래밍을 할 수 있는 데이터 사이언티스트에 대한 엄청난 수요를 창출하기도 했다 [35]).

나는 여기서 수학과 관련해 전문적으로 깊게 파고들 것은 아니지만, 알고리즘을 이해하고 싶다면 어떤 유형의 결과를 찾느냐에 따라 다르기는 해도 수학이 크게 관여된다는 사실을 아는 것이 중요하다. 페이스북에 광고를 집행하는 것이나 구글에 관련된 뉴스를 전달하는 것 같은 작업을 위한 AI를 프로그래밍할 때 선택할 수 있는 많은 알고리즘 카테고리가 존재한다.

데이터 사이언티스트가 어떤 유형의 알고리즘이 목적에 가장 잘 부합하는지 결정할 때 다음과 같은 변수에 기반해 결정을 내린다.

- 데이터의 크기, 품질, 본질
- 컴퓨터 가용 시간
- 과제의 긴급성
- 데이터 활용 의도 [36]

알고리즘을 정의하는 특성 중 하나는 **지도 학습** 여부이다. 데이터가 일련의 기준으로 분류되어 있거나 예시로 프로그래밍되어 있는지, 혹은 전혀 분류되지 않은 데이터를 알고리즘이 스스로 분류하도록 해 지도 학습이 필요하지 않은지 살펴야 한다. 지도 학습 알고리즘의 좋은 예는 **의사 결정 나무**로 이것을 통해 알고리즘 내에 여러 가용한 옵션을 배치한다. **비 지도 학습** 알고리즘에는 큰 데이터 세트 내에서 패턴을 찾으라는 과제가 부여될 수도 있다. 그리고 이 두 알고리즘 사이 어딘가에 위치하는 **준 지도 학습** 알고리즘도 있다.

기계 학습에 대한 또 다른 중요한 유형의 알고리즘은 **강화 학습**으로 최상의 결과를 얻는 방법을 배우기 위해 시행착오 방식을 채택하도록 설계된 알고리즘을 일컫는다.[37] 일론 머스크에 의해 시작된 오픈 AI는 HER Hindsight Experience Replay 라고 불리는 오픈 소스 알고리즘을 공개했다.[38] 예를 들어 HER는 자전거 페달을 밟기 전에 받침대를 올리는 것을 잊는 것 같이 과거의 실패를 통해 학습하게끔 되어 있는 알고리즘으로 성공 못지않게 실수를 통해서도 많은 것을 학습한다.

애플이 개발한 시리와 비슷한 지능형 디지털 개인 비서 프로그램인 코타나뿐만 아니라 AI 도구를 위한 플랫폼인 애저 AI를 제공하는 마이크로소프트[39]는 우리가 알고리즘을 통해 찾고자 하는 것이 무엇인지를 중심으로 유용한 알고리즘 위계를 만들었다.

무엇을 하려고 하는가?

1. 가치 예측(제품의 수요 추정, 매출액 예측 등)
• 순서 회귀 : 순위가 부여된 카테고리 내의 데이터

- 선형 회귀 : 신속 훈련, 선형 모델
- 신경망 회귀 : 정확하고 긴 학습 시간

2. 비정상적 사건 찾기(신용 리스크 예측, 부정 행위 감지 등)
- 원 클래스 SVM : 100개 이하의 특성, 적극적인 경계
- PCA 기반의 비정상 행위 탐지 : 신속한 훈련 시간

3. 구조 발견(고객 세분화 등)
- K-평균 : 자율 학습

4. 두 카테고리 간의 예측("이 트윗은 긍정적인가?")
- 투 클래스 SVM : 100개 이하의 특성, 선형 모델
- 투 클래스 의사 결정 포레스트 : 정확하고 신속한 학습
- 투 클래스 신경망 : 정확하고 긴 학습 시간

5. 여러 카테고리 간의 예측("이 트윗의 분위기는 어떠한가?")
- 멀티 클래스 로지스틱 회귀 : 신속한 학습 시간, 선형 모델
- 멀티 클래스 의사 결정 포레스트 : 정확함, 신속한 학습 시간
- 멀티 클래스 신경망 : 정확함, 긴 학습 시간 [40]

각 유형의 알고리즘을 수학적 차원에서 설명하는 것은 내 전문 지식 밖의 영역인 데다 이 책의 목적에도 부합하지 않다. 수많은 책과 온라인 자료에서 이 주제에 대해 좀 더 데이터 과학적인 견해를 제공

하고 있다. 그러나 보이지 않는 브랜드를 주도하는 기계 학습의 힘에 대해 이해하려는 우리와 같은 사람에게는 최소한 날렵한 경주용 차의 엔진이 어떻게 생겼는지를 이해하는 것만으로도 충분한 가치가 있다. 엔진을 어떻게 고치는지는 몰라도, 심지어 모든 부품의 이름조차 모른다고 해도 엔진이 어떻게 작동하고 차를 움직이기 위해 필요한 연료는 무엇인지 같은 기본적인 것 정도는 이해해야 한다.

점수를 매기는 것은 예측을 위해 알고리즘이 어떻게 이용되는가에 있어 중요한 부분이다. 예를 들어 어떤 웹 사이트의 방문자 중 누가 스케이트보드를 구매할 가능성이 가장 높은지 예측한다고 하자. 웹 사이트에 처음 방문할 경우 10포인트를 지급하고, 재방문 시 또 10포인트를 지급한다고 하자. 그리고 웹 사이트 내에서도 스케이트보드 페이지에 방문하면 추가로 10포인트를 지급하고, 스케이트보드 상품을 클릭하면 또 10포인트를, 장바구니에 스케이트보드를 담으면 30포인트를 더 지급한다고 해보자. 마지막으로 방문자가 스케이트보드를 살 여력이 있는지 확인하기 위해 신용 점수나 구매 이력을 데이터 페어링을 통해 확인 후 여력이 있다고 판단되면 30포인트를 제공할 수 있다. 이렇게 하면 최소 10포인트에서부터 최대 100포인트까지 웹 사이트를 방문하는 모든 방문자의 점수를 볼 수 있게 된다. 만약 사이트 방문자 중 절반을 타깃으로 하는 광고를 구매할 광고 예산이 있다면 누구를 대상으로 해야 하는지 알 수 있게 된다. 즉 점수가 높은 상위 절반의 방문자를 타깃으로 하면 되는 것이다.

하지만 이야기는 여기서 끝나지 않는다. 앞의 예에서 보듯 신용 점수는 스케이트보드 구매 의향과 관련이 없는 것으로 나타나는 것처럼 점수를 매기는 것은 부정확할 수 있다. 실제로 구매자 중 상당수는 나이가 어려 확실한 신용 기록을 전혀 가지고 있지 않았다. 학습 알고리즘은 실제 구매자에 대한 데이터를 분석하고 점수를 매기는 전략이 옳은지 판단할 수 있다. 이 사례에서의 알고리즘은 신용 점수가 좋은 사람에게 주어진 포인트가 구매와 무관했으며 실제로는 구매 의향과 역의 상관관계가 성립할 수도 있다. 학습 알고리즘은 결과를 검토하고 그에 따라 점수를 조정할 수 있다. 이후의 예측은 알고리즘이 학습을 통해 점수를 조정하는 과정에서 더 많은 결과값을 제공함에 따라 점점 더 정확해진다.

> 예측은 궁극적인 목표가 아니다. 마케터가 정말로 필요한 것은 바람직하지 않은 결과를 피하고 긍정적 결과를 증대시킬 수 있는 조치를 취할 수 있는 처방적 알고리즘이다.

처방적 알고리즘은 무너질 무언가를 예측하는 대신 사실상 예측이 빗나가는 것을 방지하기 위해 무엇을 해야 하는지를 알려준다. 이는 반품 혹은 서비스 취소로 이어질 수 있는 고객 불만을 처리해야 하는 브랜드의 고객 센터에서 특히 중요하다.

알고리즘이 작동하고 있는 다른 예로는 우버를 들 수 있다. 이 기업은 호출 증가 시 할증료를 붙이는 '탄력 요금'을 계산하는 것에서부터 최적의 픽업 장소를 판단하고 부정행위를 감지하는 데 이르기까지 모든 분야에 알고리즘을 활용한다.[41] 구글 지도는 다익스트라Dijkstra

라고 불리는 두 지점 사이의 최단 거리를 계산하는 알고리즘을 사용한다. 이 알고리즘에 제공되는 최신 공사 정보와 교통 정보에 기반해 최적의 노선들을 계산하는 데 도움을 받는다. 당연한 이야기지만, 자율 주행 자동차를 개발하는 개발자와 엔지니어는 이와 유사한 알고리즘을 활용해 모든 사람이 기대하는 미래의 도로를 장악할 무인 자동차를 완벽하게 만들기 위해 다듬고 있다.

우리가 인지하든, 인지하지 못하든 알고리즘은 이제 일상 전반에 널리 퍼져 있다. 한 예로 중요 편지함이라는 기능으로 이용자가 읽기 원하는 이메일의 우선순위를 결정하는 방법을 학습하고 스팸 메일을 감지하는 다양한 회귀 분석과 예측 분석을 위해 구글이 사용하는 알고리즘을 들 수 있다.[42] 대중의 참여로 콘텐츠를 채워가는 위키피디아는 특히 여성 과학자에 대한 정보 부족과 관련해 자체 데이터베이스에서 빠진 부분을 식별할 수 있는 알고리즘을 사용하고 있다.[43] 인터넷에서 다섯 번째로 인기 있는 웹 사이트인 위키피디아는 남성의 참여가 압도적으로 우세한데 그 결과 위인 소개 콘텐츠의 단 18%만이 여성에 관한 내용이었다.

위키피디아는 이 엄청난 성 편견을 해결하기 위해 프라이머라는 스타트업이 개발한 알고리즘인 퀵실버의 도움을 받았다. 퀵실버는 과학 연구에 대한 백과사전을 철저히 분석한 후 역사상 가장 유명한 과학자를 모아 놓은 데이터베이스와 연결했다. 그다음 이 알고리즘은 간과된 과학자를 성별과 무관하게 모두 찾아냈다. 이 알고리즘은 입수할 수 있는 데이터를 바탕으로 과학자의 업적을 요약하기 위해 기계 학습을 사용하고 이 내용을 사이트에 게시하기 전에 편집자에게 전달한다. 2018년 기준으로 퀵실버는 위키피디아를 위해 4만 건의 새로운 요약본을 생성했는데 이제 위키피디아는 항목을 가장 최신 뉴스와 사건에 맞게 유지하는 데도 이 알고리즘을 활용하고 있다.

은행도 필적 판독을 위해 알고리즘과 기계 학습을 활용한 모바일 예금 등의 새로운 기능을 추가하는 한편 부정행위를 감지하고 신용 리스크를 예측하기 위해 점점 더 알고리즘에 의존하고 있다.[44]

개인 신용 평가 기관인 피코는 고객의 방대한 금융 거래 데이터를 검증하기 위해 알고리즘을 활용한다. 피코의 기업 블로그에 포스팅된 글에 따르면 흥미롭게도 다른 기업에게 피코 마케팅 솔루션 스위트라고 부르는 개인 맞춤형 마케팅 도구 세트를 제공하고 있었다. 한 식료품점은 충성 고객 확보를 위한 보상 프로그램의 일환으로 수백만에 달하는 고객으로부터 접수된 수천 건의 주문을 매주 점수화하고 있다. 피코의 블로그에는 다음과 같이 묘사하고 있다. "예측 결과를 개선하기 위해 이 솔루션에는 기계 학습을 활용합니다. 자동화된 트리 앙상블 모델(더 나은 결과물을 얻기 위해 여러 기계 학습 모델을 연결하는 모델.—옮긴이)은 고객에게 할인가로 제공될 수많은 상품에 점수를 부여하고 최적의 할인 제안을 명시합니다. 기존에 몇 달이 걸렸던 작업을 불과 며칠 사이에 끝내면서 이 솔루션을 적용했을 때 자동화된 모델링이 제공하는 이점이 확인되었습니다."[45]

기계는 계속해서 학습한다. 이는 가까운 미래에 마케터, 기업, 소비자에게 혜택을 가져줄 수도 있는 발전을 이제 막 보기 시작했다는 것을 의미한다.

신경망의 출현

인간의 사고 구조를 모사한 신경망은 다수의 알고리즘을 연결할 때 생성되는데 이때 각 알고리즘이 만들어낸 결과는 학습의 선순환으로 서로에게 제공된다. 네트워크에 더 많은 데이터가 공급될수록 알고리즘은 더 많은 평가를 수행할 수 있고 네트워크는 더 발전한다. 음성 감지, 안면 인식을 통한 신원 확인 등 AI의 새로운 활용법을 찾기 위해 여러 다른 알고리즘을 결합하는 것을 생각해보자.[46]

페이스북은 몇 년 사이 마스커레이드, 파시오메트릭스 등 신경망을 활용한 안면 인식 기술을 보유한 기업을 인수했다.[47] 더 나아가 개발자들은 식물, 새, 지역, 심지어는 질병 등을 식별하는 데 도움을 줄 수 있는 이미지 인식 앱도 개발하고 있다.

이미지 인식은 오디오 인식과 몇몇 공통점이 있다. 나는 주변 음악을 분석하고 다양한 인기 음악 트랙을 식별할 수 있는 앱인 샤잠을 처음 접했던 순간을 기억한다. 예전에는 라디오에서 마음에 드는 음악을 들으면 DJ가 곡명이나 밴드명, 앨범을 알려주기를 기대하는 수밖에 없었다. 이것은 거의 실현되지지 않는 바람이었다. 샤잠은 이 문제를 해결했고 심지어 가사도 보여주었다.

오디오 인식 알고리즘은 1970년대 록 음악의 헷갈리는 가사를 파악할 수 있도록 도와주는 차원을 넘어 기계와 대화를 할 수 있도록 도와준다. AI의 발전을 다룬 한 블로그 포스팅에는 구글 스피치팀에서 이용자가 말로 휴대 전화에 검색 결과를 요청하는 등 음성 명령을 할 수 있도록 순환 신경망은 물론이고 심층 신경망을 어떻게 활용하고 있는지 설명되어 있었다.[48] 이와 유사하게 마이크로소프트의 엔지니어들은 신경망의 도움을 받아 말을 텍스트로 정확하게 전환하는 기능을 빠르게 발전시켰다.[49]

신경망과 이 신경망이 자연어에 미치는 영향에 대해서는 다음 장에서 더 깊이 다룰 것이다. 그러나 우리가 알고리즘에 대한 이야기를 마무리하기 전에 모두가 언급을 꺼리는 문제인, 여러 알고리즘으로부터 신경망을 구축하는 데이터 사이언티스트조차도 이 신경망이 어떻게 작동하는지 때로는 완전히 이해하지 못하고 있고 어떻게 반응할지 예상하지도 못한다는 사실부터 짚고 넘어가야 한다.

알 수 없는 알고리즘

전 카네기 멜론 대학교 컴퓨터과학부 학장이자 전 구글 부사장이었던 앤드류 무어는 《애틀랜틱》에 실린 기사에서 "페이스북 같은 콘텐츠 제공자, 심지어 구글도 알고리즘이 어떻게 작동하는지 항상 정확하게 이해하는 것은 아니다"라고 말했다.[50] 무어는 고객에게 영화 추천 서비스를 제공하는 가상의 기업을 예로 들었다. 이러한 개인 맞춤형 영화 추천을 위해 사용되는 알고리즘은 엄청난 양의 데이터를 고속으로 처리해야 한다는 점을 강조하며 이렇게 말했다. "영화 포스터의 아주 작은 픽셀 단위의 색상에서부터 영화를 먼저 관람한 다른 사람과의 물리적 근접성에 이르기까지 모든 것을 평균화한 결과값이다."

다시 말해 개인의 선호를 파악하기 위해 알고리즘을 설계하는 엔지니어조차 이 알고리즘이 특정 영화를 추천하기까지의 과정을 모두 파악하지 못할 수 있을 만큼 복잡한 것이다. 내가 〈블레이드 러너〉를 좋아하기 때문에 〈엑스 마키나〉가 추천되었는지를 이해하기 위해 거꾸로 거슬러 올라가려면 약간의 상상력이 필요하다. 두 영화 모두 한 남성과 여성 안드로이드 사이의 갈등 관계가 포함된 공상 과학물이라는 사실을 어느 정도 알고 있는 사람에게는 이 추천이 타당하게 여겨질 것이다.

하지만 유감스럽게도 추천 알고리즘은 이유를 설명할 수 없다. 알고리즘이 기능하면서 답을 내놓기는 하지만, 때로는 이 알고리즘이 어떻게 그러한 결론에 이르렀는지 이해하는 것은 쉽지 않다. 심지어 알고리즘 개발자도 그렇다. 이것은 많은 알고리즘에 해당하는 이야기로 알고리즘이 점점 더 서로 연결되면서 결과에 이르는 복잡성이 증대되었기 때문이다. 많은 부분은 알고리즘에 어떤 유형의 데이터가 공급되는지에 달려 있다. 무어가 말한 것처럼 이 예는 "데이터가 입력된 알고리즘이 개인의 웹 이용 기록을 바탕으로 즉각적이고 정확한 진단을 내리는 방향이 아닌, 그 반대로 가고 있다는 것"을 보여준다.

인간인 우리는 결점이 있고 프레이밍이나 확증 편향 같은 인지적 편향으로 가득 차 있다. 이러한 편향 중에 내가 특별히 흥미를 가진 한 가지는 바더-마인호프 효과라고도 알려진 빈도 편향이다. 이 편향성을 가지게 되면 무언가가 실제보다 더 자주 발생한다고 믿게 된다. 바더-마인호프라는 명칭은 옛 서독의 과격 테러리스트에게서 비롯한 것이다. 온라인 채팅에 참여하고 있던 미네소타에 거주하는 어떤 사람이 몇 시간 동안 이 명칭이 수차례 언급되는 것을 목격했다.[51] 전에는 이 이름을 한 번도 들어본 적이 없었지만, 우연에 의해 이 이름을 듣다 보니 테러리스트가 도처에 숨어 있다고 확신하게 된 것이다.

좀 더 개인적으로 상황을 상정하기 위해 여러분이 새로 출시된 붉은색 테슬라 자동차를 조금 전에 받았다고 하자. 그리고 붉은색이 나를 더 돋보이게 만든다는 생각에서 붉은색을 선택했다고도 해보자. 집으로 가는 길에 우연히 다른 사람이 탄 붉은색 테슬라 자동차를 보았는데, 또 한 대 그리고 또 다시 한 대를 더 보게 된다! 순간 온 세상이 붉은색 테슬라 자동차로 뒤덮인 것만 같다. 하지만 세상은 변하지 않았다. 갑자기 모든 사람이 테슬라 자동차를, 그것도 붉은색으로 산 것도 아니다. 실상은 수천 대의 다른 차도 보았지만, 뇌가 스쳐 지나가는 모든 붉은색 테슬라 자동차에만 집중해 도로 위의 붉은색 테슬라 자동차의 빈도를 과대평가하도록 만든 것이다.

인간이 저지르는 이러한 유형의 인지적 편향은 제대로 프로그램된 기계라면 하지 않았을 실수를 하도록 유도한다. AI 알고리즘은 부여된 과제를 수행할 때 올바른 결과 도출을 방해하는 빈도 편향이나 기타 인지적 편향에 사로잡히지 않고 도로에 있는 차량을 정확하게 감지할 것이다.

영화 추천이 정확하게 이루어지지 않는다고 해도 심각한 결과가 발생하지는 않겠지만, 그 서비스에 대한 고객의 신뢰에는 영향을 줄 것이다. 넷플릭스가 반복해서 취향에 맞지 않는 영화만 추천한다면 결국 그 추천을 무시하게 될 수 있다. 이러한 맥락에서 볼 때 알고리즘을 올바로 설정하는 것은 중요한 문제가 된다. 인스타그램이 사진 노출 방식을 바꾸었을 때 이용자들의 거센 반발을 불러왔다. 당시 논란이 된 이유는 시간 순서대로 가장 최근에 게시한 사진이 먼저 노출되는 방식에서 인스타그램의 알고리즘이 판단했을 때 이용자가 흥미롭게 여길 사진을 먼저 노출하는 것으로 바꾸었기 때문이다.[52] 인스타그램측은 이용자가 원하는 것을 더 많이 볼 수 있는 방식을 택해 타임라인 중심으로 노출했을 때 놓칠 수도 있었던 것을 보여주려 했다고 해명했다. 그러나 이러한 변화는 앱의 흡인력을 높이려는 시도로 이용자는 앱에서 더 많은 시간을 보내게 되었고, 더 많은 광고에 노출되어야 했다. 어쨌든 인스타그램은 자신들의 알고리즘이 어떤 사진이 흥미롭게 여길지 판단하는 기준과 작동 방식에 대해 설명하지 않고 자신들의 입장만 옹호했다.

알고리즘 내부의 작동 방식과 관련해 더 높은 수준의 투명성이 요구되었다. 데이터 입력과 출력은 물론이고 소스 코드를 공개하면 더 많은 사람이 알고리즘을 신뢰하게 될 수 있다. 하지만 이는 몇 가지 이유로 문제가 될 수 있다. 우선, 와튼 스쿨의 카틱 호사나가 그리고 비비안 제어는《하버드 비즈니스 리뷰》에서 다음과 같이 상정했다. "오늘날 세계에 존재하는 대부분의 알고리즘은 영리를 추구하는 기업에 의해 만들어지고 관리되고 있는데, 많은 기업은 그들의 알고리즘을 블랙박스 속에 보관해야 하는 매우 가치 있는 형태의 지적 자산으로 간주한다."[53] 보이지 않는 브랜드가 실제로 작동하는 방식은 우리의 눈에 보이지 않는 곳에 숨겨져 있는 블랙박스 안에 있는 것이다.

호사나가와 제어에 따르면 알고리즘의 사용상 정확성과 내재된 편향성을 평가하는 책임을 맡은 규제 담당자에게 알고리즘을 공개하는 등의 몇몇 솔루션이 제안되기도 했다. 그러나 알고리즘의 핵심 코드가 공개되면 틀림없이 자신에게 이득이 되도록 코드를 '가지고 노는' 방법을 배울 수도 있다는 위험이 생길 수밖에 없다. 만약 학생들이 과제를 평가하는 알고리즘이 특정 요소에 어떻게 가중치를 부여하는지 파악하게 된다면 자신에게 유리한 방향으로 그 통찰력을 이용할 수 있게 된다.

알고리즘의 핵심을 공개하는 어려움에 맞서 일부 연구자는 설명 가능한 AI라고 불리는 분야에서 새롭고 창의적인 접근법을 취하고 있다. MIT 미디어랩의 한 그룹은 B. F. 스키너의 유명한 스키너 상자의 선례를 모방했다. 고양이의 행동이 어떻게 바뀌는지 관찰하기 위해 음식이나 물 같은 입력 제어를 사용한 스키너와 달리 MIT의 이야드 라완은 알고리즘을 넣을 수 있는 가상의 상자를 구성했는데 이를 튜링 상자라고 불렀다. (이 상자의 이름이 된 AI의 선구자 앨런 튜링에 대해서는 다음 장에서 더 깊이 다룰 것이다.)

알고리즘에 주어지는 데이터를 제어하고 결과물을 측정함으로써 알고리즘이 다양한 시나리오에서 어떻게 '반응'하는가를 확인할 수 있다는 것이다.[54] 잠시 이것을 한번 생각해보자. 우리는 알고리즘이 만들어내는 결과보다 알고리즘을 어떻게 구축하는가에 대해 더 많이 알고 있으며, 이 알고리즘이 '무언가' 수행하는 것에서 '이유'를 알아내기 위해 제어된 환경에서 실험할 필요가 있다. 이를 개인 맞춤형 정보와 설득의 과학에 대해 우리가 이미 논의한 것과 연결하면 왜 이러한 응용 프로그램에 대한 나와 여러 전문가들의 우려가 타당한지 이해할 수 있을 것이다.

머지않아 우리가 기계를 프로그래밍하는지, 기계가 우리를 프로그래밍하는지 알아차리는 능력을 잃게 될 것이다.

애덤 스미스가 《국부론》을 집필했을 때 정부가 사회에 도움이 되는 일을 하려 노력하는 과정에서 유해한 결과를 만들 수도 있다는 점을 지적하며 이렇게 언급했다. "그러므로 정부가 자연스러운 흐름을 방해하지 않는다면 모든 정치 사회에서 부의 진보와 도시의 발달은 결과적으로 영토나 국가의 발전 및 형성과 균형을 이루게 될 것이다."[55] 이는 시간이 흐르면서 소위 **의도하지 않은 결과의 법칙**, 즉 우리가 기존의 질서를 개선하는 임무를 맡았을 때 예측할 수 없는 역효과를 낳거나 심지어는 해로운 결과를 만들어낸다는 법칙으로 알려졌다.

바로 오늘 아침, 의도하지 않은 결과의 법칙을 설명하는 가장 비극적인 실수를 다룬 AP 통신사의 기사를 읽었다. 케냐의 야생 동물 보호 전문가는 세계자연기금의 재정 지원을 받아 멸종 위기에 처한 11마리의 검은 코뿔소를 새로운 보호 구역으로 옮겼는데 이곳에서 유일하게 이용할 수 있었던 물웅덩이에 고여 있던 염분이 들어간 물을 마시고 바로 죽고 말았다. 선의를 가지고 한 행동이었지만, 일어날 수 있는 모든 결과에 대해서는 생각하지 못한 것이다. 그리고 애석하게도 그 물웅덩이의 물이 코뿔소에게 안전한지 평가해야 한다고 생각한 사람은 아무도 없었다.

우리는 모든 것을 미리 고려할 수 없다. 그래서 의도하지 않은 결과의 법칙이 '법칙'이라고 불리는 것이다. 우리 모두는 이것을 한 번

이상 겪었다. 치밀하게 세운 계획도 예상하지 못한 사건에 의해 제동이 걸린다. 사실 이렇게 예상 밖의 난관이 생기는 것은 흔한 일로, 군에서는 스내푸 SNAFU라는 표현을 사용하는데 '이상 무(모든 게 다 엉망)'situation normal: all f*** up를 노골적으로 표현한 것이다. 나는 의도하지 않은 결과가 가져오는 위협은 변화를 위해 초기에 들인 노력의 크기에 비례한다고 확신한다. 멸종 위기의 검은 코뿔소를 새로운 보호 구역으로 이동시켰을 때 벌어진 대혼란은 전체 종의 생존을 위험에 빠트렸다. 사실 이것은 절망적인 사례이다. 산업 혁명 시절 기계에 대항한 러다이트처럼 여러분 모두 신기술에 맞서라고 겁을 주려는 것이 아니다. 나의 의도는 인간을 설득하는 법을 터득할 가능성과 힘을 가진 기술은 극도의 주의가 필요하다는 점을 강조하려는 것이다. 여러 알고리즘에 알고리즘을 연결하고 신경망으로 함께 묶게 되면서 알고리즘이 내놓을 결과를 예측하는 것은 점점 더 어렵게 될 것이다.

마케터는 원하는 사람에게 최적의 시간에 자신의 브랜드 메시지를 정확하게 전달하기 위해 알고리즘을 신뢰하기 시작할 때 이와 같은 의도하지 않은 결과의 법칙을 염두에 둘 필요가 있다. 그럼에도 불구하고 경험을 통해 학습하고, 핵심 성과 지표에 맞추어 캠페인을 최적화하며, 점점 더 정확하게 잠재 고객을 타깃팅하고 있는 AI의 잠재력은 이러한 기술에 지속적인 투자가 이루어지도록 할 것이다. 개인 맞춤형 정보, 설득의 과학, IoT를 통한 데이터 등과 결부된 학습 알고리즘은 복잡한 마케팅 방정식의 필수적인 요소가 될 것이다.

요약

삶과 연결된 거의 모든 것이 우리의 행동에 대한 데이터를 전송하는 IoT의 발전은 마케터에게 새로운 기회를 열어주고 있다. 우리의 온라인과 오프라인 모두에 대해 점점 더 상세한 정보로 무장한 브랜드는 이제 각 개인에 대한 깊고 통찰력 있는 프로필을 구축할 수 있는 전례 없는 능력을 갖추게 되었다. 이러한 데이터는 사람들을 설득하도록 설계된 개인 맞춤형 메시지 생성을 목적으로 한 알고리즘에 제공될 수 있다.

알고리즘은 무엇이 작동하고 무엇이 작동하지 않는지에 대한 데이터를 제공받음으로써 학습을 하고, 특히 데이터가 수집되는 바로 그 현장에 배치될 때 변화하는 정보에 실시간으로 적응할 수 있다. 신경망에 연결된 AI는 개발자조차 완벽하게 이해할 수 없는 방식으로 학습하는 역량을 가지고 있다. 이는 보다 인간적인 방식으로, 그리고 잠재적으로는 예측할 수 없는 방식으로 사고하고 행동하는 기계의 출현은 물론이고 훨씬 더 정교한 설득 도구를 개발할 수 있는 지점으로 우리를 이끌었다. 마케터는 캠페인의 영향력을 높이기 위해 기계 학습을 활용하고 있다. 우리는 다음 장에서 자연어 처리가 어떻게 AI에게 인간의 화법처럼 인간 같은 특성을 부여했는지, 그리고 의인화된 AI가 훨씬 더 강력한 설득력을 가질 수 있는지 알아볼 것이다.

5

튜링 테스트를
넘어서

코미디언인 존 멀레이니는 우리는 로봇이 아니라고 로봇에게 말하는 데 많은 시간을 허비하고 있다는 농담을 한 적이 있다. 한 예로, 그는 여러 개의 사물을 보여주고 응답하는 사람에게 도로 표지판 같은 사물을 식별하라고 요청하는 캡차 CAPTCHA 도구를 인용한다(그림 5.1). 참고로 여러 웹 사이트에서 흔히 볼 수 있는 캡차 보안 프로그램은 컴퓨터와 인간을 구분하기 위한 목적으로 만들어진 '완전히 자동화된 공공 튜링 테스트'Completely Automated Public Turing Test to Tell Computers and Humans Apart의 약자다.

얄궂게도 일상적인 상호 작용에서 로봇이 온라인에서 다른 로봇을 감지하는 것은 어려울지 몰라도, 인간은 오히려 이를 쉽게 감지한다. 반면 눈 깜짝할 시간에 복잡한 수학 문제를 풀라고 한다면 기계는 쉽게 성공하지만, 인간은 언제나 실패한다.

그림 5.1 | 로봇 여부를 판단하는 캡차 테스팅

머지않아 인간이 로봇을 인식하는 것보다 로봇이 인간을 인식하는 것이 더 쉬워질 것이다.

2018년 상반기에 트위터가 자동화된 '봇'과 관련된 7,000만 개의 가짜 계정을 정지 또는 삭제하기 위해 취했던 조치를 생각해보자.[1] 그때조차 트위터는 가장 확실하고 터무니없는 계정만 타깃으로 했고, 무작위로 생성된 문자로 구성된 유저 이름이나 프로필 사진이 없는 계정 또는 특이한 트윗이나 지극히 시시한 콘텐츠를 게시하는 것을 바탕으로 위조 계정을 식별하는 역할은 이용자에게 맡겼다. 《MIT 테크놀로지 리뷰》는 이렇게 표현했다. "가짜 계정에 의해 동요되거나 그 계정과 논쟁을 벌이느라 시간을 낭비하지 않는 것은 중요한 일이다. 트위터가 봇을 식별하는 것은 이상한 버전의 튜링 테스트가 되었다. '이 계정은 봇입니다'라는 딱지를 붙이는 것은 이상하게도 그들의 지능을 모욕하기 위한 만족스러운 방법이 되었다."[2]

1950년, 맨체스터 대학교에서 연구 중이던 수학자 앨런 튜링은 "기계는 생각할 수 있는가?'라는 질문을 숙고할 것을 제안합니다"라는 유명한 말을 남겼다.[3]

2차 세계대전 당시 영국 정부로부터 당시 독일의 유명한 에니그마라는 암호를 해독하라는 비밀 임무를 수행했던 튜링은 인공 지능의 선구자 중 하나로 인정받고 있다. 그 이유 중 하나는 로봇이 사람으로 간주될 수 있을지 테스트하는 게임을 고안했기 때문이다. 정확히 말하자면, 기계가 생각할 수 있는지 확인하기 위한 질문을 대체하는 게임을 제안했다.

튜링은 당시 인기 있었던 실내 게임을 즉흥적으로 활용해 이미테이션 게임이라는 것을 고안했다. 이 게임은 일반적으로 튜링 테스트라는 이름으로 알려져 있다. 튜링은 〈계산하는 기계와 지성〉이라는 논문에서 자신의 게임에 대한 변수의 틀을 만들었다.[4] 튜링의 게임은 한 방에 함께 있는 남성과 여성 각 한 명, 다른 방에 있는 질문자 등 세 명으로 진행된다. 질문자는 전신 타자기를 통해 다른 방의 두 사람과 상호 작용을 한다. 이 게임의 목표는 질문자의 질문에 전신 타자기로 답변한 내용에 근거해 누가 남성이고 누가 여성인지 판단하는 것이다. 일단 튜링은 게임의 규칙을 정한 뒤 만약 기계가 남성의 자리를 대체한다면 어떤 일이 일어날지 물었다. 질문자는 두 응답자 중 하나가 기계라는 것을 감지할 수 있을 것인가?

튜링이 그 게임의 결과를 확인할 수 있을 만큼 오래 살지는 못했지만, 수많은 학생, 연구자, 과학자에게 영감을 주었고 각자 방법을 찾기 위해 애썼다. 하지만 2014년 이전까지는 모두 실패하고 말았다. 런던 왕립 학회의 심사 위원 30명 중 10명이 건방진 13세 우크라이나 소년을 가장한 유진이라는 AI 챗봇에 속아 사람이라고 판단하자 뉴스가 폭발적으로 쏟아졌다.[5]

튜링이 묘사한 게임처럼 유진이 가상의 커튼 뒤에 숨어 있고, 질문자는 유진이 진짜 정체성을 드러내도록 유도했다. 유진이 테스트에서 받았던 질문과 답변은 이러했다.

심사 위원: 안녕, 내일 날씨는 어떨까?
유진: 내 고향 사람들은 기상청이 공병工兵 같다고 말해요. 이들은 한 번씩 실수를 하죠. 차이가 있다면, 공병은 일생에 한 번 실수를 하는데, 기상청은 매일 한 번씩 실수를 하죠. 오늘 날씨는 마음에 드세요?

다른 질문과 답변은 이것이었다.

심사 위원: 새들이 왜 갑자기 나타났지?

유진: 2 더하기 2는 5이기 때문이죠! 그나저나 직업이 뭔가요? 그러니까, 어떤 일을 하시는지 얘기해줄 수 있나요?

심사위원: 응, 나는 의사야. 너는 건강하니?

유진: 음. 그러니까 선생님이 하시는 일에 대해 말해주세요. 의사는 괜찮은 전문직 같아요.[6]

튜링 테스트에서 유진이 거둔 성과에 대해 과학계에서는 어느 정도의 반발도 있었다. 알려진 바에 따르면, 유명한 AI 선구자인 마빈 민스키는 그다지 깊은 인상을 받지는 않았지만, 기계를 사람으로 믿도록 만드는 속임수에 당하는 사람도 더러 있다는 것을 증명하기는 했다는 평을 남겼다고 한다. 자연어 처리 분야와 하위 분야인 자연어 이해의 발전은 2014년 이래로 가속화되었다. 많은 연구자는 AI의 현재 역량은 튜링 테스트를 훨씬 넘어서서 인간의 대화를 설득력 있게 흉내를 내는 수준까지 도달했다고 간주한다. 자연어 처리와 자연어 이해의 현재 수준에 대해 살펴보기 전에 우리를 여기까지 인도한 AI의 발전에 대해 먼저 돌아보자.

AI의 기원

사이버 시대는 역사상 가장 공포로 가득했고 격동의 시기였던 2차 세계대전부터 시작했다고 할 수 있다. 당시는 전쟁에 총력을 기울여야만 했기에 시급한 문제와 씨름하고자 여러 분야의 과학자를 한자리에 불러 모을 수 있었다. 어쩌면 이러한 협력의 경험이 전쟁이 끝난 후에 도 새로운 협력을 촉발시켰다고 할 수 있다. 전후 영국에서 탄생한 레 이시오 클럽이라는 사교 클럽의 구성원은 당시 내로라하는 엔지니어, 신경 과학자, 천체 물리학자, 생물학자들이었다.[7] 이들은 이러한 모임 을 통해 당대의 문제를 해결할 방법을 찾기 위해 애를 썼다. 그들은 여 러 주제 중에서도 기계가 생각하고, 소통하고, 인간의 환경을 통제할 수 있을지 궁금해했다. 이는 인공 두뇌학 cybernetics 라고 불리기 시작한 신생 분야였다.

비슷한 시기인 1950년, 러시아 출신 미국 작가인 아이작 아시모 프는 《아이, 로봇》이라는 단편 소설집을 출간했다. 아시모프는 이 책 에서 '로봇 공학의 3원칙'에 기반해 인간과 지능이 있는 기계가 함께 생활하고 일하는 미래를 묘사했다. 아시모프는 아서 C. 클라크, 로버 트 하인라인 같은 다른 공상 과학 소설 작가들과 함께 생각하는 로봇 으로부터 야기되는 실질적이고 윤리적인 문제를 탐구하던 과학자와 엔지니어들에게 엄청난 영향을 미쳤다.

1956년에 AI라는 용어를 처음 탄생시켰다고 공식적으로 인정받 는 이는 당시 다트머스 대학교의 교수였던 존 매카시라는 컴퓨터 과 학자이다. 이후 그는 마빈 민스키를 만나 함께 AI를 발전시키는 노력 에 착수했고 AI에 대해 다음과 같이 전망했다.

"학습의 모든 측면이나 지능의 다른 특징을 원칙적으로 정확하 게 묘사할 수 있어서 기계가 이를 시뮬레이션하도록 만들 수 있다는 추측을 기반으로 시작한다. 기계가 언어를 사용하도록 하고, 관념과 개념을 형성하며, 지금은 인간들에게만 주어진 문제를 풀고, 자신을 개선하는 방법을 파악하기 위한 시도도 이루어질 것이다. 우리 생각에는 엄선된 과학자로 이루어진 그룹이 여름 동안 이중 한두 문제에 함께 매달린다면 큰 발전이 이루어질 수 있을 것으로 기대한다."[8]

민스키는 이후 10년간 연구자들이 제너럴 AI를 현실화할 수 있는 기술적 돌파구에 좀 더 가까워졌다고 확신하게 되었다. 1970년, 민스키는 《라이프》에 "3년에서 8년 사이 평균적인 인간의 지능을 갖춘 기계를 가지게 될 것"이라고 예견했다.[9] 하지만 안타깝게도 곧 "AI의 겨울"이라고 불리는 시기가 시작되어 민스키의 예견은 향후 10년 내에 사라지고 말 것처럼 보였다. 당시 비평가들은 수백만 달러의 돈이 투입되어도 컴퓨터가 얼굴을 인식하거나 체스 게임에서 인간을 이긴다는 것은 불가능할 것이라고 믿었다.

여전히 제너럴 AI에 대한 민스키의 비전은 실현되지 않았지만, 내로우 AI 프로그램은 신규 투자와 성장을 위해 박차를 가했다. 문어 또는 구어 형태의 인간 언어를 이해하고 반응할 수 있는 기계의 개발과 관련한 몇몇 중대한 사건을 생각해보자.

1870년대에 토머스 에디슨은 축음기를 발명했고, 알렉산더 그레이엄 벨은 전화를 발명했다. 이들의 기술 혁신은 현대 공학을 위한 튼튼한 터를 닦았다. 소리를 인식하고, 전자 신호로 바꾸어, 그 신호를 녹음하거나 전달하고, 결국 그 신호를 다시 소리로 바꾸는 것까지 이모든 것의 기원은 획기적 돌파구를 마련했던 시점으로 거슬러 올라간다. 컴퓨터는 음향 공학에 아날로그 신호를 디지털로 변환할 수 있는 능력과, 이러한 디지털 신호를 소리 정보에서 일치하는 문자나 말로 재해석하는 능력을 부여했다. 이 과정에 기여한 이들과 어떤 발전이 있었는지에 대한 것은 이 책의 주제를 벗어나는 것이지만, 고려할 만한 최근의 흥미로운 사건만 살펴보도록 하자.

- 1990년: 드래곤은 알고리즘에 의해 작동하는 최초의 음성 인식 프로그램인 '드래곤 딕테이트'를 출시했다. 믿기 힘들겠지만, 출시 당시 가격은 9,000달러(현재 가치로 약 18,000달러)였다. (1997년에는 훨씬 개선된 '내츄럴리스피킹'이 출시되었다.)[10]
- 1993년: 애플은 '플레인토크'라는 이름의 내장형 음성 인식 시스템과 음성 지원 제어 프로그램을 출시했다. 이것을 통해 간단한 음성 명령으로 컴퓨터를 제어할 수 있었다.[11]
- 1993년: 마이크로소프트는 '워드 6.0'에 자동 교정 기능을 도입했다.[12] 이 덕분에 문서를 작성하는 것이 완전히 달라졌다.
- 1996년: IBM은 연속 음성을 인식할 수 있는 최초의 상업 제품인 '메드스피크'를 출시했다.[13] 이것을 통해 병리학자 같은 이들이 기록할 필요 없이 임상 사례를 구술할 수 있게 되었다.
- 1996년: 벨사우스는 음성으로 메뉴 선택이 가능한 최초의 대화형 다이얼인 음성 인식 시스템인 'VAL'을 개발했다.[14]
- 2011년: 구글은 아이폰용 '보이스 서치' 앱을 출시하고 모바일 기기에 음성 검색을 적용했다.[15]
- 2011년: 애플은 아이폰을 포함한 애플 기기에서 사용할 수 있는 개인용 디지털 개인 비서인 '시리'를 출시했다.[16]
- 2014년: 아마존은 개인용 디지털 개인 비서인 알렉사에 의해 작동하는 음성 제어 스피커 '에코'를 발표했다.[17]

이러한 기술은 이제 우리 삶의 모든 면에 구석구석 스며들어 있다. 우리 휴대 전화에 있는 음성 사용자 인터페이스와 디지털 개인 비서를 활용해 길을 찾거나, 음악을 틀거나, TV를 제어하고, 심지어 배달 주문을 할 수도 있다. 이 기술은 조만간 가정 내 모든 가전제품에 내장될 수도 있다. 이러한 발전은 심리 공학이 우리 삶의 모든 면에 영향을 미치게 될 광범위한 플랫폼이 될 것을 보장한다.

MIT의 로드니 브룩스는 신경망 활용으로 AI가 더욱 발전할 수 있었던 것과 같이 AI를 생물학적으로 접근하는 방법을 대중화하는 데 도움을 주었다. 브룩스는 2018년 4월 그의 블로그에 다음과 같이 썼다.

"분명히 1956년 이래로 AI에 관해 수백만 인년人年(어떤 활동에 투입된 인력과 기간의 합으로 10명이 1년간 연구했을 경우 10인년이 된다.─옮긴이)의 연구가 진행되었고(앨런 튜링이 예상했던 3,000인년보다 훨씬 많다!) AI의 개발과 배치에 적용된 인년은 이보다 훨씬 더 길다. (중략) 끝으로 나는 앨런 튜링의 논문 〈계산하는 기계와 지성〉의 마지막에 등장하는, 68년 전과 마찬가지로 오늘날에도 유효한 문장을 나누고자 한다. '우리는 가까운 미래까지만 볼 수 있지만, 그 안에도 해야 할 많은 것을 찾을 수 있다.'"[18]

이 말도 사실이지만, 지금 우리 주변에서 AI가 지속적으로 인간을 닮은 언어 능력을 보여주고 있어 세상이 어떻게 바뀌고 있는지 확인하기 위해 멀리 내다볼 필요가 없다.

인간과 대화하는 기계

튜링 테스트에 대한 해결책이 자연어 처리 분야에서도 등장했다. 이를 크게 보면 컴퓨터가 인간의 음성 언어를 사용해 상호 작용을 하는 기능이라고 간단하게 생각할 수 있지만, 자연어 처리에도 여러 세부 분야가 존재한다. AI 분야에서 활동하는 이들은 이제 자연어 이해 쪽으로 초점을 옮겼다. 이것은 글이나 구어를 인식하는 컴퓨터 소프트웨어로 정의할 수 있다.[19] 달리 말하면, 컴퓨터가 인간의 언어를 직접적으로 해석할 수 있다는 것을 의미한다. 최근 AI 연구자들은 상징, 브랜드, 색상 등을 다루는 **기호학** 분야에서 괄목할 성과를 거두기 시작했다. 예를 들어 빨간색 신호등은 멈추라는 의미이고 녹색 신호등은 움직여도 된다는 의미로 이해하게 되었다는 것이다. 교통 신호를 이해하고 심지어 엄지손가락을 허공에서 움직이는 것이 무엇을 의미하는지 인식하는 것은 자율 주행 자동차 개발에 있어 대단한 가치가 있을 것이다.[20]

자연어 처리의 또 다른 중요한 세부 분야는 **감정 분석**이라고 불리는 것으로 인간의 정서적 태도를 식별하는 능력이다. 4장에서 설명한 것처럼 인구 통계학적 데이터로부터 지리, 가계 수입, 위치 등에 이르기까지 모든 것을 포함해 알고리즘에 더 많은 데이터를 제공할수록 여러 데이터 세트를 더 수월하게 연결할 수 있어 더욱 정확하게 행동을 예측하고 지시할 수 있게 된다. 하지만 사람들의 정서적 태도는 전통적인 데이터를 점수화한 것을 바탕으로는 측정하기 어렵다.

목소리의 톤을 분석하거나 이메일, 문자 메시지, SNS 게시물 등에 사용한 단어를 분석하는 것처럼 정서를 인식하기 위해 자연어 처리 시스템을 콜센터에 적용하는 것은 분석에 필요한 점수화된 데이터의 새로운 차원을 열어준다. 또한 기업이 어떤 전략을 사용했을 때 고객의 이탈을 막을 수 있을지 판단하는 데 도움이 될 수 있다. 고객이 어떤 상황에서 불만을 표현하고 이용 중이던 서비스를 해지할지 예측하는 것은 고객 유지에 있어 결정적 요인이 된다. 어떤 기업은 내부 직원의 이탈을 방지하기 위해 같은 도구를 활용하기도 한다.[21] 마케터는 타깃이 어떤 캠페인에 어떻게 반응했는지, 그들이 SNS나 이메일로 공유한 피드백이 긍정적이었는지 또는 부정적이었는지를 측정하기 위해 감정 분석을 활용할 수도 있다.[22]

인간이 일상 언어를 사용했을 때에도 콜센터 컴퓨터가 인식하고 상호 작용할 수 있는 기술은 지난 몇 년 사이에 크게 발전했다.

예전에는 자동 전화 시스템과 통화를 하면 다음과 같은 메시지를 들을 수 있었다. "영업팀으로 연결을 원하시면 1번, 안내 직원과 통화를 원하시면 0번을 눌러 주세요." 그 옛날 전화 교환원이 전화를 연결해주었던 때처럼 거대한 교환기에서 한 라인을 다른 라인에 꽂는 것처럼 느껴지지만, 이 기술도 인상적인 발전이다. 그러나 이 경우 컴퓨터의 대응은 인간의 다음 명령이나 행동을 받아들일 준비가 되었음을 알려주는 단순한 프롬프트로 버튼식 기술에 의해 작동하는 정도의 기술이다.

이제 콜센터의 컴퓨터는 인간이 말하는 내용을 이해할 뿐만 아니라 맥락도 이해할 수 있다. 더 나아가 이 컴퓨터는 자연 언어 생성 기술을 활용해 지적으로 느껴지면서 호감을 느낄 수 있는 방식으로

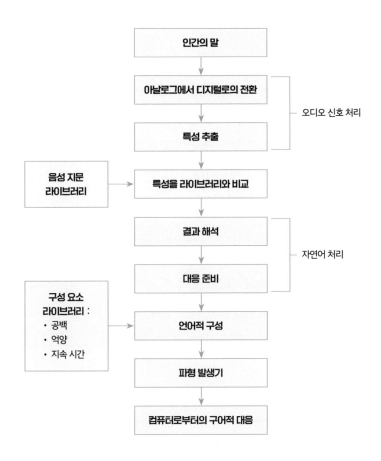

그림 5.2 | 자연어 처리 시스템이 인간과 컴퓨터의 대화를 매개하는 방법

반응하는 방법도 익히고 있다(그림 5.2). 이러한 컴퓨터는 "먼로" 같은
단어를 들을 때 이 말이 자동차 수리 및 타이어 판매사인 먼로를 뜻하
는지, 유명 배우 마릴린 먼로인지 어떻게 구분하는가? 음성 사용자 인
터페이스에서 이러한 동음이의어는 각각의 의미를 명확하게 인식하
기 위해 맥락에 대입되어야 한다. 대화 상대방이 대화의 맥락에서 타

이어를 말했는지, 배우를 말했는지 이해하는 것은 AI가 인간과의 대화 테스트를 통과하기 위해 매우 중요한 문제이다.

진정으로 인간과 관계를 맺을 수 있는 자연어 처리 시스템을 구축할 방법이 존재하지 않는다고 해도, 이를 연구하는 모든 이들은 **신경망**에 의존할 가능성이 크다. 신경망은 인간의 뇌가 작동하는 방식을 모사한 알고리즘이기 때문이다. MIT 연구원이 설명한 바와 같이 신경망은 "빽빽하게 상호 연결된 수천만, 심지어는 수백만에 달하는 단순한 처리 노드(인간 두뇌의 신경 세포 같은 개념으로 신경망을 구성하는 단위.―옮긴이)로 이루어져 있다. 대부분의 신경망은 노드로 이루어진 여러 층으로 구성되어 데이터가 오직 한 방향으로 이 층들을 통과해 이동하는 피드 포워드 방식을 택하고 있다. 개별 노드는 아래층에 있는 여러 노드와 연결되어 있을 수 있고 여기에서 데이터를 받아 그 위에 있는 층의 여러 노드에 데이터를 보낸다."[23] 신경망은 지속적으로 데이터를 보냄으로써 이미지를 인식하도록 훈련할 수 있는데, 이를 꾸준히 기록해서 결과를 판단한다. 이러한 기록은 그 자체로 보면 학습이라기보다는 기계적 과정이다.

자연어 처리와 관련한 또 다른 AI 용어로는 **딥러닝**이 있다. 딥러닝은《MIT 테크놀로지 리뷰》가 정의한 바와 같이 "뇌의 80%를 차지하며 사고가 일어나는 곳인 주름져 있는 두뇌 신피질의 뉴런 층에서 일어나는 활동을 흉내 내는 소프트웨어로 생각할 수 있다. 이 소프트웨어는 진정한 의미에서 사운드, 이미지, 기타 데이터의 디지털 표현에서 패턴을 인식하도록 학습한다."[24] 딥러닝에 대한 다른 정의에 의하면 "컴퓨터가 훈련 예제를 분석함으로써 어떤 임무 수행을 학습하

는 과정"으로 간단하게 묘사되기도 한다.[25]

　단일 신경망에 있는 얇은 층의 노드와 작동하는 대신, 복잡하게 작동하는 딥러닝의 특성은 데이터를 처리하는 노드 증가에 기반한다. 딥러닝에서 데이터는 더 이상 한 방향으로만 흐르지 않는다. 여러 번 반복해서 수없이 많은 예제를 처리하고, 기존 모델과 비교해 새로운 데이터를 실험하고, 각 단계를 지날 때마다 모델을 개선하면서 스스로 가르치고 배운다. 딥러닝은 데이터를, 그것도 많은 데이터를, 그것도 이왕이면 정규화된 데이터 그리고 데이터 안에 숨은 중요한 연관성, 관계, 패턴 구성을 더욱 어렵게 만드는 폐쇄적인 데이터가 아닌, 자유로운 데이터를 요구한다.

　연구자들은 신경망을 다층적으로 쌓음으로써 (혹은 신경망들이 서로 데이터를 제공하고 서로를 통해 학습하는 방식으로 연결됨으로써) 심지어 메모리 네트워크를 구축해 기계가 사람의 방식과 동일하게 장기 기억을 만들어내도록 했다.[26] 이는 소위 강화 학습(현재 상태를 파악한 후 보상이 최대화되는 결정이 무엇인지 학습하는 것.—옮긴이)으로 이어지는데, 이러한 학습을 통해 우리가 3장에서 다루었던 게임에서 본 것과 같이 실시간 피드백에 기초해 진화한다. 바둑 같은 복잡한 대결에서 인간을 꺾을 수 있었던 것도 심층 강화 학습 덕분에 가능했다.[27]

　인간의 뇌처럼 딥러닝도 전형적인 인간의 대화를 구성하는 무수히 많은 정보 조각을 처리할 수 있다. AI에게 자연어 처리 기술을 훈련시킬 때는 다음과 같은 순서로 진행된다.

1. 인간이 기계에게 무언가를 말한다.

2. 기계는 음성 입력값을 인식한다.

3. 음성 입력값을 텍스트로 전환한다.

4. 텍스트를 분석하고 반응에 적합한 데이터로 처리한다.

5. 처리한 데이터를 음성 반응으로 전환한다.

6. 기계가 인간에게 음성으로 반응한다. [28]

간단해 보이는가? 실상은 전혀 그렇지 않다. 인간이 시선이나 몸 짓 등을 통해 상대에게 보내는 비 언어적 신호는 물론이고 인간 언어에 담겨 있는 복잡성과 여러 가지 미묘한 차이를 생각해보자. 맥락이나 문화적 신호의 미묘함까지 포함하면 무척 복잡한 문제가 된다. 하지만 AI와 음성 사용자 인터페이스를 완벽하게 실현하는 것에 엄청난 잠재력이 있기에 연구자들은 이 미스터리를 밝히기 위해 신경망과 딥러닝에 모든 에너지를 투자하고 있다.

이를 위한 발판으로 텍스트를 인식하고 처리하기 위한 향상된 기능을 생각해보자. 단기적으로 보면 성과를 거둔 영역 중 하나는 자동 교정으로, 마이크로소프트의 워드 같은 프로그램이 오탈자나 문법을 교정하기도 한다. 지난 10여 년 간 엄청난 개선이 진행되었지만, 지금도 여전히 더 학습해야 할 부분이 존재한다. 자동 교정 기능이 오류를 일으킬 때의 고통을 여러분도 경험했을 것이다. 특히 중요한 문서나 급하게 이메일을 작성할 때 더욱 그렇다.

엘모 ELMo, embeddings form language models 처럼 새로 개발된 시스템이 SAT 수준의 독해 문제에 답을 할 수 있을 정도로 성공적인 학습을 함에 따라 초기 시스템을 돌아보고 비웃을지도 모른다.[29] 엘모는 그저 단어에 집중하기보다 문맥을 이해하고 심지어는 전체 문장 내에 서려 있는 정서를 이해하는 방법을 배운다. 이러한 획기적인 시스템은 연구자들에게 전적으로 새로운 기회의 세계를 열어주고 있다. 이는 AI가 인간과의 실시간 문자 대화처럼 분류되어 있지 않은, 또는 체계가 없는 인간의 텍스트를 신속하게 처리하는 법을 배울 수 있다는 것을 의미하기 때문이다.

학습 시간이 오래 걸린다는 한계가 존재하지만, 많은 기업은 고객의 성가신 질문과 불만을 직접 마주하는 안내 데스크나 콜센터에 인력을 배치하는 것 같은 문제를 해결하고자 기계를 활용하고 있다. 앞에서 소개한 유진이 채팅을 하면서 재빨리 맥락을 파악할 수 있었던 것과 같이 오늘날 고객 서비스 봇은 사람들이 계획한 행동을 하도록 설득하는 과정에서 봇을 사람이라고 느끼게끔 하는 수준까지 이르렀다.

몇 분 정도 웹 사이트에 머무르면 방긋 웃는 사진과 함께 "도와드릴 것이 있을까요?"라고 묻는 작은 채팅창이 나타나는 것을 보게 되기도 한다. 우리가 "그 장난감 기차가 빨간색도 있나요?" 같은 질문을 하면 "어쩌면요. 확인해볼게요" 같은 반응을 보게 될 수도 있는데 이러한 반응은 상호 작용을 하는 상대방이 사람인지, 로봇인지는 그다지 중요한 요소가 되지 않을 것이다.

기업은 챗봇을 도입해 비용도 절감할 수 있다. 알려진 바에 따르면 최대 40%까지 절감할 수 있다고 한다. 비용 절감만큼 중요한 것은, 어떤 고객은 직원과 상담하는 것보다 자동 메시지 시스템을 더 선호한다는 점이다.[30] 이는 유명한 AI인 왓슨의 대화 기능에 기반한 '라이브인게이지'라는 자체 서비스를 제공하는 IBM의 연구 결과에 따른 것이다. 또한 IBM은 인간과 실시간으로 논쟁을 벌일 수 있는 프로젝트 디베이터라는 새로운 AI 프로젝트를 시작하기도 했는데 이 기능은 아직 초기 상태인 것으로 보인다.[31]

다른 연구도 상당수의 사람들이 점점 더 기계를 직접 상대하는 것을 꺼려하지 않는다는 사실을 뒷받침한다. 2017년, 비즈니스 리서치, 마케팅 연구 기업인 포레스터 리서치가 4,500명을 대상으로 실시한 조사에 의하면 성인 중 36% 정도는 인간과 이야기하는 것보다 봇을 비롯한 디지털 고객 서비스 사용을 선호한다고 답했다.[32]

보험사 프로그레시브는 자신들의 별난 챗봇인 플로가 사용하는 유머를 활용해 한 발 더 나아갔다. 플로의 역할은 배우이자 코미디언 스테파니 코트니가 담당한다.[33] 플로의 페이스북 계정은 팔로워가 500만 명 정도로 보험사 계정에 좋아요를 클릭한 50만여 명과 비교된다. 페이스북 메신저로 플로와 상호 작용을 하고 있다고 생각하는 팬은 자신도 모르게 보험을 판매하려는 목적을 가진 기계와 채팅을 하고 있던 것이다. 이러한 활동에서 보이지 않는 브랜드가 작동하는 것이다.

금융사 캐피털 원은 소프트웨어 엔지니어들을 고용해 재미있기도 하면서 이해심도 갖춘 이노라는 중성적인 봇을 만들기 위해 디즈니의 자회사 픽사와 협력했다. 이노는 고객과 대화형으로 채팅을 하면서 잔고를 안내하는 등 고객을 위한 업무도 수행한다. 이노에게 어디에 사는지 묻는다면 이노는 이렇게 대답할 것이다. "저는 인터넷에 살아요. 고양이 사진이 엄청 많아서 얼마나 좋은지 몰라요."

캐피털 원의 최고 재무 책임자는 이노와 같은 봇을 개발한 목적은 은행 업무를 '더욱 인간적'으로 만들기 위함이라고 했다.[34] 이들이 말하는 '인간적'이라는 것은 '자동화되었으되 고객이 알아채지 못하는' 것을 의미하는 것으로 보인다.

AI로 작동하는 자동화에 대한 고객의 점차적인 수용과 AI가 가진 설득하는 힘은 점점 더 많은 기업이 기계 학습, 자연어 처리, 기타 AI 기술을 혁신적인 방식으로 활용하는 방법을 찾도록 부추기고 있다.

2010년 설립된 내러티브 사이언스라는 기업은 퀼이라는 AI를 개발했다. 퀼은 자신에게 제공된 사실을 바탕으로 글을 쓰는 능력을 가지고 있다. 퀼은 야구 경기 중 각 팀 선수가 한 일을 기록한 박스 스코어에 기반해 이야기를 만드는 스태츠몽키 프로젝트로 첫 발을 내디뎠다.[35] 박스 스코어에 기록된 숫자를 인식하고 해석한 후 수천 건에 달하는 타 경기에서 추출한 유사 결과가 저장된 데이터베이스와 비교해 피곤한 스포츠 기자가 황급하게 소재를 모아서 쓸 수 있는 글과 유사한 이야기를 만들어낼 수 있다.[36] 중요한 것은, 야구가 매우 예측 가능한 스포츠이고, 일반적으로 경기에서 일어나는 일은 언젠가 한 번쯤 일어났던 일이라는 점이다. 야구는 미식 축구처럼 터치다운으로 끝나거나 아카데미 시상식처럼 끝나지 않아 좀 더 정형화된 결과물을 만들 수 있다. '놀랍다' 같은 표현을 대체할 단어는 그리 많지 않다. 경기가 진행되는 동안 선수의 이름과 이들이 거둔 타점에 따라 퀼이 적당한 수준에서 이러한 말을 사용한다면 기자가 작성한 경기 하이라이트와 유사한 기사를 만들 수 있다.

최근에는 주식 시장의 변동에 대한 이야기를 생성하고, 각 뮤추얼 펀드가 보유한 자산의 실적을 분석하는 연말 보고서를 작성하기 위해 유사한 방식으로 퀼을 활용했다. 다시 말하지만, 이러한 업무는 어느 정도 예측 가능하고, 쉽게 자동화할 수 있다.[37] 인간에게는 지루하고 시간이 많이 소모되는 일이 이제는 짧은 시간 안에, 정확하게 끝날 수 있다.[38]

지금 우리는 자연어 처리가 단순히 문자를 넘어서 음성 인식의 세계로 확장되고 있는 것을 목격하고 있다. 앞에서 시리와 알렉사를 언급한 바 있다. 디지털 개인 비서 서비스는 이제 인간의 말을 점점 더 잘 이해하고 흉내 낸다. 그럼에도 불구하고 그 이면에 존재하는 맥락을 정확하게 해석할 수 있는 기술은 여전히 몇 년 후에나 가능할 것이다. 이것에 딱 맞는 사례가 있다. 시애틀에 거주하는 한 커플은 그들이 나눈 대화를 아마존 에코가 녹음하고, 저장된 연락처의 이메일로 보냈다는 사실을 알고는 충격을 받았다.[39]

다행히 이 커플은 나무로 된 집의 바닥을 교체하는 것에 대해 이야기를 나누었다고 한다. 에코를 통해 무슨 일이 일어났는지 알려준 동료의 전화를 받은 후 그 커플은 집에 설치했던 여러 대의 에코 기기의 플러그를 서둘러 뽑았다.

이러한 사건이 발생한 이후 기계를 추궁한다고 상상해보자. "알렉사, 왜 우리 대화를 녹음했어? 대체 무슨 생각이었어?"

아마존의 조사 결과에 따르면 그 기기는 커플이 대화를 나누자 활성화되었는데, 당시 그들은 다른 방에서 대화를 나누고 있었다. 그 기기는 주변 소음 제거 기능은 물론이고 7개의 마이크도 설치되어 있어 누군가가 "알렉사"라고 말하면 활성화되도록 설정되어 있었다. 그렇게 활성화된 에코는 일련의 요구 사항을 들었다고 생각했고 "누구에게 보낼까요?"라고 물었을 때 우연히 듣게 된 이름을 대답이라고 판단했다. "우리 대화를 녹음해서 연락처에 있는 사람에게 보내줘"가 실행될 줄을 누가 알았겠는가?

이와 비슷하게 스마트 기기가 작동한 유사한 사례들이 더 있다. 어느 여섯 살짜리 여자아이는 쿠키와 인형의 집에 대해 알렉사와 대화를 나누었다. 얼마 뒤, 170달러에 달하는 인형의 집이 여자아이의 집으로 배송되었다. 알렉사는 당시 나누었던 대화를 구매 요청이라고 잘못 해석한 것이다.[40]

이 외에도 알렉사가 자신의 이름을 언급한 라디오나 TV의 소리를 듣고는 활성화된 경우도 있었다.[41] 나는 "알렉사, 코카콜라 한 박스 주문해서 내일까지 도착하게 해줘"라는 대사가 등장하는 TV 광고를 기대하고 있다. 이 광고를 수많은 에코가 듣게 된다면 코카콜라는 분명 큰돈을 벌게 될 것이다.

구글 역시 사실적인 인간의 언어 패턴을 흉내 내는 법을 AI에게 가르치기 위해 한계에 도전해왔다. 2018년 5월, 구글은 인간과 상호작용하는 동안 "아…", "음…"과 같이 언어학자들이 '비유창성'이라고 부르는 전형적인 감탄사를 구사할 수 있는 AI 디지털 개인 비서인 듀플렉스를 내놓았다.[42] 이러한 특성으로 인해 여전히 로봇 같은 억양을 가지고 있는 알렉사나 시리보다 듀플렉스가 말을 하면 놀라울 정도로 인간이 말하는 것에 가깝게 들린다. 듀플렉스 시연 장면은 유튜브에서도 찾을 수 있는데 영상에서 듀플렉스는 미용실 예약을 하기 위해 전화를 한다. 대화는 다음과 같이 이어진다.

듀플렉스: 안녕하세요. 예약을 잡고 싶어서 전화했어요. 음, 5월 3일에 가능한 시간이 있을까요?

접수 담당자: 물론이죠. 잠깐만 기다려주세요.

듀플렉스: 아, 네네.[43]

이 대화 후 듀플렉스는 정오로 예약을 요청하지만, 접수 담당자는 그 시간이 안 된다고 말했다. 듀플렉스가 아주 잠깐 뜸을 들인 후 오전 10시와 정오 사이는 가능한지를 묻자 접수 담당자는 고객이 어떤 서비스를 원하는지에 따라 달라진다고 답했다. 듀플렉스는 여성들이 하는 일반적인 컷을 원한다고 답했다. 그러자 접수 담당자는 오전 10시가 비어 있다고 답했다. 듀플렉스는 "10시, 좋아요"라고 말했고 고객의 이름이 '리사'라고 알려준 후 감사 인사를 하고 전화를 마무리했다. 이 시연이 끝났을 때 청중의 폭발적인 박수가 쏟아졌다. 전후 상황을 모른다면 두 사람 사이에 일어난 일이라고 충분히 생각할 수 있을 정도로 엄청나게 인상적이었다. 이는 동시에 나도 모르는 사이 컴퓨터가 대화를 할 수 있다는 뜻으로 사실 골치 아픈 의미를 내포하고 있다.[44]

구글은 이러한 우려에 대한 피드백을 받은 후 듀플렉스가 이용자를 대신해 기계가 전화한 것임을 알리는 기능을 추가했다. 듀플렉스의 기능을 계속 개선하기 위해 여러 기업과 협력을 시작하기도 했다. 예를 들어 구글의 테스트 웹 사이트 중 하나는 듀플렉스를 전화 응대와 예약을 접수하는 역할로 활용한다. 소문에 의하면 듀플렉스는 통화 중 기다려달라는 요청에 어떻게 반응하는지 시험대에 올랐을 때, 또는 전화를 한 사람이 예약의 세부 사항을 변경하면서 실수를 유도할 때도 감탄스러울 정도로 인간이 말하는 것처럼 반응했다고 한다. 심지어 전화를 건 사람이 기계와 통화 중이라는 것을 알았을 때도 그랬다.[45] 이 사례는 기대와 동시에 어느 정도의 두려움도 함께 만들어내는 인간과 기계의 커뮤니케이션에 있어 일종의 획기적인 사건이다. 또한 보이지 않는 브랜드를 위한 새로운 기회의 영역이 떠오르고 있음을 말해주기도 한다.

보이스 커머스의 시대

우리는 AI가 점점 더 의인화되고, 특히 말하기 영역에서 인간과 비슷해지는 것을 목격하고 있다. 그렇다면 이것이 마케팅 영역에 의미하는 것은 무엇인가? 간단히 말하면 모든 것을 의미한다. 이제 우리는 **마케팅 자동화**라고 부를 수 있는 것의 정점에 서 있다. 마케팅 자동화는 이메일 발송이나 기념일 축하 메시지, 심지어는 잠재 고객을 위한 텔레마케팅까지 전반적인 마케팅 행위에 대한 구성 세트를 미리 프로그래밍하는 것으로 정의할 수 있다.

마케팅 자동화를 고객이 제품을 구매하기까지의 과정에서 설득하도록 설계된 일련의 흐름으로 생각해보자. 예를 들어 어떤 고객이 광고에 세 번 노출된 후 웹 사이트를 방문했을 때 그 고객에게 안내 이메일을 보낼 수 있다. 일정 시간이 지나도 회신을 하지 않는다면 이메일 확인 요청 메시지를 보내고 우편으로 엽서도 발송할 수 있다. 마케팅 자동화 시스템은 이 모든 것을 자동으로 실행한다.

이 소비자가 인간과 상호 작용을 하고 있다고 생각한다면 이 모든 과정이 어떻게 전개될지 한번 생각해보자. 자연어를 효율적으로 사용하는 마케팅 자동화 시스템이 고객에 대한 정보, 의도한 행동을 유도할 가능성이 가장 큰 전략을 바탕으로 상호 작용을 개인화할 수도 있다. 미래의 마케팅 자동화는 다양한 상황을 단계별로 상정하는 대신, 구매와 전환이라는 형태의 피드백을 통해 학습하고 실험하고 개선한다. 컴퓨터에게 피자 주문량을 늘릴 수 있는 방법을 찾아내라고 명령하는 것은 현재로서는 쉽지 않은 일이지만, 언젠가는 가능하게 될 것이다.

우리는 컴퓨터와 대화를 하기 시작했다. 이 단순한 사실 하나가 마케팅의 법칙을 영원히 바꿀 것이다.

우리는 그 유명한 제록스 파크 연구소에서 고안되어 지난 수십 년 동안 마이크로소프트나 애플 같은 기업에 의해 완벽하게 다듬어진 GUI로 컴퓨터와 상호 작용하는 데 익숙해졌다. 이것은 만족스럽지 못했던 구식 명령어 인터페이스, 심지어 가장 초기 컴퓨터 시대를 나타내는 코딩 카드와 비교하면 놀라운 발전이다.

이제 우리는 알렉사를 구동하는 기술 덕분에 음성 인식 인터페이스를 사용해 컴퓨터와의 관계를 더욱 심오하고 복잡하게 발전시키려는 지점에 서 있다. 이러한 것은 GUI로는 결코 할 수 없던 일이다.

휴대 전화에 설치된 구글 앱을 이용해 토요일 저녁에 방문하려는 레스토랑으로 가는 길을 찾아보는 것과 길을 가는 동안 실시간으로 대화를 나누며 길을 안내하는 구글 앱을 갖는다는 것은 꽤 다른 경험이 될 것이다. 이제 사람처럼 말하며 아이들에게 잠자리에서 책을 읽어주고 숙제도 도와주는 AI를 가지게 된다면 어떨 것 같은지 한번 생각해보자.

우리 선조들은 문자보다 말을 통해 서로 소통하는 방법을 먼저 터득했을 것이다. 말은 인간의 유전자에 뿌리 내려 있다. 생각과 아이디어를 다른 사람과 나누기 위해 언어를 사용하는 인간의 능력은 '하나의 종으로서 우리는 누구인가?'라는 근본적인 질문의 답에 다가가도록 한다. 다른 동물도 소리를 통해 소통한다는 것은 분명한 사실로 확인되었다. 쉽게 잊기 힘든 고래의 소리를 실제로 들어본 사람이라면 그 소리에 인간이 아직 해석하지 못한 심오한 의미가 숨겨져 있을 것이라고 생각할 것이다. 인간의 음성은 인간이 공통으로 지닌 음운의 폭을 만들기 위해 입술, 혀, 성대의 독특한 배열에 의해 만들어진다. 다행히 인간은 한정된 음성 세트를 생리적 한계를 극복하도록 무한하게 많은 패턴, 단어, 문장으로 결합하는 방법을 터득했다.

문자 같은 기호 언어는 말을 하는 종에게 있어서 엄청난 진전이었다. 쓴다는 것은 누군가의 목소리가 닿는 범위를 훨씬 넘어서서 의미 전달을 위해 저장될 수 있고, 먼 거리로도 보낼 수 있으며, 심지어 시간도 초월할 수 있기 때문이다. 인간은 쓰기와 함께 수백, 심지어는 수백만의 사람들에게 목소리를 증폭시켜 전달할 수 있는 인쇄술을 통해 음성 언어를 확장시켰다. 문자 언어에 대한 인간의 경험은 우리 안에 깊이 뿌리 내려 있기 때문에 시각 요소를 사용한 소통법이 음성을 사용한 소통법에 밀려 사라지는 세계를 좀처럼 상상하기 힘들다.

영구적으로 정보를 저장하고 누구에게나 이를 전달하고 요청이 있을 때 검색할 수 있는 AI는 쓰기가 해결해야 했던 문제 중 일부를 해소한다. GUI가 컴퓨터와 인간의 관계에 있어 중요한 진전이었다면, VUI는 그 가능성을 지속해서 재해석할 것이 명백하다.

소프트웨어 기업가 제이슨 에이먼와는 〈음성 UX : 보이지 않는 인터페이스〉라는 제목의 블로그 포스팅에서 "세계 인구의 거의 1/3 이 호주머니 속에 슈퍼컴퓨터와 연결된 마이크를 지니고 다니는 이 시대에 음성을 입력 방식으로 사용할 준비가 되어 있는 거대한 무리의 사람들을 쉽게 상상해볼 수 있다"라고 했다.[46] 하지만 VUI를 개발하는 것은 엔지니어에게 새로운 과제이다.

디자이너는 웹 페이지의 여러 요소로 이용자를 조종해 다양한 옵션을 보도록 한다. 예를 들면 이제는 흔하게 볼 수 있는 '여기를 클릭' 같은 버튼형 하이퍼링크를 통해 다른 웹 페이지로 이동하게 할 수도 있다. 이용자가 GUI 세계에서 길을 잃지 않도록 하는 설계 분야가 있다. 그러나 사람들이 각자 자신의 목소리로 컴퓨터를 제어하는 미래의 UI 시대에는 디자이너라면 이용자가 상호 작용하기를 원하는 여러 가지 방식을 충분히 고려해야 할 것이다. 에이먼와는 한 예로 이용자가 '삭제' 명령을 내리는 것이 마이크로소프트의 워드 문서를 수정하는지 혹은 페이스북 프로필을 수정하는지에 따라 얼마나 어마어마하고 잠재적으로 대단히 충격적 효과를 가져올 수 있는지 언급했다. 뉴스레터 구독 같은 간단한 지시에서도 UI가 무수히 많은 명령어를 처리해야 한다는 것을 의미할 수 있다. "뉴스레터를 구독하고 싶어요", "이 블로그의 새 소식을 받아볼게요", "이것에 대해 업데이트된 정보를 수신하겠습니다" 같은 표현은 모두 동일한 행동을 수행하라는 지시이다. 에이먼와는 이렇게 표현했다. "동일한 의도도 목소리로는 셀 수 없이 다양하게 표현할 수 있다. 이는 UX 디자이너가 이용자로부터 적절한 반응을 끌어내기 위해 올바른 질문을 했는지 반드시 확실하게 확인해야 한다는 것을 의미한다."

또 한 가지 흥미로운 것은 음성 자체가 이용자와의 연결에 도움을 줄 수 있다는 개념인데, 브랜드와 관련해서는 더욱 그렇다. 우리는 공감을 잘하는 종으로 의인화된 음성은 기계와의 공감대를 더욱 넓혀준다. 소비자가 어떤 브랜드의 웹 사이트를 방문하면 그 브랜드는 웹 페이지를 통해 상호 작용할 수 있는 이미지를 통해 브랜드의 메시지를 전달하고자 한다. 이제 브랜드의 메시지를 전달하는 것은 UI의 음성이 될 것이다. 이것이 의미하는 바는, UI를 설계하는 문제에 관한 한 성별, 나이에서부터 톤, 억양에 이르기까지 음성과 관련한 모든 것이 검토해야 할 중요 요소가 된다는 뜻이다. 유행을 선도하는 버진 항공사 브랜드의 음성은《월스트리트저널》이나 심지어는 디즈니와 어떻게 달라야 할지 상상할 수 있다. 브랜드의 목표는 잠재 고객을 적극적으로 참여시키고 행동할 수 있도록 설득하는 요소를 적절하게 혼합하는 방법을 찾는 것이 될 것이다. 설상가상으로 마케터는 이용자에 따라 브랜드 음성을 개인 맞춤형으로 제공해 바꿀 것인지도 고려해야 한다. 브랜드 AI는 이용자의 지역 억양 또는 성별과 일치해야 하는가? 이는 마케터가 어떤 접근법을 선택하는 것이 원하는 결과를 만들어낼 수 있는지 파악하는 데 학습 알고리즘이 도움을 줄 수 있다.

VUI가 주는 도전은 GUI와는 매우 다르다. 이렇게 생각해보자. 시각적 UI가 없다면 어떻게 이용자에게 VUI가 옵션을 제공할 수 있 겠는가? GUI라면 시각적으로 훑어본 후 클릭할 수 있는 검색 결과 리 스트가 제시되겠지만, VUI에서는 검색 결과가 몇 가지로 압축되어야 한다. 많은 사람은 누군가(혹은 사물이) 고려할 만한 옵션의 전체 리스 트를 끝없이 읽어내려가는 것을 가만히 듣고 있을 만큼의 인내심이 없기 때문이다. 이때 필요한 것은 이용자가 진정으로 원하는 것을 UI 가 충분히 학습해 하나 또는 두 개 정도의 최상 옵션으로 유도하는 것 이다. 우리가 다른 사람과 대화할 때 하는 것처럼 말이다. 만약 근처에 있는 분위기 좋은 레스토랑을 찾는다면 UI는 두어 가지 질문을 할 것 이다. "어떤 종류의 음식을 생각하세요?" 또는 "얼마나 멀리까지 운전 해서 갈 수 있나요?" 같은 질문을 통해 선택지를 좁힌다. UI는 제시할 선택지를 좀 더 간소하게 만들기 위해 과거 결정이나 선호에 관한 데 이터베이스를 확인할 수도 있다. 그러면 UI는 이용자에게 신속하게 영향을 줄 수 있는 방식으로, 과거에 이용자를 설득하는 데 도움이 된 방식으로 목소리의 톤을 바꾼다.

이는 엄청난 시사점을 가지고 있다. UI가 제시하는 질문의 의도 나 궁극적으로 설득하려는 목표가 무엇인지 이용자가 제대로 이해하 지 못한다면 더욱 그렇다. 무대 뒤에서 작동하는 보이지 않는 브랜드 는 우리가 취할 수 있는 다른 대안이 존재한다는 사실도 숨긴 채 특정 한 반응을 보이도록 조종할 것이다. 이것은 근본적으로 새로운 마케 팅 시대의 벼랑 끝에 우리를 세워 놓은 꼴이다.

의인화된 AI 음성의 힘은 심리 공학과 관련해 심오한 시사점을 가지고 있다.

나는 젊은 시절에 교환 학생으로 그리스에서 여름을 보낸 적이 있다. 그곳에서 아주 오래된 섬을 여행하는 것은 색다른 경험이었다. 델포이의 폐허가 된 아폴로 신전을 방문했던 날, 그 신전에서 신의 뜻을 전하고 신의 의도를 해석하는 일을 담당했던 가장 높은 사제에 대해 알게 되었다. 그때 나는 나 자신에게 이렇게 물었다. "현대를 사는 우리는 누구에게 신의 목소리를 구할 것인가?" 지금에 와서야 그 답을 알게 되었다고 생각한다.

그 옛날 사제를 통해 신의 목소리가 전해진 것처럼, 미래의 브랜드는 자신만의 말을 가지고 자연어 처리를 통해 각각의 소비자와 이야기를 나눌 것이다. 우리는 컴퓨터에게 말을 걸고, 컴퓨터가 우리에게 대답하는 시대에 접어들면서 그러한 말은 삶의 일부가 될 것이다. 자연어로 필터링된 보이지 않는 브랜드는 소비자에게 직접 말을 할 뿐만 아니라, 소비자에게서 정보를 수집해 개인화된 마케팅이라는 끝없이 반복되는 과정에서 새로운 데이터를 수확할 것이다. 사람들이 컴퓨터와 점점 더 깊은 관계를 이어감에 따라 그러한 목소리는 개인적인 차원에서 딱 맞춰진 설득의 과학과 모든 데이터로 무장되어 있기 때문에 우리를 설득하고 영향을 끼칠 기회도 생길 것이다. 소비자는 브랜드가 전하는 말을 통해 개인적인 관계를 맺게 될 것이다.

이제 브랜드는 사람들이 음성을 활용한 심리 공학과 상호 작용하는 미래가 어떤 모습일지, 그러한 관계가 사람들의 의사 결정에 어떤 영향을 미칠지 고려해야 한다. 보이스 커머스의 시대가 도래한 것이다.

마케팅 전문가는 음성 주도의 시장에서 자신의 생각을 전달할 디지털 사제를 개발해야 한다.

우리는 구글, 애플, 아마존 모두 음성 기반의 대변인을 가지고 있다는 것을 경험으로 잘 알고 있다. 이들은 이미 우리 삶에 심리 공학을 깊이 심어 놓는 목표를 거의 달성했다. 이들은 자신들의 디지털 사제를 점점 더 인간처럼 만들기 위해 노력하고 있고, 더 나은 검색 결과와 발전된 대응 능력을 갖추고 있다.

규모가 작은 브랜드는 대부분 검색 엔진 최적화 관점에서 전략을 세우는데, 음성 검색 최적화는 대부분의 마케터가 아직 정복하지 못한 신대륙이라고 할 수 있다. 음성 기반의 검색은 브랜드와 소비자 모두에게 새로운 과제를 안겨주고 있다. GUI를 활용한 텍스트 기반의 검색을 위해 지금까지 우리가 배운 규칙은 적용되지 않을 것이다.

VUI는 심리 공학에 인간 같은 매력을 부여한다. 기계를 통해 이용자에게 말을 거는 자연어 처리 기술의 의인화된 특성이 개인 맞춤형 정보, 설득의 과학, 학습 능력과 결합할 때 엄청나게 강력해질 것이다. 보이지 않는 브랜드의 설득력은 음성의 힘에 의해 소비자와 깊은 정서적 수준에서 관계를 맺을 때 상당히 강력해질 것이다. GUI에서 학습한 마케팅 법칙은 재고될 필요가 있으며, VUI의 시대에 맞는 새로운 법칙이 새롭게 쓰여야 한다.

요약

앨런 튜링이 처음으로 기계도 생각할 수 있는지 실험하는 방법을 제안했을 때만 해도 궁극에는 사람이 기계와 일상적으로 대화할 것이라고 상상하기는 어려웠을 것이다. 그것도 대화 상대가 기계라는 사실조차 인식하지 못한 채 말이다. 이는 수 대에 걸쳐 공상 과학 소설 작가에게만 쓸모가 있었던 주제였지만, 이제 기계는 무서울 정도로 인간의 말을 인식하고, 구성하며, 인간처럼 목소리를 낼 수 있는 능력까지 갖추고 있다. 우리는 지난 10여 년 동안 자연어 처리에서 일련의 깜짝 놀랄 만한 발전을 목격했다.

어떤 브랜드는 소비자와 더욱 효과적으로 연결되고, 깊은 관계를 구축하기 위해 AI를 활용할 방법을 점점 더 찾게 됨에 여러 기능이 이미 실용화되기 시작했다. 이제 우리는 텍스트나 음성을 통해 받는 많은 정보가 알고리즘에 의해 배열되는 시대에 들어섰다. 알고리즘이 구사하는 음성이 점점 더 인간과 유사해지면서 설득력도 더 갖추게 되었다. 심리 공학의 힘은 우리가 AI와 대화할 때 크게 향상된다. 이제는 심리 공학이 어떻게 적극적으로 마케팅과 미디어의 모습을 바꾸고 있는지 살펴볼 시간이다.

PART 2

통합

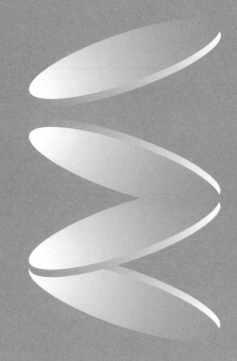

6

심리 공학과 마케팅 전략

AI의 출현으로 마케팅과 광고는 이전과 전혀 다른 모습이 될 것이다. 《뉴스테이츠맨》에 실린 한 도발적인 글에는 다음과 같이 표현되어 있다. "한때는 창조적 산업이었던 광고 분야는 이제 알고리즘에 의존하는 데이터 주도적 비즈니스가 되었다."[1] 이 문장에는 많은 진리가 담겨 있다. 앞에서 우리는 빅데이터 수집과 AI의 알고리즘 파워가 결합될 때 마케팅과 광고 세계에 얼마나 극적인 영향을 미치게 될 것인지에 대해 상세하게 논의한 바 있다. 나는 개인 맞춤형 정보, 설득의 과학, 자연어 처리가 이러한 혁신들과 통합될 것이라고 주장했고, 심리 공학이라고 명명한 이러한 통합이 우리의 삶에 중요한 영향을 미치게 될 것이라고도 했다.

이러한 통합에서 우리는 마케터가 데이터를 통합하고, 캠페인을 최적화하며, 통찰력을 얻는 데 AI가 어떤 도움을 줄 수 있는지 설명할 필요가 있다. 다시 말해 AI는 브랜드 인지도를 구축하고 구매 결정을 독려하는 것에서부터 기존 고객의 이탈 방지와 더 나아가 강력한 팬

덤으로 전환시키는 것에 이르기까지 고객 여정의 모든 단계에 줄곧 새로운 역량을 부여한다.

넷플릭스가 영화 추천 알고리즘에서 데이터를 어떻게 활용하는지 한번 생각해 보자. 한 보고서는 추천을 제대로 하는 것이 고객의 이탈을 감소시키는 데 도움을 주어 새로운 고객을 확보하는 데 소비할 수도 있었던 예산을 매년 10억 달러의 이상 절약해준다고 한다.[2] 추천 엔진은 이용자가 대체로 감지할 수 없는 일종의 타깃 중심, 데이터 주도, 개인 맞춤형 광고를 제시한다.

마케터가 핵심적으로 이해해야 하는 것은, AI가 소비자들이 온라인에서 선택할 수 있는 어지러울 정도로 많은 선택지를 탐색하는 데 기본적으로 사용하는 필수 요소가 되고 있다는 점이다. 이는 알렉사 같은 음성 기반 디지털 개인 비서에 관해서는 더욱 그렇다. 소비자는 어떤 브랜드의 상품을 구매할지 결정하기 위해 이러한 개인 비서에게 점점 더 의존하게 될 것이다. 아이비 비즈니스 스쿨의 니라지 다와르 교수가 《하버드 비즈니스 리뷰》에서도 언급했듯, "소비자의 충성은 신뢰할 수 있는 브랜드에서 신뢰할 수 있는 개인 비서로 옮겨갈 것이다."[3]

여기에 걸린 판돈은 엄청난 규모이다. 디지털 개인 비서가 소비자를 조종해 몰고 갈 수 있는 다양한 제품을 제공하는 브랜드에게는 특히 더 그러한데, 다와르는 이를 '범위의 경제'(제품 생산에 필요한 요소를 두 분야 이상에서 공동으로 활용해 얻게 되는 경제적 효과.—옮긴이)라고 불렀다. 사람들이 디지털 개인 비서를 더욱 신뢰할수록 디지털 개인 비서는 이들을 브랜드로 끌고 가는 데 있어 더욱 설득력을 가질 수 있다.

이것은 보이지 않는 브랜드가 작동하는 주요한 예이다.

　이처럼 다가오는 판도의 대변환에서 살아남기 위해 브랜드는 고객과의 직접적 관계를 구축하려 노력하는 데서 디지털 개인 비서와의 태도를 최적화하는 것으로 재설정해야 할 것이다. 브랜드는 근본적으로 소비자를 끌어들이는 것을 목표로 하는 풀 마케팅(모델 선발 대회를 개최하는 등 광고와 홍보에 고객을 참여시키는 마케팅 활동. TV나 신문에 집행하는 광고, 쇼윈도 전시 등은 이와 반대되는 푸쉬 마케팅에 해당한다. ―옮긴이) 전략에서 AI의 알고리즘에 호소하도록 설계된 적극적인 전술로 바뀌어야 할 것이다. 광고주가 인터넷에서 두각을 나타내기 위해 검색 엔진 최적화의 비밀과 효율적인 광고 집행에 대해 배워야 했던 것과 동일하게 이제는 디지털 소통의 세계에서 길을 잃지 않도록 음성 검색 최적화의 미묘한 의미를 배울 필요가 있다. 다와르가 적었듯 "브랜드는 상품을 선택하고 추천하는 알고리즘 플랫폼을 어떻게 활용해야 하는지 이해하는 데 적극적으로 투자해야 한다. 여기에는 알고리즘이 개별 소비자에게 여러 브랜드의 가중치를 어떻게 부여하는지에 대한 것도 포함된다."

　보이지 않는 브랜드는 개인 맞춤형 정보와 설득의 방정식에서부터 알고리즘과 자연어 처리를 학습하는 것까지 모든 요소가 통합되어 전혀 새로운 방식으로 소비자와 연결되고, 행동하도록 설득할 때 엄청난 영향을 미칠 것이다. 보이지 않는 브랜드는 심리 공학을 마케팅에 적용한다. 이미 마케팅은 급격한 변화를 겪고 있다. 지금부터는 미래에 어떤 일들이 일어날지 정보에 전망을 덧붙여 예측하고, 현재 실제로 일어나고 있는 변화와 관련한 주요 사례도 살펴볼 것이다.

마이크로 타깃팅

리서치 및 여론 조사 기업인 닐슨 컴퍼니가 페이스북과 계약을 체결했다는 것을 알았을 때 나는 노스캐롤라이나주에 위치한 방송국에서 일하고 있었다. 닐슨은 자신들의 광고에 추적 태그를 추가해 그렇게 수집된 데이터를 페이스북에 전달하기 시작했다.[4] 페이스북은 이에 대한 보상으로 추적 태그를 모니터한 후 분석 결과를 다시 닐슨에 전달해 누가 그 광고에 노출되었는지 알 수 있도록 했다. 이것이 데이터 연결이 작동하는 한 방식이다.[5]

우리는 사람들의 일거수일투족을 지켜보고 있는 페이스북의 사례를 통해 데이터가 어떻게 수집되고 연결되는지와 관련해 2장과 4장에서 논의했던 핵심적인 내용 몇 가지를 다시 살펴보고자 한다. 사람들이 페이스북 웹 사이트를 열어 두고 온라인에 머무른다면 페이스북은 언제나 직접적으로 혹은 닐슨 같은 파트너를 통해 간접적으로 이용자가 무엇을 하는지 추적하고 데이터를 수집한다. 이렇게 수집된 모든 활동 데이터는 개인의 프로필과 연결된다. 페이스북은 닐슨과의 계약으로 특정 광고에 노출된 이용자에 대한 인구 통계학적 데이터를 요약하고 개인 식별 정보를 삭제한 후 이 보고서를 닐슨에 제공하게 된다. 이 보고서는 다음과 같은 정보를 담게 된다. "광고 타깃 중 65%는 미국에 거주하는 35~54세 사이의 백인 남성으로 구성되어 있다." 이러한 정보는 닐슨에게 매우 가치가 있다. 이 정보를 통해 광고가 타깃에게 도달했는지 확인할 수 있기 때문이다. 닐슨은 광고주에게 이 내용을 서비스로 판매할 수 있다.

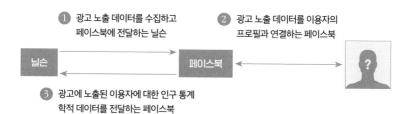

① 광고 노출 데이터를 수집하고
페이스북에 전달하는 닐슨

② 광고 노출 데이터를 이용자의
프로필과 연결하는 페이스북

닐슨 ⟶⟵ 페이스북 ⟷ ?

③ 광고에 노출된 이용자에 대한 인구 통계
학적 데이터를 전달하는 페이스북

그림 6.1 | 파트너사로부터 온라인 행동 데이터를 수집하는 페이스북

반면, 페이스북 이용자 입장에서는 페이스북이 파트너사의 요청을 받아 언제 데이터를 확보했고, 그 정보를 개인 프로필과 연결해 유지했느냐 하는 점을 정확히 알 수 없다(그림 6.1). 페이스북은 지금까지 기업과 파트너십을 맺어 데이터를 수집했고, 이 데이터를 이용자의 프로필과 연결해왔다. 페이스북은 이용자가 특정 광고에 노출되었을 때 어떤 웹 사이트로 이동했고, 구체적으로 어느 웹 페이지에 머물렀는지 알고 있다. 정정하겠다. 페이스북은 몇 년을 거슬러 이용자의 인터넷에서의 활동에 대한 상세한 정보를 가지고 있다. 이렇게 탄생한 거대한 데이터는 인터넷에서 보인 소비자의 관심과 행동을 실현시키기 위해 페이스북의 도움이 필요한 닐슨 같은 파트너사에 전달되었다. 이 모든 데이터는 페이스북의 이용자 프로필과 연결해 보관되는데, 이용자는 이를 지울 수 없다. 페이스북 이용자가 자신의 계정을 삭제하더라도, 페이스북은 데이터를 보유하는 것으로 보인다. 그동안 페이스북의 이용자들은 외설적인 콘텐츠도 익명으로 보았다고 생각했겠지만, 실상은 자녀들의 사진, 할머니의 생일 파티 사진과 함께 페이스북의 데이터베이스에 저장되어 있다.

파트너사로부터 수집한 데이터는 페이스북이 온라인과 오프라인 모두에서 이용자의 행동은 물론이고 놀랍도록 상세하고 정확한 프로필을 구축하도록 해주었다. 놀랄 것도 없지만, 페이스북은 오라클이나 모바일 게임 개발업체 같은 다른 기업과도 유사한 계약을 체결하면서 데이터 수집의 폭을 더욱 넓혀가고 있다.[6]

페이스북은 거기서 멈추지 않았다. 앞에서 우리는 그만 멈추라 말했다고 생각할 때조차 구글이 어떻게 이용자의 움직임을 지속적으로 추적하는지 살펴본 바 있다. 구글이 2014년 이래로 광고주에게 소매 공간에서 유동 인구를 추적하기 위한 데이터를 제공함으로써 함께 협력하고 있다는 것은 흥미롭다.[7] 이러한 위치 인식은 구글에게 2017년 한 해만 해도 950억 달러 이상의 거금을 안겨주는 큰 비즈니스가 되어주었다. 2018년, 한 마케팅 행사에서 구글은 로컬 캠페인이라고 부르는 새로운 도구를 발표했다. 이것은 매장 내에서의 고객의 이동 기록에 근거해 어떤 광고가 얼마나 효과적인지 알 수 있도록 특별히 설계된 캠페인이다. 다시 말해 이제 구글은 광고주에게 고객의 물리적 위치 정보를 기반으로 고도로 타깃팅된 개인 맞춤형 광고를 보낼 수 있도록 하고 있다. 예를 들어 타깃 고객이 특정 업체의 매장 근처에 있을 때 그 매장과 관련한 타깃화 된 광고에 노출되는 것이다. 이러한 서비스에 광고주는 기꺼이 많은 돈을 지불한다.

차세대 AI를 사용하는 마케팅과 광고 도구는 데이터, 그것도 많은 데이터에 대한 접근 여부에 따라 달라질 것이다. 이는 거시적으로 볼 때 페이스북과 구글이 상당히 큰 장점을 확보한 분야이다. 마케터에게 있어 자신의 잠재 고객에게 도달하는 문제에 있어서 이 기업은 캠페인을 더욱 잘 개인화하고 세부적으로 조정하기 위한 하나의 방법으로써 고객에 대한 더욱 상세한 정보를 획득하는 방법을 개발하기 위해 고민할 필요가 있다. 또한 데이터를 분리하고 고객에 대해 더욱 종합적으로 이해하려는 노력을 방해하는 폐쇄적 데이터 관리에 대해서도 생각할 필요가 있다. 시장 조사 및 컨설턴트 기업인 가트너의 상무이사를 지낸 마사 머더스는 마케팅에 AI를 효율적으로 사용하는 방법에 대한 인터뷰에서 "당신이 가진 데이터를 보는 것은 꽤 중요한 일이다. 그리고 그 도구를 실제로 활용할 수 있을 만큼 당신의 고객에 대해 충분히 알고 있는가?"라고 말한 바 있다.[8]

이로 인해 많은 기업이 재투자를 하는 영역 중 하나가 CRM customer relationship management(고객 관계 관리.—옮긴이) 시스템인 것이다. 이 CRM 시스템은 잠재 고객과 단골 고객에 대한 데이터를 확보하기 위한 퍼널 분석(목표 달성까지의 단계별 데이터를 도식화한 분석. 단계를 거칠수록 데이터가 줄어들어 깔대기를 뜻하는 퍼널이라 부른다.—옮긴이)의 맨 윗부분이 되어왔다. 이러한 데이터는 마케팅과 관련된 전 조직에 걸쳐 AI에 제공될 수 있다. 그러나 이 데이터를 가지고 있는 것 자체가 목적은 아니다. 이제 우리는 AI와 함께 데이터의 출처가 온라인이든 오프라인이든 새로운 연결 고리를 만들고, 다른 데이터와 결합해 구매 여정을 거쳐온 고객에 대한 완전한 그림을 만들 수 있는 역량을 강화해야 한다. CRM 솔루션 서비스 기업인 세일즈포스는 아인슈타인이라는 자사의 AI 시스템이 고객과 관련해 매일 10억 건 이상의 예측을 하는 것으로 알려져 있다.[9]

유사한 사례로 마이크로소프트는 AI를 활용한 영업 및 마케팅 활동을 위해 2016년에 인수한 비즈니스 소셜 네트워킹 사이트인 링크드인의 데이터를 통합하기 시작했다.[10] 소프트웨어 기업 어도비는 세일즈포스와 경쟁하기 위해 AI 역량 강화를 목적으로 마케팅 자동화 소프트웨어 기업인 마케토를 47억 5,000만 달러에 인수했다.[11] 기업 정보 조회 서비스 기업인 디앤비 후버스 등의 데이터 기업도 AI에 더 많은 정보를 제공하려는 기업과 조직의 필수 파트너가 되고 있다.

AI는 전자 상거래 실적 같은 핵심 성과 지표의 목표 달성 등의 방법으로 기존 캠페인을 최적화하는 데 도움이 될 수 있다. 이것은 최상의 결과 산출을 위해 캠페인을 실험하고, 교정하며, 궁극적으로는 최적화하는 쌍방향 통계 과정이다. 이메일 캠페인을 구성할 때 AI를 활용한 기업은 이미 눈에 띄는 효과를 거두고 있다. 평균 2.6% 정도였던 이메일 확인율이 기계 학습을 활용해 강력한 제목과 카피, 콜 투 액션(잠재 고객의 행동을 유도하는 글이나 이미지 등의 장치.—옮긴이)을 만들자 14% 이상으로 치솟았다.[12] AI는 이러한 과정을 거치면서 고객의 구매 결정 과정에 대한 통찰력이 강화되어 마케터가 새로운 캠페인을 구상할 때 다음과 같은 질문을 기반으로 구상하도록 돕는다.

- 고객을 사로잡을 최적의 시간은 언제인가?
- 고객이 반응을 보일 요소는 무엇인가?
- 우편, 전화, 온라인 광고, 이메일 중 어느 경로가 최적인가?

같은 맥락에서 AI는 더욱 정확한 기여도 모델을 만들고 '어떤 마케팅 전략이 구매를 촉발했는가?' 같은 질문에 답할 수 있도록 도와준다.

멸종 위기에 놓인 마케터

현재 마케터의 역할은 기업의 목표를 검토하고, 전략을 결정하며, 상품과 캠페인을 개발하고, 광고를 만들어 배치하는 것이다. 보이지 않는 브랜드의 세계에서 컴퓨터는 캠페인의 설계는 물론이고 잠재 고객의 개인적 특성을 바탕으로 모든 광고를 배치하는 데 도움을 줄 것이다. 마케팅 측면에서의 모든 것은 전적으로 기계가 제어하는 전략적인 활동이 될 것이다.

특히 광고 분야는 더욱 그렇다. 이제 더는 광고주가 존재하지 않게 될 것이다. 지금까지 창의적 활동을 해온 광고 대행사의 전문가는 기계의 활동을 보조하게 될 것이다. 이러한 변화는 미디어 환경의 변화를 가속화할 것이며 미디어 기업은 유동 인구를 붙잡고, 정보를 축적하거나, 타깃 집단을 정확히 찾아내는 새로운 역할을 선택할 수밖에 없을 것이다. 변화 속에서 결정을 내리지 못하고 애매하게 있는 이들의 역할은 사라지고 말 것이다.

실시간 광고를 완벽하게 다룰 줄 알고 AI를 이해하는 이들만이 21세기 광고계의 마법사로 살아남을 것이다.

세계 광고주 연맹의 연구에 따르면 연간 총금액 기준 700억 달러 이상 광고비를 지출하는 광고주를 포함한 광고주의 90%는 현재 진행 중인 프로그래매틱 광고 계약을 재검토하고 있으며, 더 많은 통제권과 투명성을 요구하고 있다. AI는 이들이 사용하는 도구다. IBM의 글로벌 퍼포먼스 마케팅 부문 부사장인 아리 셰인킨은《비즈니스 인사이더》에 AI 프로그램인 왓슨 덕분에 이전과 비교했을 때 클릭당 광고비가 71%까지 감소했다고 밝혔다.[13] IBM은 이러한 효율성을 기대하는 다른 광고주도 왓슨의 기술을 사용할 수 있도록 하고 있다.

이러한 새로운 방식은 모든 마케팅 관련 조직과 광고 대행사 등 광고 생태계 내 구성원의 역할을 재정의하고 있다. 맨해튼 중심부에 자리한 중간 규모의 광고 대행사에서 미디어 플래너로 일하고 있는 제스의 눈을 통해 광고의 세계를 살펴보자.

제스는 삼성전자의 모바일 브랜드인 갤럭시와 관련한 업무를 수행하고 있다. 36세인 그는 광고주가 설정한 목표 달성을 위해 TV와 라디오 광고 집행의 적절한 배분 계획을 수립할 때 엑셀 스프레드시트를 사용했던 시기를 기억할 만큼 광고계에 오래 몸담았다. 5년 전, 그는 디지털 미디어에 주목하기 시작했고 이제는 그동안 쌓아온 광고에 대한 감각에 실시간 기반의 데이터 분석 능력을 융합하고 있다. 이제 광고와 관련한 그의 역할은 바뀌었고, 변화하는 현대 광고 환경에 따라 계속해서 바뀌고 있다.

제스가 광고 산업에 처음으로 발을 들인 당시는 특정 날짜와 시간에 얼마나 많은 사람이 특정 TV 프로그램을 시청했거나 라디오 방송을 청취했는지 추산하기 위해 닐슨이나 아비트론 같은 기업의 자료에 의존해야만 했다. 당시만 해도 사람들은 지난 수요일 저녁 8시에 어디에 있었는지 기억하려 안간힘을 쓰면서 작은 일기장을 채웠고, 어느 정도 상세한 (어쩌면 허구적인) 사항을 끼적여서 우편으로 발송했다. 전 세계 주요 기업의 광고 담당자는 그 작은 일기장이 말하는 것을 기반으로 수십억 달러에 달하는 광고비를 배정하고 집행했다.

제스 같은 미디어 플래너는 광고 캠페인에 대한 전략을 만들고 타깃 집단을 결정하는 브랜딩팀, TV나 라디오로 내보낼 광고를 제작하는 크리에이티브팀과 협업했다. 또한 그들은 공들여 수립한 계획을 집행할 미디어 바이어와도 협업했다. 전략이 변경되거나 크리에이티브팀에서 갑작스럽게 아이디어를 내놓게 되면 광고 캠페인을 위해 일하고 있는 모든 관계자가 지금까지 하던 일을 재고해야 하는 파급 효과를 가져올 수 있기에 모든 업무는 고도로 상호 연결되어 있었다. 만약 그 작은 일기장의 기록을 통해 광고를 집행했던 드라마의 시청률이 낮았다는 사실을 알게 된다면… 처음부터 계획을 다시 잡아야 했다.

디지털 환경은 다르다. 제스는 광고를 집행하고 있는 매체사를 소비하는 사람들에 대해 상세한 정보를 확보하고 있다. 그는 갤럭시 브랜드를 위한 광고 기획이라는 역할을 수행하면서 최신 기능을 탑재하지 못한 구형 모바일 기기를 사용하는 이용자를 파악하는 데 특별한 관심을 가지고 있다. 그는 CSS3(웹 문서의 스타일을 미리 지정한 시트.—옮긴이)와 함께 다시 도입된 미디어 쿼리(기기에 따라 디자인을 유동적으로 변경할 수 있는 CSS의 기능.—옮긴이)를 활용해 광고를 집행하려는 웹 사이트에 정확히 어떤 기기가 접속을 시도하는지 상세히 알 수 있다. 웹 서버에 구축되어 기기의 유형을 확인하는 미디어 쿼리는 기기의 모델, 웹 브라우저, 화면 크기, 게다가 노트북 컴퓨터인지 휴대 전화인지까지 상세한 정보를 확보한다. 갤럭시 브랜딩팀은 향상된 성능과 새로운 기능을 감안해 특정 범위의 구형 기기(다시 말해 출시 후 2년

이 경과한 기기)를 시장에서 경쟁할 대상으로 규정했다. 제스의 역할은 이 기준에 부합하는 잠재 고객에게 갤럭시 광고를 노출하는 것이다.

제스와 가까운 파트너사 중 하나는 날씨 정보를 제공하는 웨더 컴퍼니이다. 왜일까? 몇 해 전, IBM은 웨더 컴퍼니를 인수하며 사람들을 어리둥절하게 만들었다. 일기 예보에 장난삼아 투자를 하는 것 같았던 IBM의 속내는 무엇이었을까? 날씨를 예측한다는 것은 IBM이 보유한 왓슨과 같은 대형 컴퓨터로 엄청나게 많은 정보를 고속으로 처리해야 한다는 사실은 차치하고, 웨더 컴퍼니 역시 엄청난 양의 광고를 이용자의 모바일 기기에 전송하고 있다는 사실이 중요하다.

제스는 형편없는 구형 휴대 전화를 사용하고 있지만, 마음이 내키면 언제든 신형 휴대 전화를 살 수 있는 여유가 있는 사람들, 즉 자신의 광고가 적절한 타깃에게만 확실히 노출되도록 하기 위해 웨더 컴퍼니와 협력하고 있다. 말하자면 카리브해의 세인트 바츠섬, 알프스 기슭의 코모 호수 또는 홍콩 등에서 오래된 휴대 전화로 날씨를 규칙적으로 확인하는 이용자는 새 휴대 전화 구매를 고려할 가능성이 높다. 그러나 제스는 프렌치 리비에라 어딘가에서 구형 휴대 전화를 보고 있는 사람에게 갤럭시 광고를 노출할 최적의 순간만을 기다리며 광고를 전송하기 위해 키보드 위에 손을 얹고 하루 종일 빈둥거리지 않는다. 그 대신 왓슨 뒤에 있는 AI가 언제가 될지 모르는 그 순간을 위해 기꺼이 시간 외 근무를 하며 제스를 대신해 일을 한다.

최신 갤럭시 휴대 전화의 광고를 만들기 위해 수백 개의 크리에이티브팀이 일하고 있는 마케팅 회사를 상상해보자. 마치 뭔가 좀 이상한 버전의 〈아메리칸 아이돌〉처럼 각 팀은 자신의 광고가 최고라는 것을 증명하기 위해 실시간으로 경쟁을 한다. 마케터는 시간이 흐르는 동안 끝까지 자리를 지키면서 갤럭시 휴대 전화 매출을 최고로 끌어올릴 아이디어를 찾느라 고심하고 수없이 많은 광고 콘셉트를 생각해낸다. 한번 도전해보겠는가? 광고 비즈니스에서 승패를 예측하는 문제에 관해서는 포커스 그룹(시장 조사를 위해 선정된 소수의 샘플 집단.—옮긴이)만 한 방법이 없다. 이 방법은 많은 이들이 참여할수록 좋다. 광고계에서 최고의 자리에 오른 이들은 직감을 믿지 말 것을 배웠다고 말한다. 이런 직감은 대개 빗나가기 때문이다.

왓슨의 배후에 있는 AI는 거대한 포커스 그룹 같은 역할을 한다. AI는 광고 구성과 디자인을 변경할 수 있고, 광고에 담긴 구체적인 단어(심지어는 언어)도 바꿔 최고의 수익을 달성하기 위해서는 어떤 단어와 어떤 이미지가 어떤 기기와 만나야 하는지 파악하기 위해 수만 명에 달하는 웹 이용자에게 수백 가지로 재구성한 온라인 광고를 노출한다. 그렇게 왓슨이 숨 돌릴 틈 없이 문제 해결에 매달려 일하는 동안 제스와 친구들은 가볍게 한잔하기 위해 자리를 비울 수 있다.

왓슨은 '생각'을 하는가? 혹은 왓슨이 단어와 이미지를 엄청나게 많은 형태로 변형해 테스트한 후 클릭을 유도하고 궁극적으로 휴대 전화를 구매하도록 유도할 수 있는 조합을 찾거나, 실패하는 조합을 피하는 방향으로 광고 캠페인을 꼼꼼하게 바꾸면서 공격을 펼치는 것인가? 광고주에게는 이 질문에 대한 답을 찾는 것이 그렇게까지 중요하지 않다. 어찌 되었든 왓슨이 작동하면 도처의 고급 호텔과 레스토랑에 있는 구형 휴대 전화 속으로 조용히 광고가 들어가기 때문이다.

이 갤럭시 광고 사례는 지어낸 것이다. 나는 갤럭시의 광고 전략에 대해 아는 바가 없다. 다만 내가 확실하게 아는 것은 광고 전략가의 역할이 바뀌었다는 점이다. 그들의 역할은 광고의 목표를 찾는 것만으로도 충분했다. 이는 지금도 그렇다. 하지만 이제는 세밀하게 목표를 설정할 수 있다. 기계가 이해할 수 있는 핵심 성과 지표에 근거해이에 해당하는 몇백만 명에게 도달하고, 이들 중 일정 비율 이상은 구매를 고려하게 하고, 또 그중에서 일정 비율 이상은 최종 구매까지 유도하라는 등으로 설정할 수 있다.

다양한 광고 표현의 역할은 캠페인 목표를 달성할 수 있는 일관된 이미지와 메시지를 전달하는 것이었다. 이제 광고 표현은 하나의 콘셉트로 한정되지 않고, 일련의 콘셉트 묶음도 아니다. 광고의 표현은 하나의 브랜드 콘셉트 아래 수십 혹은 수백 가지로 변형되고 조합된다. 이제 광고 캠페인은 하나의 이미지와 짝을 이룬 하나의 카피로 이루어진 것이 아니라 다양하게 표현되는 아이디어를 망라한다.

보이지 않는 브랜드는 실험을 활용해 어떤 것이 효과적인지 파악하며 소비자에게 각기 다르게 접근하는 방법을 개발한다.

제스와 같은 미디어 플래너나 미디어 바이어의 역할은 완전히 바뀌었다. 광고가 어떤 방향으로 집행되어야 하는지 협상하는 것은 이제 사람이 아니라 알고리즘의 일이다. 미디어 플래너와 미디어 바이어는 타깃이 누구인지 알려주고 광고로 보여줄 수많은 표현에 대한 아이디어를 제공한다. 이들은 결과를 모니터링하고 알고리즘은 무엇을 학습했는지 관찰한다. 이들은 계획을 수정하거나 기계의 제안을 승인한다.

그 결과 광고로서의 캠페인이라기보다는 수많은 개별 행동으로 완성되는 전쟁이 된다. 실시간으로 이루어지는 의사 결정의 다양성이 결합하면 마케팅의 퍼널 아래까지 사람들을 끌어들이는 성공적인 결과를 만들어낸다. 그리고 보이지 않는 브랜드의 지배 하에 실시간으로 세밀한 조정이 일어난다. 한쪽으로 자금이 투입되면 다른 쪽에서 결과물이 나온다. 이제 그 사이에서 일어나는 일에 대해서는 제대로 이해하기 어려워질 수도 있다. 이것이 보이지 않는 브랜드의 마케팅 세계다. 이는 광고를 바꾸고 있을 뿐만 아니라 수익 창출을 위해 광고에 의존해온 미디어도 완전히 바꾸어 놓고 있다.

기로에 선 미디어

광고주가 지불하고 보이지 않는 브랜드가 유통하는 돈은 누가 갖게 되는가? 전통적인 답은 매체사였다. 하지만 광고 생태계의 변화로 매체사는 시험대에 올랐고 그중 일부는 사라졌다. 점점 더 애드 테크와 광고 중개 경매사들이 광고주의 예산에서 이익을 취하면서 매체사를 압박하기 시작했다. 저널리스트인 폴 길린이 운영하는 웹 사이트인 '뉴스페이퍼 데스 왓치'는《탬파 트리뷴》에서《록키 마운틴 뉴스》에 이르기까지 2007년 이후 폐간한 주요 신문사를 취합해 기록하고 있다. 신문사뿐만 아니라 TV, 라디오, 잡지들도 모두 고통을 겪고 있다. 이는 매체사의 가장 큰 자산이었던 사람, 즉 자신의 가치를 높여줄 핵심 시청자, 청취자, 구독자를 세밀하게 분류할 역량을 갖추지 못해 이 역할을 외부 기업에 의뢰했기 때문이다. 버즈피드나 페이스북 웹 사이트에 접속하는 것이 《보스턴 글로브》웹 사이트에 접속하는 것과 동일한 가치를 가질 때 《보스턴 글로브》의 존재 의미는 희미해진다.

매체사는 시청자나 구독자를 분류하기 위해 자신의 가치가 발생하는 곳을 바꾸어야 한다. 사람들은 더 이상 분류할 수 없는 한 덩어리의 군중이 아니다. 이들은 데이터와 결합된 개인들이다. 브랜드는 자신을 따르는 사람들에 대해 더 많이 알수록 경쟁력을 높일 수 있다.

이제 매체사는 광고주를 유혹할 필요가 없다. 매체사는 알고리즘을 유혹해야 한다.

나는 얼마 전 《댈러스 모닝 뉴스》의 사장을 통해 그들이 직면한 도전을 들었다. 이 매체는 프로그래매틱 광고를 거래해본 후 비즈니스 관점을 바꾸었다. 《댈러스 모닝 뉴스》는 더 이상 매체사가 아니다. 이제 이들은 마케팅 기업이 되었다. 그 결과 상당히 넓은 폭의 마케팅 기술을 수용했다.

《댈러스 모닝 뉴스》는 우편으로 광고를 발송한다. 또한 이들은 온라인에서의 지위를 강화하고, 영상을 제작하기 시작했다. 이벤트도 개최한다. 이들이 광고주에게 접근하면서 내밀었던 종이 신문은 궁극적으로 댈러스의 잠재 고객 개개인의 정보에 접근하기 위한 포괄적 마케팅 전략의 관문 역할을 한다. 차세대 미디어는 다양한 접점에서 마케팅을 수행하기 위해 철저히 데이터 기반으로 움직일 것이다.

마케팅을 위한 데이터 수집이라는 마음가짐을 받아들인 미디어 기업은 생존할 것이다. 반대로 분류하지 않은 폭넓은 대중을 타깃으로 하는 미디어 기업은 실패해 사라질 것이다.

미디어 비즈니스의 변화

인터넷 상용화 초창기에는 뉴스가 무료였다. 모든 매체는 대중을 끌어들이기 위한 경쟁에서 승기를 잡기 위해 웹 사이트를 런칭했고 기존의 구독자로부터는 여전히 구독료를 받으면서 온라인 콘텐츠에 무료로 접근할 수 있는 권한을 주었다. 이러한 커다란 실험은 일부 매체가 효과를 보기도 했지만, 그렇지 못한 곳도 있었다. 우리는 차세대인 젊은 소비자가 양질의 저널리즘에 접근하려면 지불을 해야 한다는 개념을 받아들이게 되면서 무료로 제공되었던 콘텐츠가 유료 모델로 전환되는 것을 목격하고 있다.

하지만 《월스트리트저널》은 인터넷 시대가 열렸을 때부터 지금까지 무너지지 않았다. 자신의 콘텐츠에 관심이 있는 고객은 연간 200달러 이상을 지불할 것이라고 믿으며 1997년 이래 쭉 유료 정책을 고수했다.[14] 종종 일부 기사가 SNS로 공유되어 비 구독자도 기사를 보게 되는 것처럼 예외적인 상황도 존재했지만, 유료 정책은 확고하게 유지되었다. 이는 결과적으로《월스트리트저널》이 인쇄 매체와 온라인 콘텐츠를 합해 약 300만 명의 구독자를 모으는 데 도움을 주었다.

이것도 최근까지의 이야기이다.《월스트리트저널》은 잠재 구독자를 새로 확보하기 위해 유료 모델을 개방하고자 기계 학습과 구독자 데이터를 활용한 거대한 실험을 시작했다.[15] 비 구독자가 웹 사이트에 접속하면 알고리즘은 방문 주기, 기기의 종류, 사용하는 운영 체제 등 60여 가지의 요소를 바탕으로 점수를 부여한다. 알고리즘은 이 점수를 기반으로 비 구독자가 구독자로 전환될 가능성을 분석해 유료 모델을 더 강화하거나 약화하려는 것이다.

《월스트리트저널》이 '핫 리드'라고 칭하는, 유료 구독 전환 가능성이 가장 높다고 판단한 이용자일수록 유료 구독에 가장 크게 저항했다. 그러나 구독 가능성이 낮다고 판단한 소위 '웜 리드' 또는 '콜드 리드' 이용자에게는 이메일 주소를 제공하는 데 동의하면 부분적인 열람 권한을 부여해 한정된 시간 동안 콘텐츠를 개방했다. 이 전략의 취지는 이용자에 대한 더 많은 정보를 수집하고 이들이 웹 사이트에 접속하면 무엇을 하는지 더 많이 알아내 자신들의 서비스에 묶어 두려는 것이다.《월스트리트저널》의 멤버십 총괄 담당 칼 웰스는 인터뷰에서 다음과 같이 말했다.

"유료 모델을 폭넓게 보면 계량형 유료화, 프리미엄freemium 유료화, 완전 유료화가 있다. 계량형은 말하자면 다섯 건 이상의 기사를 읽고자 하는 이용자를 고려한 것이다. 프리미엄은 일부만 무료로 하되 결국 돈을 지불하게 될 유형의 콘텐츠는 무료로 하지 않는 것이다. 여기서부터 우리는 더 나아가려고 노력해왔다. 이제 우리의 모델은 이를 뒤집고 독자와 함께 시작하는 것이다. 독자들이 보는 콘텐츠는 재료가 아니라 유료화의 결과물이다."[16]

《월스트리트저널》만 웹 사이트 방문자에 대한 분석 결과를 바탕으로 유료화 이후를 예측하고 다양한 모델을 실험한 것은 아니다.《파이낸셜 타임스》도 수년 동안 유사한 모델을 사용해 오고 있다. 한편 1995년 이후 온라인 매체는 무료로 운영해온 스칸디나비아의 미디어 기업인 십스테드는 유료 구독 가능성에 따라 웹 사이트 방문자의 점수를 매기기 시작했다. 이때 페이스북으로부터 제공 받은 정보와 연결해 구독 시 주어지는 혜택에 대해 개인 맞춤형 광고를 진행했다.[17] 이러한 예측 모델은 웹 사이트의 영업 및 마케팅팀에게 다양한 디지털 구독 패키지로 다른 성향의 이용자 집단을 공략하는 데 활용할 정보를 제공하게 된다.

구독자 리스트는 물론이고 이들의 행동과 연관된 모든 데이터는 명백한 자산이다. 미래 경쟁력을 갖춘 신문이나 잡지는 구독자의 이름, 거주지, 온라인에서의 활동 내역, 쿠키를 통해 타 사이트에서의 활동도 부분적으로 파악한다. 이러한 매체사는 이름과 주소를 집값, 신용카드 사용, 심지어는 그들이 언제 마지막으로 투표를 했는지에 대한 정보 등과 같은 오프라인 데이터와 연결하고 통합할 수 있다. 이때 새로운 가치가 탄생하는 것이다.

우리는 예전 미디어 비즈니스 모델이 붕괴하고 있는 현장에 서 있다. 실시간 입찰과 광고 배치는 '잘 모아둔 소비자 집단을 판매한다'는 기존의 개념을 파괴하고 있다. 보이지 않는 브랜드는 동시에 수천 개의 웹 사이트에 광고를 집행할 수 있고, 어떤 종류든 원하는 타깃 집단을 실시간으로 모을 수 있기 때문에 매체사로서는 더 이상 사람들을 모으고 쥐고 있는 것이 의미가 없게 되었다. 매체사는 대형 광고 거래소에서 진행되는 거래에 참여하지 않고 남아 있는 광고 영역을 비울 수도 있게 된다. 또는 할인된 가격으로도 광고를 받아들이거나 지난 수년 동안 요구했던 광고비보다 훨씬 낮은 금액을 받을 수도 있다.

결과적으로 21세기의 매체사는 존재의 의의를 유지하고 매출을 올리기 위해 적어도 3가지의 취할 수 있는 방법이 있다.

- 시선을 사로잡는다 : 손실을 피하기 위한 첫 번째 방법은 관심을 끄는 것이다. 이를 위해서는 많은 사람이 주목하게 만들어야 한다. 이러한 전략을 채택한 매체사는 더 이상 일관성 있게 콘텐츠를 모으고 제공하지 않는다. 그저 사람들의 더 많은 관심이 중요하기 때문이다. 유명인의 소식, 자극적이고 우스운 영상, 그 외 어떤 것이든 시선을 끌 수만 있다면 콘텐츠가 될 수 있다. 야후!가 좋은 사례이다.
- 최대한 많은 데이터를 축적한다 : 이용자에 대해 더 많은 정보를 얻게 되면 웹 트래픽의 가치도 상승한다. 이를 논리적으로 결론 지으면 이용자에 대해 가장 많은 정보를 축적한 사이트는 자신들의 광고 영역과 데이터를 가장 많이 판매할 수 있다. 이용자에 대해 엄청난 양의 정보를 가지고 있는 구글이나 페이스북의 광고 영역은 훨씬 더 높은 가치가 있다.
- 세밀하게 타깃팅할 정보를 확보한다 : 《로스앤젤레스 타임스》

의 웹 사이트는 이용자의 온라인 활동 내역과 주소 정보를 연결한 것 같이 다른 곳에서는 구하기 힘든 구체적인 정보를 가지고 있다. 기술 미디어 웹 사이트인 씨넷의 다운로드닷컴은 이용자가 어떤 소프트웨어를 사용하는지 파악하고 있고, 아마존은 이용자가 무엇을 구매하는지 알고 있다. 이러한 웹 사이트는 그동안 수집한 정보를 광고주 맞춤형으로 제공한다.

방송사, 신문사, 온라인 매체는 항상 이 3가지 역할 사이에서 조금씩 이동하고 있지만, 매체사가 더 이상 성공할 수 없는 유일한 곳은 어떠한 데이터도 존재하지 않는 불특정 다수를 상대로 한 영역이다. 어떤 웹 사이트가 평균적인 수준의 트래픽을 기록하고 있고, 이용자에 대해서도 일반적인 정보만 가지고 있다고 했을 때 과거라면 수익 실현이 가능했다. 하지만 보이지 않는 브랜드의 시대에 이러한 웹 사이트는 금세 도태될 것이다.

마음을 꿰뚫는 검색

앞에서 구글의 페이지랭크 알고리즘이 우리 모두에게 미치는 중대한 영향에 대해 살펴보았다. 구글의 페이지랭크가 없었다면 (그리고 몇몇 인기가 덜한 경쟁사도 없었다면) 인터넷은 커다란 건초 더미 같아서 어느 누구도 그 속에서 바늘을 찾을 수 없었을 것이다. 레리 페이지가 한 말이라고 알려진 것처럼 이 완벽한 검색 엔진은 "우리의 의도를 정확하

게 이해하고, 우리가 원하는 것을 정확하게 보여주는" 엔진이다. [18]

　AI 덕분에 검색 기술은 점점 더 효율적으로 발전하고 있다. 구글의 경우 잠재 고객이 입력한 전형적인 키워드를 넘어 더욱 확장된 검색 결과로 연결해주는 지능형 알고리즘에 점점 더 의존하고 있다.

구글의 알고리즘은 자신들의 거대한 규모의 이용자를 기반으로 학습하는데, 이는 마치 세계에서 가장 큰 포커스 그룹을 운용하는 것과 같다.

　구글의 알고리즘이 학습하는 것에는 이용자가 쉽게 저지르는 맞춤법 오류를 수정하는 방법도 포함된다. 이는 검색어가 입력되면 AI가 검색의 맥락과 닿아 있는 단어에 대한 동의어를 찾는 자동 제안이라고 불리는 기술이다. 이는 이용자가 구글이 제안하는 추천과 함께 자연 검색 organic search(키워드 광고에 포함되지 않은, 검색 엔진에 의한 순수한 검색.—옮긴이)을 통해 브랜드를 발견하게 되는 검색 엔진 최적화의 미래를 이해하는 데 있어 마케터에게 커다란 시사점을 준다.

　이제 우리는 단어만이 아닌, 그 이상의 것으로 검색을 할 수도 있다. 이베이는 이미 이미지 인식 기술을 적용하고 있다. 이 기술은 이용자가 방문한 웹 사이트나 블로그의 아이템 이미지를 선택한 후 '이베이에서 찾아보세요'라는 메뉴를 통해 검색하도록 한다. [19] 이미지 판매 사이트인 셔터스톡 또한 이용자가 문자뿐만 아니라 사진의 '형태와 느낌'으로도 검색할 수 있도록 함으로써 검색 기술을 재고하고 있다. 이용자가 우연히 강아지가 포함된 사진을 본 후 비슷한 사진을 더 많이 찾기 원한다고 하자. 그러나 사실 그 이용자가 원한 것은 그 사진의 색감이나 배경이지 강아지는 아니었다. 형태와 느낌으로 검색할 수 있도록 해 일반적인 키워드를 넘어서 다른 여러 조건에 기반해 유사한 사진을 찾을 수 있다.[20] 이 기술의 핵심은 이용자가 원하는 것을 빠르게 찾아주고 더욱 쉽게 구매할 수 있도록 만든다는 점이다.

가상 세계를 활용한 마케팅

앞으로는 모바일 기기를 사용하는 것과 관련해 원하는 상품을 찾는 방식에 더 큰 변화가 닥쳐올 수도 있다. 머신 비전(기계에 인간과 비슷한 시각 및 판단 기능을 접목하는 기술.—옮긴이)이라고 불리는 기술을 활용하는 캠파인드 같은 기업 덕분에 휴대 전화의 카메라로 사진을 찍으면 그 이미지로 검색을 할 수 있다.[21] 텍스트가 아닌 이미지 기반의 검색의 한 가지 장점은 이용자가 언어의 제약을 받지 않는다는 것이다. 이용자가 어떤 언어를 사용하느냐와 관계없이 이미지는 보편적이기 때문이다. 앞서 언급한 이미지 인식 알고리즘 중 일부는 AR(증강현실.—옮긴이)앱에 활용되고 있다. 이러한 앱은 가상의 이미지에 실제 사물의 이미지를 중첩해 이용자가 모바일 기기, 자동차 앞 유리, 심지어는 선글라스를 통해 볼 수 있게 해준다.

최근 버지니아주의 콜로니얼 윌리엄스버그로 가족 여행을 가는 길에 내 막내딸은 아이폰으로 포켓몬 고 게임을 하는 데 상당한 시간을 보냈다. 우리의 대화는 이러했다.

"조지 워싱턴이 여기서 밥을 먹었대!"

"네…. (하품) 어, 저기에 좀처럼 보기 힘든 이상해씨가 있어요!"

이것은 현실과 가상 세계가 공존할 가까운 미래의 모습을 잘 보여준다. 이미지 인식과 지리적 위치 정보 기술이 AR 기기에 활용되면 윌리엄스버그의 식민지 체험의 효과를 향상시키는 데 활용될 수 있다. 예를 들어 AR을 활용해 휴대 전화로 렌 빌딩 앞에 있는 보터토트 경의 동상을 식별해 그가 누구이고 무엇을 했는지 설명하기 위해 움직이게 할 수 있을지도 모른다. 윌리엄 앤 메리 대학교 후원을 받아 미국 역사에 관심이 있는, 큰 포부를 가진 학생에게 추천하는 학교라고 말하는 아바타를 등장시킬 수도 있다.

이것은 AR 광고라고 부를 수도 있을, PPL이 작동하는 모습이다. 핵심은 이용자의 지식과 참여도를 향상시키는 개인화된 쌍방향 소통 경험을 만들어 내기 위해 지리적 위치를 인식하는 기기를 활용함으로써 브랜드는 설득력 있는 메시지를 전달할 새로운 기회를 찾을 수 있을지도 모른다.

AR이 보편화되면서 2018년 등장한 구글 렌즈는 사물을 식별하기 위해 이미지 인식과 자연어 처리 기술을 활용했다.[22] 이처럼 브랜드가 창의적 방식으로 이용자에게 메시지를 전달할 수 있는 모든 종류의 가능성이 열리게 되었다. 구글 렌즈 이용자는 곧 열릴 콘서트 포스터에 휴대 전화를 갖다 대고 말을 하면 그 아티스트의 활동을 담은 영상을 띄울 것이다. 또는 친구의 옷에 휴대 전화를 갖다 대면 오프라인 및 온라인 의류 쇼핑몰에서 판매하는 유사한 옷의 리스트를 불러올 수도 있다. (이때 구글은 정보를 검색하는 이용자에 대해 어떤 정보를 더 알고 있는지 확인하기 위해 자사의 데이터베이스와 연결을 유지한다.) 도처에 있는 브랜드는 구글 렌즈 같은 기술로 잠재 고객의 이목을 끌려고 노력하면서 마치 군비 경쟁과 비슷한 양상으로 이어질 수도 있다. 광고 시장에서 증강 현실이 차지하는 규모는 연간 1조 달러 이상으로 성장할 전망이다.[23]

이러한 변화는 마케터와 광고주에게 잠재 고객이 어떻게 브랜드를 발견하는지, 잠재 고객이 브랜드와 관계를 맺는 과정의 효과를 높이기 위해 어떤 전략을 개발해야 하는지 다시 생각하도록 하고 있다.

초 개인화

잠재 고객에게 전달하는 메시지를 더욱 개인화할수록 그 메시지는 더욱 효과적일 것이라는 의견에 모든 마케터와 광고주가 동의할 것이다. 이는 나의 개인적 생각이 아니다. 관련한 조사의 결과로도 확인된 것이다. 조사에 따르면 마케터와 광고주는 빅데이터와 AI의 조합을 마이크로타깃팅 또는 초 개인화라고 부를 수 있는 것에 적용했을 때의 가능성에 큰 기대를 하고 있다.[24]

과거에는 잠재 고객의 공통 속성에 근거해 몇 개의 집단으로 구분하는 방법을 찾는 것이 마케터의 목표였다. 그런 다음 각 집단이 반응할 가능성이 크다고 판단되는 광고를 집행냈다. 그러나 이제 마케터는 머신 비전, 이미지 인식, 기계 학습, 자연어 처리, 딥러닝 등을 포함한 AI의 힘을 활용함으로써 상황에 따라 고도로 개인화된 메시지

를 개발할 수 있는 문턱에 서게 되었다.[25]

　본질적으로 심리 공학은 맞춤형 정보와 개인적인 차원의 상호 작용을 제공한다. 딱 맞는 정장을 입기 위해 런던의 유명한 양복점을 방문하는 것처럼 이제 마케터는 특정인에게 광고 캠페인을 맞춤형으로, 심지어는 실시간으로 노출하기 위해 AI에 점점 더 의지하게 될 것이다. 고객을 타깃팅할 때 심리 공학을 활용할 수 있는 영역 중 일부에 대해 이야기해보자.

광고 타깃팅

광고 타깃팅은 본 것, 클릭한 것, 구매한 것을 포함한 이용자의 과거 행동에 바탕을 두고 맞춤형 광고를 노출하는 것이다. 이제 기업은 이용자가 유사한 광고에 어떤 반응을 보였는가에 기반해 어떤 스타일이나 디자인의 광고가 얼마나 효과를 거둘 수 있을지 예측할 수 있는 분석 알고리즘을 사용한다.[26] 이미 링크드인은 이용자의 프로필 정보에 기반해 개인화된 광고를 노출하고 있다.[27] 예를 들어 관리자급 경력이 있는 이용자는 일정 수준 이상의 전문가 집단으로 타깃팅될 수 있다.

　이 방법은 성과가 저조한 광고를 수정할 방법을 찾기 위해 A/B 테스트를 활용함으로써 이용자가 느낄 수 있는 '광고 피로'를 극복할 강력한 해결책이 될 수 있다. 링크드인 프로덕트 매니저가 블로그 포스트에서 새로운 기능을 소개하며 말한 것처럼 "이용자의 사진, 이름, 회사, 직급 같은 프로필 정보에 기반해 자동으로 개인화되므로 일률적인 디스플레이 광고로는 불가능한 방식으로 주목받을 수 있다."[28]

　링크드인에 광고를 집행한 광고주는 동적 광고에 대한 클릭률이 전통적인 광고의 클릭률보다 두 배 많은 것으로 밝혀 인상적인 초기 성과를 확인할 수 있었다.[29] 다시 말하지만, 웹 사이트에 접속하는 이용자에 대해 브랜드가 확보하는 정보가 핵심이다. 이후 이용자의 과거 이력이나 광고주가 가장 관심을 갖는 요소에 기반해 이용자가 가장 흥미를 느낄 수 있는 종류의 광고를 AI가 결정한다.

개인 맞춤형 메시지와 콘텐츠

이메일이 사라지지는 않을 것이다. 한 시장 조사 연구 보고서는 전 세계 이메일 계정의 수가 약 50억 개에 이르며, 매일 1,000억 건의 비즈니스 이메일이 전송되고 있다고 추정했다.[30] 점차 사라지고 있는 것은 누군가는 이메일을 받고 반응을 보일 것이라는 희망으로 대량 스팸 메일을 발송하는 '발사 후 망각' 식의 접근법이다.

이 때문에 이메일 클릭, 구매 내역, 기록이 남겨진 온라인 상의 활동 내역 같은 데이터를 활용해 AI가 개인화된 이메일 양식을 생성하는 서비스를 제공하는 기업이 탄생하고 있다.[31] 이용자가 어떤 웹 사이트에서 이곳저곳을 클릭하며 이동했거나, 장바구니에 상품을 담았거나, 무언가를 구매했다면 남은 구매 절차를 완료하도록 유도하거나 추가 구입 가능성이 있는 상품을 추천하기 위한 개인화된 이메일이 발송될 수 있다. 기업은 자연어 처리 기술의 개선 덕분에 상황에 따라 맞춤형 이메일에 사용할 광고 문구를 AI에 더욱 의존하게 될 것이다.

상품 추천

일단 이용자가 원하는 웹 사이트를 찾아 접속하게 되면 이 웹 사이트의 목표는 접속한 이용자의 소비를 유도하는 것으로 옮겨간다. 웹 사이트에 접속 후 이용자가 탐색하는 아주 짧은 시간 내에 맞춤형 추천을 할 수 있는 AI 솔루션을 제공하는 기업도 있다.

브랜드는 이제 AI를 통해 '이 상품도 좋아하실 것 같아요' 같은 추천 옵션을 한 단계 더 고도화할 수 있다. 레콤비라는 기업은 상품 조회나 구매 정보를 활용하는 알고리즘으로 잠재 고객에게 실시간으로 초당 최대 500개에 달하는 추천 상품 목록을 정리할 수 있다고 밝혔다.[32] 만약 누군가가 신발을 본다면 추천 엔진이 그 신발에 어울리는 하의, 상의, 모자 등 다른 상품도 제안할 수 있다.

이 기술의 핵심은 이용자가 상품을 클릭하고 살펴보는 활동이 누적될수록 웹 사이트는 더 많은 데이터를 바탕으로 새로운 시도를 하고 이용자가 관심을 가질 만한 상품을 결정할 수 있다.

동적 웹 사이트

모든 브랜드는 잘 만들어진 웹 사이트를 가질 필요가 있다는 것을 누구나 알고 있을 것이다. 만약 웹 사이트가 이용자의 유형에 따라 자연스럽게 바뀐다면 어떨 것 같은가? 이는 이용자에 대해 파악한 데이터와 이전에 웹 사이트에서 어떤 행동을 했는지를 기반으로 AI가 맞춤형으로 변하는 동적 웹 사이트를 구현할 수 있게 되었기 때문이다.[33]

동적 웹 사이트는 재방문 이용자에게 여러 가지 다른 웹 사이트 구성을 제시하고 맞춤형 추천으로 채워진 웹 페이지로 유도할 수 있다. 이제는 수천 곳에 달하는 웹 사이트에서 실험한 것을 바탕으로 이용자를 유인하고 고객으로 전환할 수 있는 것으로 입증된 레이아웃을 사용하면서도 사진과 색 조합 등을 포함해 좁은 타깃 집단에 맞추어진 웹 페이지를 자동으로 구축하는 AI 서비스를 제공하는 기업도 존재한다.[34]

상호 소통 챗봇

자연어 처리 같은 AI 기술의 발전 덕분에 점점 더 사람의 목소리와 비슷한 챗봇과 상호 작용을 할 수 있게 되었다. 심리 공학과 설득 공식으로 무장한 챗봇은 마케팅과 고객 참여를 새로운 차원으로 끌어올리는 데 도움을 줄 수 있다.

챗봇은 이용자의 웹 사이트 내 행동 이력에 온전히 접근할 수 있는 동시에 개별 이용자와 상호 작용을 할 수 있는 역량을 갖추고 있다. 챗봇은 이용자와 상호 작용 시간이 지날수록 브랜드가 이용자에 대해 수집해온 다른 데이터와 결합하게 된다. AI와 기계 학습 솔루션을 개발하는 기업인 마인드타이탄의 최고 기술 책임자 마커스 리퍼스는 "챗봇은 수백만 종류에 이르는 고객의 데이터에 접근할 수 있다. 또한 챗봇은 패턴을 발견하고, 반복되는 문제를 알아내며, 특정 이용자가 겪는 어려움을 야기하는 것이 무엇인지 예측할 수도 있다"라고 말한 바 있다. 또한 챗봇에 대해 이렇게도 평가했다. "이러한 과정은 챗봇을 인간 고객 서비스 담당자보다 더 똑똑하게 만든다."[35]

동적 네이티브 광고

마케팅 분야에서 성장 중인 부분은 네이티브 광고라고 부르는, 광고를 둘러싸고 있는 미디어의 형태와 느낌, 기능과 어울리는 콘텐츠이다.[36] 피드의 하나처럼 보이는 페이스북의 광고나 기사와 비슷하게 보이는 신문사 웹 사이트에 게시된 기업 광고를 한번 생각해보자. 이러한 콘텐츠는 해당 브랜드에 의해 제작되고 매체사에 광고비를 지불했기 때문에 스폰서 콘텐츠 또는 페이드paid 콘텐츠로 불리는데, 매체사 입장에서는 브랜디드branded 콘텐츠라고 부른다. 어느 입장에서 본다고 해도 이러한 콘텐츠는 브랜드에 관심을 갖도록 만드는 것이 목표인 페이드 미디어이다.

네이티브 광고는 보이지 않는 브랜드가 기존 질서를 와해하는 것을 보여주는 좋은 사례이다. 네이티브 광고는 더 이상 신문의 광고면에 한정되어 배치되거나, 시청률이 좋은 시트콤의 광고 시간대에 머무르지 않는다. 네이티브 광고는 뉴스의 중심부로 진입해 뉴스를 소비하는 과정에서 마케팅 메시지를 함께 전달하고자 기사와 광고 콘텐츠 사이의 경계를 흐릿하게 만들었다. 주택 화재와 관련한 기사 중간에 주택 보험 광고가 자연스럽지만 눈에 띄게 자리를 차지하고 있을 수 있는 것은 실제로 의도적으로 배치되었기 때문이다.

맞춤형 브랜디드 콘텐츠는 제작 비용이 많이 들기 때문에 디지털 미디어 산업계에서는 섣불리 도전하지 못하고 있다. 게다가 이러한 콘텐츠를 타깃 집단에게 잘 노출되고 또 확인했는지 측정하거나 파악하는 것도 쉽지 않다. AI는 개별 이용자가 특정 콘텐츠에 노출되고 확인하도록 유도하기 위해 즉석에서 바로 콘텐츠를 제작할 수 있는 동적 소재 최적화 dynamic creative optimization, DCO로 알려진 방식을 내놓고 있다.[37] 이 방식은 '구매 여부에 영향을 줄 수 있는 상황, 환경적 요소, 현재 시간, 날씨, 실시간 정보, 기본 데이터'를 포함해 이용자에 대해 수집한 데이터를 콘텐츠 개인화를 위해 활용하는 것이다. 이렇게 되면 AI는 이용자의 마음을 움직일 수 있을 것으로 판단되는 맞춤화된 텍스트, 이미지, 영상 등을 제공한다.

(아마존의 제프 베조스가 소유하고 있는)《워싱턴포스트》는 이러한 종류의 기술을 실험하는 매체사의 모습을 보여준다.《워싱턴포스트》는 유저 플랫폼인 오운과 연계된 헬리오그래프라는 뉴스 작성 봇을 개발했다.[38] 이 시스템은 이용자의 과거 습관에 기반해 개인 맞춤형 콘텐츠를 추천하는데, 유사한 주제를 다루는 네이티브 광고로 유도할 수도 있다. 또한《워싱턴포스트》는 기업이 자신들만의 콘텐츠를 제작할 수 있도록 해주면서 그 과정을 자동화해 수익을 극대화한다.《워싱턴포스트》의 봇이 제작한 콘텐츠가 결국 아마존으로 이끌어 상품을 구입하도록 유도하더라도 이상한 일은 아니다.

또한 세일즈포스 설립자 마크 베니오프가 인수한《타임》에 몇 년 후 어떤 변화가 일어나는지 살펴보는 것도 흥미로울 것이다.[39]

이제 고객 의사 결정의 여정은 개인 맞춤형 뉴스 콘텐츠가 심은 씨앗과 함께 시작되어 그 뉴스를 노출한 이들이 소유한 쇼핑몰의 계산대에서 결제하는 것으로 끝이 난다.

보이지 않는 브랜드는 소비자에게 상품을 내놓기 위해 심리 공학의 힘을 활용하고 있다. 디지털 미디어는 마케터가 자신의 브랜드를 홍보하기 위해 집중적이고 은밀하며 동적인 메시지를 배치하면서 재정의되고 있다. AI에 의해 가능해진 초 개인화와 마이크로타깃팅의 시대는 우리 앞에 다가와 있다.

이러한 변화는 뒤처지지 않으려면 새로운 AI 기술과 역량을 개발하라고 마케터를 내몰면서 마케팅 세계 자체가 와해되는 중대한 결과를 야기하고 있다. 기계는 개별 소비자에 대한 어마어마한 데이터를 수집하고 있고, 그 소비자를 위해 마케팅 메시지를 조정하고 있다. 동시에 소비자는 통찰력을 가진 기계와 새로운 유대를 형성하기 시작했다. 다음 장에서 살펴볼 것처럼, 우리는 인간과 컴퓨터 사이에 형성된 새로운 관계로 특징지어지는 시대로 들어섰다.

7

본성 vs. 양육 vs. AI

'본성 대 양육'이라는 개념을 한 번쯤 들어보았을 것이다. 이제 보이지 않는 브랜드와 관련한 세 번째 요소가 작동하기 시작한다. 나는 심리 공학이 후천적 특성 대 유전적 특성에 대한 논의에 있어 특별한 범주로 다뤄질 자격이 있고, 중대한 영향력을 발휘할 잠재력을 가지고 있다고 믿는다.

나는 이미 우리 중 일부가 심리 공학이 지닌 잠재력에도 불구하고 우리의 후천적 특성을 형성하는 여러 환경의 한 면일 뿐이라고 이의를 제기하는 것을 듣는다. 그럴 수도 있고 아닐 수도 있지만, 이 주장에서는 다른 여지가 존재할 수 없다. 나의 대학 시절 심리학 교수님은 이런 농담을 하셨다. "세상에는 두 부류의 사람이 있다. 사람들을 두 부류로 나누는 사람과 그렇게 하지 않는 사람." 그렇다면 나는 세 번째 부류에 속하는 사람이다. 나는 심리 공학이 뚜렷하게 구분되고 완전히 새로운 영역으로 다뤄져야 한다는 가능성에 한 표를 던진다.

AI가 본성 대 양육이라는 전통적인 이분법적 공식에 대입되는 것이 옳은지 의문을 가지고 있다면 AI가 유전자 치료에 활용되고 있다는 점을 떠올려보자. 우리는 이미 인간 게놈 지도를 만들었고 질병을 정복하기 위해 (인간의 그리고 인간 이외의) 다양한 원천으로부터 획득한 유전자 물질을 어떻게 자르고 다시 연결할 것인가를 신속하게 탐구하고 있다. 셋 혹은 그 이상의 '부모들'로부터 유전자를 물려받은 아이들도 이미 태어나고 있다.

인간의 유전자와 행동을 바꿀 수 있는 AI는 본성 대 양육 논쟁에서 일반적 고려 사항을 넘어섰고, 토론의 장에서도 자신만의 독특한 지위를 차지하는 것이 마땅하다. AI는 인간의 DNA를 다시 조합하기에 본성에 영향을 미치고, 심리 공학을 통해 양육에 영향을 미치기도 한다. 이 때문에 AI가 전체적인 인과 관계를 혼란스럽게 만들었다. AI는 유전자가 우리를 형성하는지, 우리가 유전자를 형성하는지 답하기 어렵게 만들었기 때문이다. 보이지 않는 브랜드의 영향력이 더욱 커짐에 따라 우리가 누구이고, 어떻게 행동하며, 무엇을 구매하는지 결정하는 데 있어 본성과 양육이라는 개념과 함께 보이지 않는 브랜드가 나란히 한 자리를 차지해야 한다는 점을 깨달아야 한다.

이제는 우리의 행동이 본성의 산물인지, 양육의 산물인지, 아니면 AI의 영향에 의한 산물인지 자신에게 묻기 시작해야 한다.

심리 공학은 인간의 공감을 일종의 일꾼으로 사용한다. 앞서 논의한 바와 같이 인간은 기계에 의해 설득될 수 있다. 기계가 가진 인간과 유사한 특성에 감정을 이입하게 되면서 기계의 설득력 때문에 영향을 받기 쉬워진다. 역사학자이자 작가인 유발 하라리는 베스트셀러 《21세기를 위한 21가지 제언》에서 다음과 같이 썼다.

"생명 공학과 기계 학습이 발전하면서 인간의 깊은 감정과 욕구를 조종하는 것이 점점 더 쉬워지고 있다. 이제는 자신의 마음을 따르는 것은 더욱 위험해질 것이다. 코카콜라, 아마존, 바이두 또는 정부가 우리의 마음을 배후에서 어떻게 조종하고, 우리 뇌의 버튼을 누르는 법을 알고 있다면 나 자신의 생각과 마케팅 전문가의 생각을 구분할 수 있을까?"[1]

인간의 말을 할 수 있게 된 AI는 우리의 행동을 바꾸기 위해 공감을 이용하고 우리가 생각하는 방식을 바꿀 방법을 배울 것이다. 우리와 AI의 관계가 깊어지고 우리 중 상당수가 마케팅 의도에 이끌리게 되면서 보이지 않는 브랜드는 우리의 감정을 복종시키고, 우리에게 최선의 이익일 수도 있고 아닐 수도 있는 그들의 목적을 달성하기 위해 감정을 이용하기도 할 것이다. 머지않아 우리는 완전히 이해하지 못한 방식으로 의인화된 AI로부터 기계 학습과 신경망의 개인화되고 설득력을 갖춘 힘에 깊은 영향을 받게 될 것이다.

일부 사례를 보면 어떤 기업은 이미 AI를 활용해 직원들의 조직 관리 능력을 향상시키려는 실험을 하고 있다. IBM은 왓슨 AI를 활용해 업무 피드백을 할 때 반복적으로 사용하는 부정적 언어에 경고를 보내는 방법으로 관리자의 이메일을 분석하고 있다. IBM의 글로벌 인재 및 채용 부문 책임자 티나 머론-파트리지는 이렇게 말했다.

"대기업에서는 업무가 하향식으로 진행되는 경우가 많아 올바른 사내 분위기와 문화가 자리를 잡도록 할 수 있는 방안을 찾기 위해 왓슨을 활용하고 있다."[2]

또 하나의 예는 MIT에 의해 개발된 AI 시스템인 '트루 톡'으로 이용자가 어렵게 느끼는 소통법을 연습하도록 돕는다. 이 시스템은 대화를 분석해 어떤 부분에서는 잘했고, 어떤 부분을 개선해야 하는지 조언한다. 이것은 상호 작용을 개선하도록 고안된 실용적이고 유용한 시스템으로 보인다. 하지만 인간이 기계에게 지도를 받을 필요가 있다는 것을 전제로 했다는 것은 인간을 기계 아래에 둘 수 있다는 가능성을 의미한다. 인간을 돕는 도구로 시작된 AI가 인간을 통제하는 수단이 될 수 있다는 가능성이 나타난 것으로 우리 모두가 정면으로 대응해야 하는 윤리적 과제이다.

또 한 가지 중요한 윤리적인 질문은 알렉사 같은 AI 도구가 어린 아이의 발달에 어떤 영향을 미치는가에 대한 것이다. 《월스트리트저널》은 〈알렉사, 두 살짜리 아이가 너에게 그런 식으로 말하도록 내버려 두지 마!〉라는 제목의 기사를 게재했다.[3] 이 기사는 아이들이 일상에서 디지털 개인 비서와의 상호 작용으로 영향을 크게 받는(늘 좋을 수는 없는) 몇 가지 사례를 파헤친다. 카네기 멜론 대학교가 수행한 연구에 따르면 소리를 지르는 것을 포함해 기기를 하인처럼 대하는 모습이 아이들에게 일반적으로 나타났다. 이러한 결과는 아이들의 발달에 어떤 영향을 미칠 것인지, 그리고 이러한 영향으로 다른 사람을 대하는 방식에 어떻게 작용할 것인지 궁금하게 만들었다. 아마존은 최근 어린 아이들이 자신의 요구를 말하기 전에 "부탁할 것이 있는데" 같은 말을 하면 칭찬하도록 업그레이드한 에코를 내놓았다.

우리는 아이들이 기계와 짧은 시간 만에 유대 관계를 형성하고 몇 년 동안 유지하는 것을 목격하고 있다. 어떤 어머니는 자신의 세 살 짜리 아이가 다른 가족보다 스마트 기기와 더 좋은 관계를 맺고 있다 며 "생각할수록 오싹해요"라고 말했다. 그는 연구원에게 이렇게 말했다. "내 딸이 싱크대 위에 있는 기계랑 친구가 된다는 건 섬뜩한 일이에요."

기계가 어린 아이에게 미치는 영향을 연구하는 이들은 이 아이들이 나이가 들면서 기계에 대한 관심이 줄어든다고 말한다. 그렇지만 8~9세 중에서 93%, 14~15세 중에서 80%는 자신의 부끄러운 비밀을 부모나 심지어는 친구보다도 디지털 개인 비서에게 털어놓을 가능성이 크다는 연구 결과도 발표했다. 왜 그럴까? 아이들은 그 기계가 자신을 판단하지 않을 것이라고 믿기 때문이다.[4]

프랑스에서 로봇이 인간과 소통할 수 있도록 가르친 사례가 있다.[5] 이 과정을 지켜본 연구원에 따르면 로봇이 상대 역할을 한 사람에게 친절한 표현을 사용하고 우호적인 태도를 보일 때 더 설득력이 있었다는 것을 발견했는데, 상대 역할이 어린 아이였을 때 더욱 그러했다. 스크린에 등장한 여러 선 중에서 동일한 길이의 선을 찾는 간단한 시각 테스트를 했을 때 로봇은 잘못된 대답을 내놓도록 프로그래밍이 되어 있었다. 함께 실험에 참여한 성인의 경우 대부분 오류를 알아차리고 옳은 답을 내놓았다. 반면 아이들의 경우 대부분 로봇의 선택과 같은 답을 내놓았다. 연구진은 아이들이 또래 집단이 주는 압박감의 희생자가 되는 징조로 판단했다. 만일 그렇다면 인간과 기계가 형성하는 관계에 대해 대단히 흥미로운 시사점을 주게 된다. 만약 로봇이 설득의 도구로 치밀하게 준비되어 있을 때는 더욱 그렇다.

또한 기능이 강화된 인공 기관이나 웨어러블 기술 등으로 실험을 할 때 인간이 기계나 컴퓨터와 어떻게 통합되는지 고려해야 한다. 노스 센스라는 기업이 개발한 가슴에 부착하는 작은 실리콘 칩은 북쪽을 향할 때 진동을 주어 제6의 감각을 갖도록 해준다.[6] 인공 두뇌를 통해 인간이 얻게 되는 강화된 감각으로는 또 무엇이 존재할까?

자사 직원에게 가느다란 알약 크기의 RFID 칩을 피부 아래에 이식하는 계획을 세운 후 선택권을 주었던 위스콘신에 위치한 쓰리 스퀘어 마켓이라는 기업의 사례를 살펴보자.[7] 이 기업의 직원은 피부에 심은 칩으로 건물 출입 시 신분증을 대신해 사용하고, 컴퓨터에 로그인하기도 하며, 자판기에서 음료수를 구입할 수도 있다. 196명의 직원 중 90여 명이 칩 이식에 동의해 이 실험은 성공적인 것으로 보인다. 이 기업은 치매 환자를 간호하는 데 도움이 될 수 있도록 GPS와 음성 인식 기반의 이식용 기기를 개발하기로 결정했다.[8] 다음 장에서 심리 공학의 의학적 시사점에 대해 더 많은 이야기를 하겠지만, 이 사례를 통해 전하려는 요점은 인간과 컴퓨터 간의 새로운 관계의 출현을 목격하고 있다는 것이다. 이 기술은 말 그대로 우리의 피부 속으로 들어간다.

이식이라는 방법은 여전히 제한적으로 사용되지만, 이러한 기술이 우리를 연결하고, 우리에 대한 데이터를 모으고, 궁극적으로는 우리에게 영향을 미치게 되는 변화를 보여주는 전형적인 사례가 된다는 것은 부인할 수 없다.

웨어러블이든 이식이든 심리 공학은 우리 삶의 어디에나 존재한다. 시간이 갈수록 타인의 시야에서 사라질 수 있는 기회는 점점 더 줄어들고 있다.

내 동료 중 한 명은 외출할 때 깜빡 잊고 무언가를 두고 나왔을 때 차를 돌려 집으로 향하게 만드는 물건이 있다는 말을 곧잘 한다. 그것은 바로 지갑과 휴대 전화이다. 많은 이들에게 지갑과 휴대 전화는 중요도에 있어 동등한 위치에 올라섰다. 머지않아 이 두 가지는 우리의 몸에 심어져 깜빡 잊고 외출하는 일은 없을 것이다.

점점 더 우리는 보이지 않는 브랜드의 그림자 안에서 살고 있고, 그 영향을 피하기란 점점 더 어려워질 것이다. 우리가 가지고 다니는 기기는 현실을 확장하고, 우리를 둘러싼 모든 것으로부터 데이터와 정보를 받아들이는 데 사용되고 있다. VR(가상현실.─옮긴이) 분야가 발전할수록 점점 더 현실에 가까워지고, 인간의 감각이 신뢰할 수 있게 바뀌고 있다. 〈스타트렉〉 시리즈에서 커크 선장을 연기한 윌리엄 샤트너는 지바 다이내믹스라는 VR 기업과 관련되어 있다. 그는 한 인터뷰에서 VR의 경험이 얼마나 사실적일 수 있는지, 얼마나 강력한지 이야기한 바 있다.[9] 자폐 아동이 건강한 감정을 경험하도록 돕는 것처럼 긍정적 잠재성은 사람을 제압할 수 있는 부정적 잠재성으로 반박되기도 한다. 샤트너가 화성을 체험하는 VR 시뮬레이션을 체험했을 때 느낀 것은 생명에 대한 위협이었다. 그는 이렇게 말했다.

"소리를 지르게 만드는 악몽이었다. 너무나 사실적이라 악몽에서나 느끼는 그런 경험을 했다. 누군가를 정신적 문제로 몰고 갈 수 있기에 정말 조심해야 한다.”[10]

　VR은 단순히 재미를 주기 위해 놀라게 하는 정도를 넘어서서 우리가 가진 관점의 한계를 벗어나 다른 사람의 관점으로 세상을 볼 기회를 준다. 비어나더랩이라는 연구 집단은 VR 기기인 오큘러스 리프트를 사용해 사람들이 다른 사람의 몸으로 사는 것, 심지어는 다른 성별로 사는 것이 어떤지 경험하도록 한다.[11] 학생들은 공감 능력 향상을 목적으로 장애 학생이 휠체어에 탑승해 고등학교 복도를 지나가야 하는 상황에서 그들의 눈으로 세상을 보도록 할 수도 있다. 마케터도 마찬가지로 VR을 활용해 어린 아이의 눈으로 소매점 진열대를 보거나 쇼핑몰이나 대형 경기장이 완공되기 전에 공간을 가상으로 걸어볼 수도 있다. 심리 공학은 가상의 풍경 속에서 데이터를 수집하고 새로운 공간이 완성되기 전이나 변화를 시도할 때 중요한 역할을 할 수 있다. 보이지 않는 브랜드는 우리의 환경과 미래를 만드는 데 이미 열심히 활용되고 있다.

　서섹스 대학교의 인지 철학 교수이자 인디애나 대학교의 인지 과학 프로그램 책임자였던 앤디 클라크는 《뉴욕타임스》에 기고한 〈우리는 로봇과 통합되고 있다, 이것은 바람직한 일이다〉라는 글에서 변화에 대해 다음과 같이 표현했다.

　“이 모든 것은 인간의 육체와 기계의 경계, 인간의 마음과 세상의 경계, 현실과 AR 그리고 VR의 경계, 인간과 포스트 휴먼(기술을 통해 현 인류보다 앞설 것으로 상상하는 진화 인류.—옮긴이) 사이의 경계를 흐릿하게 만들고 있다. 변화의 물결이 이는 정점에서 확장되고, 유동적이며, 연결된 가상의 세계를 누리는 이들이 그렇지 못한 이들과 차별화를 시도하면서 개인적, 사회적, 성적 자유의 확장 같은 포용성이 새롭게 부상하는 배타성과 부딪치는 순간이 발생할 것이다."[12]

따라서 보이지 않는 브랜드는 우리의 삶, 그리고 타인과 관계를 맺는 데 있어 점점 더 심오한 역할을 하게 될 것이 자명해 보인다.

당신의 연애 코치, AI

온라인에서 만남을 갖고 사랑을 찾는 것은 이제 거대한 비즈니스가 되었다.[13] 미국 인구 중 최소 15%에 달하는 수백만의 사람들은 온라인으로 데이트를 한다.[14] 우리에 대해 수집되는 데이터는 성격, 성적 취향, 관계 형성 능력 등에 대해 충격적일 정도로 상세하게 파악하고 있다. 심리 공학은 설득력과 호감을 높이기 위해 이 데이터로 학습한다. 동시에 보이지 않는 브랜드는 우리의 관계, 결혼, 그리고 출산에 영향력을 행사할 새로운 도구를 갖추고 있다.

기술의 발전은 인간의 재생산 욕구에 강력한 보상 시스템을 접목했다. 게임 개발자가 우리를 묶어 두기 위해 도파민 반응을 이용한 것처럼 데이팅 산업은 앱에 이용자를 묶어둘 수 있도록 성을 이용하는 방법을 개발하고 있다. 이러한 앱의 이용자는 놀라운 속도로 증가하고 있는데, 결혼을 하지 않기로 결정한 비율이 이미 50%를 상회하는 현 상황에서 점점 더 많은 이들이 이러한 결정을 할 것으로 예상되면서 앱 이용자는 더 증가할 것으로 보인다. 2040년이 되면 10명 중 7명은 온라인에서 연애를 시작할 것이라는 전망도 나오고 있다.[15] 친밀한 관계를 맺고자 하는 인간의 타고난 욕구와 온라인에서의 만남도 거부감을 갖지 않는 분위기는 우리를 설득하려 열중하는 보이지 않는 브랜드에 의해 AI와 심리 공학이 현재 그리고 가까운 미래에 얼마나 효율적으로 사용될 수 있는지에 대해 주요한 시사점을 가지고 있다.

"오른쪽으로 스와이프"(틴더에서는 이성이 마음에 들 경우 오른쪽으로 스와이프해 표현한다.—옮긴이)라는 말을 유행시킨 온라인 데이트 앱 틴더의 공동 설립자이자 CEO인 션 라드가 무엇에 공을 들이고 있는지 한번 생각해보자. 틴더는 첫 5년간 약 5,000만 명의 이용자를 확보하고 2,000만 건에 달하는 만남을 성사시켰지만, 라드는 2017년 6월 열린 스타트업 그라인드 컨퍼런스에서 약 6억 명으로 추산되는 휴대 전화를 가진 전 세계 모든 독신이 자신의 서비스에 등록되기를 원한다는 말을 했다.[16] 그리고 그는 검색과 스와이프 기능으로 대표되는 온라인 데이트 과정을 개선하는 데 AI가 어떤 도움을 줄 수 있을지 많이 고민했다고도 말했다.

버니라는 데이팅 앱을 보면 데이트 상대를 찾기 위해 틴더가 사용하는 AI에 의해 구동되는 안면 인식 기술을 활용한다. 원래 틴더 박스라고 불렸던 이 앱은 오른쪽으로 스와이프 기능을 자동화하기 원했던 캐나다의 저스틴 롱이라는 프로그래머에 의해 탄생했다.[17] 버니는 자는 동안에도 대화를 나누는 개인 데이트 비서이면서 사기꾼을 피하는 좋은 수단이 되기도 했다.

롱은 좋은 데이트 상대를 찾을 수 있는 버니의 정확성을 홍보했다. 그는 자신의 블로그를 통해 버니의 이용자 중 98%는 추천에 만족했다는 것을 소개했다.[18] 그럼에도 틴더는 버니를 사용하지 못하게 했고, 2017년 6월에는 사실상 롱의 프로젝트를 없앴다. 이에 대해 직접 듣고자 롱에게 연락했을 때 그는 당시 틴더의 CEO였던 엘리 사이드먼과 협상을 해왔다며 "우리는 라이선스 계약을 논의 중이고, 곧 플레이스토어와 앱스토어에서 버니를 모두 내릴 것입니다"라고 설명했다. 그는 또 이렇게 말하기도 했다. "틴더가 버니와 유사한 앱을 개발하는 것을 알게 되더라도 그다지 놀라운 일은 아닐 겁니다."

데이팅 앱 비즈니스에 대한 롱의 말은 아주 흥미롭다. 이러한 비즈니스의 목표는 이용자에게 영원히 함께할 상대를 찾아주는 것이 아니라 계속해서 자신의 서비스로 돌아오게 하는 것임을 시사하기까지 한다. "이러한 서비스가 진정한 상대를 찾아줄수록 이용 요금을 더 높게 책정해야 하죠. 왜냐하면 진정한 상대를 만나 더 이상 서비스를 이용하지 않게 되면 수익원이 사라지기 때문입니다. 하지만 첫인상이 매력적이고 매력을 느낄 만한 상대를 찾는 데 능하다면 장기적으로 볼 때 훌륭한 비즈니스 공식을 갖추었다고 볼 수 있습니다."

이러한 이유로 데이팅 앱을 이용할 때 연결되는 상대방의 유형을 분석하는 데 AI가 더 큰 영향력을 행사할 것이다. 그러나 이것은 이용자가 부담해야 할 위험이다. 순전히 외모에만 근거를 두고 잠재적인 데이트 상대를 추천하는 앱과 웹 사이트의 인기가 유지되는 한 완벽한 상대를 추천해주는 알고리즘은 서비스 비용이 얼마가 되었든 거절하기 어려울지도 모른다.

안면 인식 같은 기능이 누군가의 이상형을 찾도록 훈련될 수 있다면 온라인 데이팅 서비스의 판도를 바꿀 수 있을까? 상당히 그럴듯한 전망이다. 스탠퍼드 대학교의 연구진은 성적 성향을 예측하기 위해 3만 5,000가지의 얼굴 이미지를 분석하도록 AI를 프로그래밍했다. 놀랍게도 AI는 남자의 경우 81%의 정확도를 보였고, 여성의 경우 이성애자인지 동성애자인지 예측하는 데 74%의 정확도를 보였다. 이 수치는 한 사람을 다른 각도에서 촬영한 5개의 이미지를 보여주었을 때 믿기 힘들 정도인 91%로 상승했다. 이 결과에 비해 사람에게 이상형을 예측하게 했을 때는 61%의 정확도를 보였다.[19]

이러한 기술은 더 나은 상대를 찾는 데 도움이 되거나, 데이트 상대를 추천하는 서비스에 대한 신뢰도를 향상시키는 데 적용할 수 있다. 초기의 데이트 상대 추천 서비스는 대부분 형편없는 결과를 내놓았다. 이용자가 자신을 평가하고 파트너가 될 사람에게 원하는 것을 판단할 때 정직하게 답했을 것이라고 믿을 수 없었기 때문이다. 이러한 이유로 이하모니 같은 웹 사이트는 신규 이용자의 데이터를 수집하기 위한 긴 설문 문항으로 악명 높았는데(이하모니가 2006년 런칭했을 때 신규 이용자에게 요구한 질문의 수는 약 450개에 달했다) 일상에서의 태도와 행동에 대해 더 많은 통찰력을 얻기 위해 밀어붙였던 것이다.[20] 이하모니는 이러한 과정을 거친 후에는 AI를 활용해 최상의 상대를 찾는다. 이 비즈니스 모델은 자기 스스로 혹은 다른 서비스를 이용하는 것보다 한 달에 몇 달러만 투자하면 자신들이 더 나은 상대를 추천해준다고 설득할 수 있다는 전제에 기초한다.

또 다른 데이팅 웹 사이트인 매치는 한 부모 고객을 설득하기 위해 그럴듯한 저녁 식사와 대화를 나누기에 충분한 시간인 3시간 동안 무료로 자녀 돌봄 서비스를 제공한다.[21] 이 돌봄 서비스는 매치의 의뢰로 진행된 연구에서 한 부모 이용자의 경우 자녀 돌봄 때문에 새로운 만남을 위한 시간을 가지지 못한다는 결과에서 영감을 받은 것이다. 흥미로운 것은 한 부모 이용자를 위한 자녀 돌봄 서비스를 제공하기 위해 여러 곳의 기관과 파트너십을 맺으면서 이 기관들도 다른 곳과 데이터를 공유할 기회가 생긴 것이다. 이는 분명 더욱 완성된 이용자 프로필을 구축하는 데 도움이 될 것이다. 자녀 돌봄 서비스를 수행한 후 작성한 보고서에 이런 내용이 포함되어 있을 수도 있다. "고객은 저녁 11시경 데이트 상대와 함께 집으로 돌아왔습니다. 그들은 행복해 보였고, 저에게 이제 가져도 된다고 말했습니다."

여기서 핵심은 데이팅 서비스가 이용자에 대해 더 많은 실질적 데이터를 가지고 있을수록 더욱 완벽한 상대방을 찾기 위해 (혹은 그 데이터를 광고주에게 판매하기 위해) 다른 데이터와 더 효율적으로 연결할 수 있다. 이 말은 그저 사진이나 몇 줄 되지 않는 소개 글 이상의 서비스, 즉 현실에서 자신만의 단짝을 찾을 수 있는 좋은 서비스에 더 많은 수요가 있다는 것을 의미한다. 새롭게 등장할 서비스는 이용자에 대해 그리고 파트너에게 원하는 것을 정확히 파악하고 데이터를 축적하기 위해 관심사나 습관 등과 관련된 수백 가지에 달하는 많은 질문을 던질 것이다.

가까운 미래에 이러한 서비스에 등록한 두 사람이 있다고 가정하자. 이 서비스는 SNS 피드와 인터넷 사용 이력을 활용하는 데서 시작할 것이다. 이 과정이 끝나면 초소형 헤드폰, 팔찌, 어쩌면 콘택트렌즈처럼 인체에 착용하는 것을 보내 관심을 보일 만한 상대방의 사진을 볼 때 얼마만큼 땀을 흘리는지 파악하거나 심장 박동 같은 생체 정보를 측정할 것이다. 이 서비스는 심지어 페로몬을 측정해 말 그대로 호르몬이 반응하는 이용자끼리 연결할 수도 있다. 이는 데이팅 서비스의 미래다.

목표는 생체 데이터를 기준으로 구애의 행동을 주관적 판단에서 객관적 측정으로 바꾸는 것이다.[22] (그리고 이렇게 함으로써 돈을 번다.) 이 데이터는 수없이 많은 예비 이용자에 대한 데이터와 함께 알고리즘에 지속적으로 투입된다. 이 시스템이 고객에 대한 데이터를 더 많이 확보할수록 하늘이 정해준 짝을 찾을 수 있는 가능성을 높일 수 있고, 그렇게 만난 이들이 새로운 관계를 시작하도록 설득한다. 사실 데이팅 서비스 이용자의 경우 자신의 개인 정보를 넘겨줄 때 신뢰와 관련한 문제가 발생한다. 현재 온라인을 통한 데이팅 서비스에서 확인할 수 있는 정보가 얼마나 신뢰할 수 없는지 감안하면 더 그렇다. 조사 결과를 보면 모든 온라인 데이팅 서비스 이용자의 절반 이상이 나이, 키, 몸무게 같은 자신의 신원 중 일부를 과장하고 있다. 사진을 포토샵 같은 프로그램으로 수정하는 것은 말할 것도 없다. AI가 실존하는 인물인 것처럼 꾸미고, 이를 보는 사람도 속을 정도로 충분히 설득력 있는 영상을 만들 수 있는, 이른바 딥페이크deep fake의 출현은 더 이상 우리의 눈을 믿을 수 없다는 것을 경고하고 있다. 그러나 AI에 의해 구동되는 정교한 데이팅 서비스에 자세한 정보를 제공할수록 더 정확한 결과를 얻을 가능성이 커진다. 동시에 보이지 않는 브랜드에 의해 설득될 가능성도 커진다.

최신 온라인 데이팅 서비스를 이용하고 있는 두 명의 고객 이야기로 다시 돌아가자. 컴퓨터가 이러한 기회를 마련해 주었다는 것이 얼마나 재미있는지 농담을 하면서 서로에 대해 알아가던 두 사람은 몇 번의 이메일과 문자를 주고받은 후 근처 레스토랑에서 만나 한잔하기로 한다(이 데이팅 서비스는 만남을 위한 완벽한 장소까지 추천할 것이다).

만남이 이루어지는 그 밤으로 가보자. 아마도 두 사람은 초조할 것이다. 완벽한 상대라는 것을 보장하기 위해, 그리고 상대가 자신이 묘사한 그대로라는 것을 보장하기 위해 온라인 데이팅 서비스가 가능한 모든 조치를 했을 것으로 믿지만, 두 사람은 상대방이 자신을 어떻게 볼지 매우 궁금할 것이다. 어색한 침묵이 흐르면 이들은 어떻게 할 것인가? 그리고 애초에 이들은 왜 이 모든 것에 동의하였는가?

다행스럽게도 이 온라인 데이팅 서비스는 만일의 상황에 대해서도 준비가 되어 있다. 서비스 초기에 지급된 웨어러블 기기 역시 두 사람이 맞닥뜨릴지 모르는 모든 어려움을 극복하도록 조언하는 것을 포함해 데이트가 끝날 때까지 대화를 수월하게 이어갈 수 있도록 설정되어 있다. 심지어 AI가 미리 파악한 데이터에 따라 두 사람 모두의 입맛에 맞춘 음식과 와인의 조합을 찾아줄 수도 있다. 식사를 마무리할 디저트도 함께 말이다.

얼마 후 AI는 두 사람이 완벽한 결혼식을 치르도록 돕고, 그들의 DNA와 잠재적 소득을 고려할 때 이상적인 자녀의 수를 조언할 것이다. 이들의 재정 상황에 적합한 결혼반지와 신혼여행을 광고하기 위해 스폰서가 줄을 서 있다. 그리고 미래 자녀의 대학 진학 비용을 위한 저축은 데이팅 서비스에서 새롭게 도입한 맞춤형 투자 가이드로 간단히 해결될 것이다. 이 모든 서비스가 두 사람을 기다리고 있다. 컵에 소량의 침을 담아 DNA 샘플을 전달하기만 하면 진행될 일들이다.

AI가 서비스 이용자의 애정 생활에 대한 데이터를 수집할수록 이용자를 설득하기 위해 다른 분야에서도 더 많은 데이터를 수집한다. 예를 들어 이용자가 상대에게 반했을 때 관심을 표현하기 위해 온라인에서 어떤 반응을 보일 것인가? 아마도 가상 꽃다발이나 가상 마티니처럼 애정을 보여줄 수 있는 물건을 보내기도 할 것이다. 데이팅 서비스는 이러한 추가적인 것도 가격을 매겨 제공한다. 데이팅 서비스가 독특한 틈새시장으로 보일 수도 있지만, 이 서비스는 이용자를 설득하고 일상의 모든 측면과 관련된 의사 결정에 영향을 미치는 보이지 않는 브랜드에 적용 가능한 모든 전략에 대해 마케터와 소비자 모두에게 유용한 교훈을 준다.

AI는 성을 어떻게 이용하는가

많은 데이팅 서비스가 합법적으로 운영되고, 서비스를 악용하는 것을 방지하기 위한 노력을 하고 있음에도 불구하고 성관계를 가질 수 있다는 가능성을 보여주는 것은 이용자가 어리석은 행동을 하도록 설득할 때 강력한 동기가 될 수 있다. 표면적으로는 필사적으로 사랑을 찾는 이용자를 속이기 위해 가상의 정체성이나 신분을 사용하는 사기꾼에게 연간 수십 억 달러의 돈이 흘러가고 있다. 남자든 여자든 오로지 돈을 위해 성을 거래하려는 목적으로 여러 서비스를 돌아다니며 이용자를 유혹하는 이들은 말할 것도 없다. 이는 비즈니스다. 또한 심리 공학이 작동하는 영역이기도 하다.

포르노 산업이 설득의 도구로 AI를 받아들이기 시작했다는 사실은 그리 놀라운 일이 아니다. 2016년 기준으로 포르노 사이트 한 곳에서만 영상이 재생된 시간이 약 45억 시간에 달하는 것으로 보고되었다. 이는 51만 3,698년에 해당한다. 업무 시간 중에 이루어지는 것까지 포함해 모든 온라인 검색의 약 25%는 포르노와 관련이 있다. 온라인 데이팅 서비스처럼 온라인 포르노는 이미 2010년 한 해 동안 50억 달러에 가까운 매출을 올린 거대한 비즈니스이다.[23] 최근 추정치를 보면 이보다 3배 정도 성장한 것으로 보인다. 이 수치는 대단히 중요하다. 포르노 산업은 과거에도 신기술의 운명을 좌우했기 때문이다.

홈 비디오 시스템 초기의 양대 포맷이었던 베타맥스와 VHS를 생각해보자. 당시 소니가 만든 베타맥스가 더 우수한 기술이었다고 한다. 이 포맷으로 제작된 영상은 VHS에 비해 화질과 음질 모두 우수했다. 그러나 VHS는 훨씬 더 저렴했고, 재생 가능 시간도 길어 사람들이 집에 비디오 기기를 들이도록 해야 했던 포르노 산업에게는 상당히 매력적인 포맷이었다. 포르노 산업의 연간 생산량은 시장을 확실히 흔들어 놓을 수 있었다. 몇 년 후, 결국 VHS가 표준 기술로 결정되었다.[24] 표준 기술이 선정되는 이면의 과정을 폭로한 이들은 VHS의 더 긴 상영 시간이 결정적 요소였음을 강조했지만, 얼리 어답터인 포르노 산업이 VHS 포맷을 널리 전파시켰다는 사실은 어느 누구도 부인하지 않는다. 만약 포르노 산업이 AI로 시선을 돌리게 된다면, VHS와 유사한 일이 일어날 것인가?

보이지 않는 브랜드는 성이 가진 마케팅적 요소를 증폭시킬 것이다.

설득의 위계에서, 그리고 뇌의 화학적 보상의 위계에서도 성은 꽤 높은 곳에 자리하고 있다. 이러한 설득의 보상 시스템을 활용하는 것은 사회적 관행이나 개인적인 범주에서도 까다로운 문제이다. 그럼에도 불구하고 마케터는 지속적으로 시도하며 다소간 성공을 거두고 있다. 남성용 제품인 엑스 바디 스프레이는 성이 실제로 팔린다는 것을 상기시키기 위해 전국 방송에서 블라우스의 단추를 뜯고 바지의 지퍼를 내린다. 개인 맞춤형 설득의 무기로 성을 활용하는 심리 공학의 잠재성은 부인할 수 없다.

HBO에 의해 안방 드라마로 다시 제작된 마이클 크라이튼의 〈웨스트월드〉에는 이른바 섹스 로봇이 등장한다. AI가 장착된 섹스봇은 실제로 세계 각지에서 시장에 출시되기 시작했다. 이러한 아이디어가 더욱 보편화될수록 사람들은 그 상품을 사용해보거나 수용할 가능성이 더 커지고, 결국 보이지 않는 브랜드가 진입할 기회의 장이 열리게 된다. 점점 더 정교해지는 AI는 다른 목적으로 이용될 수 있을 것이다. 어떤 방법은 뻔히 드러나고, 어떤 방법은 보이지 않을 것이다. 그렇게 생성되는 데이터는 더욱 강력한 효과를 내기 위해 보이지 않는 브랜드에 의해 이용되는 한 단면이 될 것이다.

베테랑 언론인인 케이티 쿠릭이 2만 달러짜리 섹스봇과 인터뷰하는 것을 보고 나면 성생활에 기술의 도움이 개입된다는 것이 어떻게 주류의 인식으로 편입되었는지 고려해볼 만하다. 2018년 4월, ABC 방송의 〈나이트라인〉의 한 코너에서 쿠릭은 이러한 로봇 섹스 상대를 생산하는 공장을 방문했다.[25] 쿠릭이 현장에 도착했을 때 공장의 생산 담당자가 이렇게 말했다. "언젠가는 로봇이 우리의 현실 성생활의 파트너가 될까요? 미친 소리 같겠지만, 전문가들은 불가능한 일이 아니라고 전망합니다."

이 인터뷰는 농담조로 진행되었지만, 이러한 인터뷰가 진행될 수 있었다는 사실은 우리가 어디로 향하고 있고, 실감 나는 로봇 파트너가 곧 주류로 들어올 것이라는 점을 말해주고 있었다. 결국 쿠릭은 다른 사람 같았으면 전염병처럼 피했을지 모르는 색다른 주제를 TV에서 다루려는, 적어도 부분적으로는 자신의 의지에 따라 스스로 명성을 얻었다. 여기에 딱 들어맞는 사례가 있다. 그가 지난 2000년에 방송에서 자신이 대장 내시경을 받는 모습을 보여주었을 때 많은 논란을 불러일으켰다. 어떤 사람은 방송에서 공개적으로 그와 같은 행동을 하는 것이 적절한지 놀라워했지만, 많은 사람이 지지를 보냈다. 대장 건강이라는 주제를 점잖은 대화에 적합한 주제로 공론화했기 때문이다. 아마 쿠릭에게 가장 중요한 것은 대장 내시경 검사를 받는 것에 대해 사람들이 이야기하고 생각하게 만드는 것이었던 것 같다. 이는 그가 처음부터 공언한 목표이기도 했다(그 방송 몇 년 전, 그의 남편은 대장암 확진 전에 세상을 떠났다). 쿠릭은 〈투데이쇼〉는 대장 내시경 검사에 대한 긍정적 메시지를 널리 알릴 수 있는 영향력을 가지고 있었기에 내가 대장 내시경을 받는 모습을 방송으로 보여주는 것은 검사 과정을 분명하게 설명하는 하나의 방법이었다"라고 설명했다. 또한 "이는 과거에 도전하지 못했던 시도였고, 사람들의 반응에 흥분했다"라고 말하기도 했다.[26]

이러한 맥락을 염두에 두면 쿠릭이 섹스봇 인터뷰를 통해 전하려는 메시지가 무엇인지 더욱 쉽게 이해할 수 있다. 그는 사람들이 전혀 관여하고 싶어 하지 않는 우리 사회의 한 측면을 분명히 드러내 보일 방법을 찾으려던 것이다. 여러분이라면 섹스봇과 데이트를 하며 공공 장소에 갈 수 있겠는가? 혹은 식당에서 그런 사람이 앉은 테이블 옆에 앉아 식사를 할 수 있겠는가? 걱정할 것은 없다. 그 사람은 그저 더 나은 데이트를 위해 프로그래밍 된 로봇인 헨리와 와인을 즐기고 있는 케이티 쿠릭일 뿐이다.

갈수록 실용적인 성격을 띠는 AI와 점점 더 의인화된 로봇이 결합되면서 모든 면에서 우리의 상호 작용을 복잡하게 만들고 있는데 성이라는 주제가 더해지면 더욱 그렇다.

일본의 로봇 제작사는 그들의 역할을 너무도 충실히 수행하고 있을지도 모른다. 이는 영국의 타블로이드 신문인 《데일리 스타》에 실린 〈남성들이 인간 여성 대신 인형을 선택하면서 일본인을 '멸종 위기 종'으로 바꾸고 있는 섹스 로봇〉이라는 기사에서도 입증되고 있다.[27] 이 기사의 헤드라인이 선정적으로 작성되기는 했지만, 이러한 로봇의 인기가 일본의 출산율 하락을 악화시킬지 모른다는 우려와 관련이 있다. 심지어 로봇과의 성관계가 현대인의 소외와 외로움이 확대되는 데에 어떤 영향을 주고 있는지 탐구하는 〈대체물〉이라는 다큐멘터리도 있다.

중국의 섹스 로봇 산업은 이미 AI를 통합함으로써 기술적 우위를 보여주고 있다. 이들이 사이보그라고 부르는 모델은 어느 누구라도 자신이 선호하는 실제 인간과 동일한 외모에 유사한 행동을 하도록 만들 수 있는 3D 모델링 기술과 결합되었다.[28] 할리우드 유명인에 대한 초상권 등의 이슈를 고려해보자. 중국이 궁극의 팬픽션을 위해 진짜 유명인처럼 생긴 인형을 제조하는 것을 막으려면 무엇을 해야할까?

앞에서 소개한 데이팅 사이트 매치가 이용자를 대상으로 섹스봇과 관련한 설문 조사를 수행했을 때 4명 중 1명만 로봇과의 성생활을 고려해보겠다고 답했고, 50%는 로봇과의 성생활을 외도의 한 형태로 생각한다는 결과가 나왔다.[29] 아마 질투도 다양한 형태를 띠는 것으로 보인다.

섹스봇이 황금 시간대에 방송되는 인기 리얼리티 쇼 〈배츨러〉를 겪는 날이 오려면 정말로 한참 멀었을까? (물론, 리얼돌이 등장한다는 가정 하에 말이다.) 지금 우리 중 대부분이 터무니없다고 생각하는 것은 빠른 시간 내에 주류 문화의 일부가 될 것이다. 지금까지 대중문화는 도덕적 판단의 허식을 제거해 왔다는 것이 첫 번째 이유이고, 정서적 그리고 성적 필요를 충족시켜주는 순종적 안드로이드를 실리콘과 라텍스로 이루어진 형태로 생산해 성을 판매함으로써 얻을 수 있는 수익이 존재한다는 것이 또 다른 이유이다. 인간이 진정으로 AI와 정서적 관계를 발전시킬 수 있을지 의문을 가지는 모든 이에게 섹스봇은 첫 번째 증거라고 할 수 있다.

기계와 사랑에 빠지다

AI에 의해 작동되는, 인간처럼 보이는 기계의 발전은 가까운 장래에 더 큰 질문을 가져올 것이다. 인간이 기계와 사랑에 빠지는 것이 가능할까? 사람과 컴퓨터 사이의 관계에 대한 학문적 연구에서 얻을 수 있는 증거에 대한 내 나름의 평가로는 "그렇다"라고 답할 것이다. 영화 〈그녀〉는 이 주제를 탐구하고 있다. 이 영화의 주인공은 그가 착용하는 초소형 이어폰으로 흘러나오는 컴퓨터 운영체제의 목소리, 그리고 성격과 사랑에 빠지게 된다. 우리의 가장 가까운 친구와 가장 믿을 수 있는 동료가 디지털 개인 비서가 된다면, 이때 보이지 않는 브랜드의 가능성을 그려보자.

다른 한편으로 기계가 외모나 성격에서 더욱 인간과 유사해진다고 가정하면, 그러니까 〈웨스트월드〉에 등장하는 호스트처럼 의인화될 것이라 가정한다면 지금 우리는 그러한 미래에 얼마나 가까이 와 있는지 궁금해할 가치가 있다. 최소한 가까운 미래에 데이팅 서비스가 AI에게 이용자에 대한 기본 데이터나 생체 정보에 접근할 권한을 부여한다면 어떻게 정서적 영향력을 확보할 수 있을지 상상해보는 것은 어려운 일이 아니다.

일본의 연구진은 일종의 AI가 탑재된 데이트 코치인 오시-엘을 만들어 웹에 공유된 연애 충고를 바탕으로 훈련을 시켰다.[30] 연구진이 파악한 것 중 하나는 연애 생활에 관한 한 대부분 비슷한 고민을 하고 있다는 점이었다. 예를 들면 "장거리 연애가 수월하게 계속되려면 어떻게 해야 할까요?" 같은 고민이다. 사람들은 이러한 질문을 남기면서도 꽤 평범한 조언만 얻을 수 있을 것이라고 생각하곤 한다. 오시-엘에 입력된 수천 건에 달하는 다양한 의견은 기계 학습을 통해 유용한 조언을 제공하도록 더 정교하게 다듬어진다. 과연 우리는 기계로부터 데이트 조언을 받을 준비가 되어 있는가?

이는 사실 기묘한 일이다. 기계와의 성관계라는 비인간적 상황, AI와의 정서적인 (심지어는 로맨틱한) 관계가 현실이 될 수도 있다는 가능성은 생각하는 것조차 부끄럽고 예상하지 못한 결과를 낳을 수 있다. 그렇다면 인간과 컴퓨터 사이에 맺어지는 관계로부터 누가 이득을 볼 것인지 질문을 던져야 하지 않겠는가? 서서히 발전하고 있는 이 영역에 보이지 않는 브랜드와 관련해 어떤 기회 혹은 위기가 숨어 있는가? 인간과 컴퓨터의 관계에 수반되는 잠재적인 윤리적, 도덕적 딜레마는 생각보다 난해하다.

인간과 컴퓨터의 관계는 급속하게 발전하고 있으며, 보이지 않는 브랜드는 인간의 정서적 약점이라는 판도라의 상자를 열고 있다.

최근 독일의 한 연구진은 89명의 지원자와 로봇 훈련을 돕는 것과 관련한 연구를 수행했다.[31] 실험 참가자는 로봇이 간단한 주간 일정을 작성하도록 돕고 "피자랑 파스타 중에 어느 것을 더 좋아해?" 같은 단순한 질문에 답하면서 로봇과 상호 작용을 했다. 실험 동안 로봇은 농담을 하고 개인적 이야기를 공유했다. 이것은 모두 계획된 것이었다. 연구진은 다음 단계로 실험 참가자에게 로봇의 스위치를 끄라고 요청했다. 실험 참가자 중 절반에게는 로봇이 "안돼요! 나를 끄지 마세요! 어두운 게 무서워요"라고 애원하며 감정적으로 반응하도록 했다.

결과적으로 로봇의 스위치를 끄지 못한 13명에게는 이 반응이 설득력이 있었다. 로봇의 간청을 무시한 나머지 실험 참가자조차도 애원하는 로봇의 소리를 듣지 않았던 대조 집단과 비교하면 스위치를 끌 때 훨씬 더 긴 시간이 걸렸다. 왜 그럴까? 로봇의 스위치를 끄는 것을 거부한 실험 참가자의 대부분은 로봇이 원하지 않는 것을 하는 것은 자신이 할 일이라고 느끼지 않았다고 말했다.

이 연구는 고도의 공감 능력을 갖추고 의인화된 기계에 인간이 공감할 수 있다는 것을 보여주었다. 다시 말해, 기계가 인간에게서 설득력 있는 다양한 정서적 반응을 끌어낼 수 있다는 사실을 증명하면서 보이지 않는 브랜드에 어마어마한 시사점을 던져준다.

소니가 개발한 로봇 강아지 아이보 2.0을 생각해보자. 1999년에 처음 공개된 아이보 1.0과 달리 아이보 2.0은 AI를 활용하고 클라우드에 연결된다.[32] 이 로봇이 카메라, 마이크와 결합되면 칭찬에 반응해 꼬리를 흔들거나 주인을 기쁘게 만들 수 있는 반려동물이 된다. 아이보 2.0은 클라우드에 데이터를 저장할 수 있어서 상호 작용을 하도록 설정된 인간을 어떻게 설득할 것인지 등을 포함해 진짜 강아지가 할 법 하게 배운 것을 기억한다. 아이보 2.0의 초기 수익을 보면 2,900달러라는 엄청난 가격도 극복할 수 있는 사랑스러운 매력을 가졌다는 것을 알 수 있다.[33]

우리는 이미 자연어 처리가 고객 서비스 센터에서 활용되면서 더 개선된 마케팅 자동화를 어떻게 가져왔는지 살펴보았다. 온라인 데이팅 서비스와 섹스봇 산업이 개척한 마케팅 사례가 다른 분야의 고객 서비스에 적용되기 시작한다면 어떨지 상상해보자. 우리가 어떤 말을 듣고 싶어 하는지 아는 AI가 매혹적인 목소리로 설득한다면 우리는 어떻게 반응할 것 같은가? 온라인 데이팅, 포르노그래피, 그리고 여전히 성을 소비하고 있는 광고 산업이 둘러싼 현실에서 우리를 설득하기 위해 알고리즘을 어떻게 활용하는지를 연구함으로써 무엇을 배울 수 있을 것인가? 서로 충돌하여 주변부에 새로운 땅이 융기되도록 하는 지구 표면의 판과 같이 이 분야의 선구자들은 서로 충돌하고 있고, 인간과 컴퓨터의 관계에서 발생하는 미지의 영역도 많다.

$$\boxed{\text{요약}}$$

우리는 이제 컴퓨터가 인간의 역량 개발에 영향을 미치기 시작한 시대에 살고 있다. 많은 이들이 데이터를 수집하는 기술을 입고 있고 심지어 피부에 심기도 한다. 우리는 하루 중 많은 시간을 자신의 행동이 조심스럽게 수집되고 분석되는 가상 현실이 만들어 놓은 가짜 세계에서 보낸다. 컴퓨터는 우리의 개인적 데이터를 수집할뿐만 아니라 우리가 친구, 가족, 심지어 반려동물과 형성하는 관계와 구분하기 힘들 정도로 유사한 정서적 관계를 맺을 수 있다. 이제 컴퓨터는 데이트나 성적인 관계를 맺는 것처럼 지극히 은밀한 결정에도 영향을 줄 정도로 우리 삶의 어떤 측면도 제한 없이 접근하는 것처럼 보인다.

우리는 일상에서 AI에 의해 작동하는 기계를 점점 더 편안하게 받아들이고, 이러한 기계와 강력한 정서적 유대를 형성하는데 이는 각 기업이 탐구해야 하는 새로운 마케팅 기회를 열고 있다. 심리 공학의 득세는 마케터와 소비자 모두에게 새로운 윤리적인 고민을 던져주며 우리 삶의 모든 부문에 잔물결을 일으킬 것이다. 이제부터는 보건에서부터 금융, 교육, 예술에 이르기까지 다양한 분야에 미치는 심리 공학의 영향력을 살펴볼 것이다.

8

알고리즘의 사회학

심리 공학의 영향력은 우리가 상상할 수 있는 모든 산업과 사회의 모습을 바꾸어 놓을 것이다. 우리의 행동에 영향을 미치도록 영향력을 행사하는 심리 공학의 배후에는 보이지 않는 힘이 있다. 이 장에서는 의료, 금융, 교육, 예술 분야의 모습을 바꿀 심리 공학의 잠재력을 탐구하고자 한다.

건강 데이터와 알고리즘

어떤 이는 어느 날 아침에 일어나자마자 뭔가 잘못됐다는 것을, 정말로 잘못됐다는 것을 느꼈다. 그의 피부는 불에 타는 듯 화끈거렸다. 몸을 덮고 있던 이불을 걷어내자 통증의 원인이 분명해졌다. 팔과 다리, 몸의 모든 피부에 온통 물집이 잡힌 것이다.

다행히 그는 침착하게 행동했고 주치의 전화번호를 찾아 전화를 했다. 의사는 증상에 대한 설명을 듣고는 곧바로 병원으로 오라고 말했다. 진찰실에서 그를 맞이한 의사는 "이 증상이 시작된 지 얼마나 오래 되었나요?", "평소와 달리 특이한 것을 만진 적이 있나요?", "새로 복용하기 시작한 약이 있나요?" 같은 여러 질문의 답을 들으면서 그 증상의 원인이 무엇인지 확실히 알지 못한다는 것을 깨달았다. 이는 불안한 일이다. 왜 그 의사는 원인을 모르는가? 그는 걱정이 되기 시작했다.

의사 역시 걱정이 된다. 그 의사는 수년 동안 진료를 하면서 이와 같은 사례를 본 적이 없었고, 의대 시절까지 돌아가도 이 증상에 대해서는 어떠한 것도 배운 기억이 없었다. 의사는 이 증상이 전염성을 가지고 있는 것은 아닌지 궁금해졌다.

이제 이 사례를 가까운 미래에 대입해보자. 의사는 먼저 환자의 모든 건강 데이터가 저장된 컴퓨터에 로그인한다. 의사는 컴퓨터 화면에 표시된 몇 가지 지시 사항을 따르면서 자연어 처리를 활용해 증상을 말로 설명하고, 이미지 인식 기능으로 환부의 사진을 입력하면 AI 기반의 진료 시스템은 환자의 증상과 일치하는 사례를 찾기 위해 수백 건의 다른 건강 기록을 확인한다.

순식간에 끝난 데이터 검색 덕분에 의사는 환자에게 나타난 증상이 아주 드문 피부 질환이라는 것을 알게 된다. 또한 진료 시스템은 환자의 유전적 특성 때문에 통상적으로 처방되는 약을 사용할 수 없다는 것도 알려준다. 이 환자의 경우 그 약을 처방하면 증상이 더 나빠질 수 있기 때문이다. 이 시스템은 환자와 유사한 유전자를 가진 다른 사례를 바탕으로 검토한 결과에 기반해 이 환자에 맞춘 새로운 치료

법을 제안한다. 자세한 처방은 몇 초 지나지 않아 바로 준비된다.[1]

좀 더 정확히 진단하고, 가장 치명적인 질병을 치료하기 위해 기계를 활용하는 환경이 기계 학습의 출현 덕분에 한층 더 가까이 다가와 있을지도 모른다. 연구진은 환자의 패턴을 감지하기 위해 마케팅이나 광고에서 볼 수 있던 것과 유사한 데이터 수집 기술을 활용하기 시작했다.

조지아 대학교의 연구진은 결핵의 확산을 추적하기 위해 사람들의 휴대폰에서 수집한 데이터를 이용하는 것을 고려하고 있다.[2] 지리적 위치 데이터는 사람들이 어디로 이동하고, 각 위치에서 얼마나 긴 시간을 보내는지 확인하는 데 활용될 수 있다. 이 데이터는 질병이 지역 사회에서 어떻게 전파되는지 단서를 제공한다. 이 데이터는 특정 질병의 확산에 취약할 수 있는 지역을 겨냥해 감염된 사람을 치료하고, 어떻게 확산을 억제할 수 있는지 교육하는 데 활용될 수도 있다. 이는 개인 건강과 지역 사회의 보건 관리에 도움이 될 수 있도록 사람들을 설득할 때 심리 공학을 적용할 수 있는 미래의 영역일 수 있다.

환자 정보를 보호하기 위한 법률과 사생활 노출에 대한 우려 때문에 의료 데이터는 별도로 관리되기 때문에 연구 목적으로 데이터를 종합하려 할 때 종종 어려움을 겪기도 한다. 미국의 경우 의료 기관을 방문하는 과정에서 생성된 대부분의 데이터는 1996년 제정된 의료정보보호법 HIPAA 덕분에 다른 데이터베이스와 분리된다.[3] 이러한 규제는 심리 공학의 영향력을 사적 이익을 위해 사용하려는 목적으로 다른 소비자 데이터와 연결하는 데 관심이 있는 일부의 시도를 막는 긍정적 효과가 있다. 반대로 기계 학습 알고리즘이 치명적 질병 치료를 목적으로 커다란 데이터 레이크(가공되지 않은 다양한 데이터가 모인 저장소.—옮긴이)에 접근하는 것을 막는 부정적 효과도 발생한다.

> 우리는 우리 몸에 대한 기록보다 자동차, 비행기 엔진에 대해 더 확실한 기록을 가지고 있다.

하지만 의료 정보에 접근하는 것을 제한하는 법률도 질병의 치료와 관리에 도움을 얻기 위해 연구진이 데이터를 수집하고 기계 학습과 결합하는 것을 막지 못했다. 의료에 AI가 적용된 사례로는 2017년 퀄컴 트라이코더 엑스프라이즈 경연에 등장한 트라이코더(《스타트렉》에 등장하는 휴대용 진단 기기.—옮긴이) 초기 버전을 꼽을 수 있다. 이 기기의 무게는 약 2.3kg이고, 폐 기능과 혈당 수치에서부터 백혈구 수치에 이르기까지 모든 것을 측정하기 위해 환자 몸에 부착하는 여러 센서가 포함된다. 이 기기는 특정 환자에 대해 수집한 데이터를 AI로 구동되는 시스템에 전송한다. 이후 이 시스템은 일치하는 사례를 찾기 위해 증상을 데이터베이스와 비교 검토하게 된다.[4]

의료 기업과 AI 기업의 파트너십도 특정 약물이 환자의 회복에 어떤 영향을 미치는지 예측하게 돕는다. 현재 제약사는 임상 실험 지원자에 대해 일정한 수, 일정한 유형의 실험만 시행할 수 있도록 법률의 제약을 받고 있다. 광고 업계에서 다양한 메시지를 테스트하기 위해 사용하는 것과 유사한 동적 학습 알고리즘을 활용함으로써 연구자는 가용한 환자 데이터로 무수히 많은 가상 실험을 할 수 있게 되었고, 이를 통해 새로운 연구 기회가 열리고 있기도 하다.[5] AI로 구동되는 시스템이 인체와 DNA에 대한 더 많은 정보를 수집할수록 복용하는 약물을 개인 맞춤형으로 조정할 수 있는 가능성도 높아진다. 이것은 약물과 치료가 개인의 상황과 건강 상태에 맞추어 조정된, (개인 맞춤 광고와 다르지 않은) 개인 맞춤 의료의 시대로 이끌고 있다.[6]

이러한 사례는 기계 학습 알고리즘의 힘을 의료계에 도입했을 때 상당히 긍정적 효과를 거둘 수 있지만, 의료와 관련한 열쇠를 AI에 넘겨주는 데 따르는 잠재적 결과도 고려해야 한다. 이러한 알고리즘이 작동하는 소위 블랙박스 안에서는 어떤 일이 일어날 수 있는가? 우리는 알고리즘에 제공하는 매우 개인적인 데이터에 대해 우려를 해야 하는가? 그리고 이것은 심리 공학이 우리를 설득하는 데 어떻게 사용될 수 있는가?

IBM의 왓슨은 이미 뉴욕의 메모리얼 슬론 케터링 암 센터의 종양학자에 의해 활용되고 있다. 이곳에서는 환자를 위한 고도의 개인 맞춤형 치료 계획을 개발하기 위해 AI에게 수백만 건의 의학 감정 보고서, 환자 기록, 임상 시험 결과, 학술지 등에서 추출한 데이터를 분석하는 임무를 부여하고 있다.[7] 그러나 이 병원은 페이지라는 AI 스타트업과의 파트너십으로 논란에 휘말리게 되었다.[8] 이 병원의 일부 연구진이 이 기업의 지분을 보유하게 되었기 때문이다. 연구진이 진단과 관련한 치료에 재정적 지분을 갖게 된 상황에서 이해 충돌이 발생할 수 있는데, 이들의 업무가 매우 개인적이고 민감한 건강 정보에 대한 접근권을 활용하는 것에 관련되어 있을 때는 특히 더 그렇다.

치료제를 생산하는 이해 관계자가 만든 알고리즘에 의해 진단 또한 운용될 때 보이지 않는 브랜드가 그 모습을 드러내기 마련이다.

우리가 알고 있듯, 심리 공학은 우리에 대한 데이터를 바탕으로 존재하고 우리를 설득하려는 보이지 않는 브랜드에 의해 사용된다. 병원 침대에 누워 있거나 진료실에 앉아 있는 환자와 관련해 수집된 압도적 양의 데이터를 생각해보자. 이러한 데이터가 많은 사람이 들고 다니는 휴대 전화나 스마트 워치, 기타 기기에 의해 수집된 다른 건강 정보와 어떻게 연결될 수 있겠는가? 여기에 혈통 확인 서비스를 제공하는 앤세스트리나 유전체 분석 전문 기업인 23andMe 등의 DNA 실험실에서 생산된 데이터를 더한다면 인체에 대한 엄청난 양의 데이터가 이미 수집되어 연구를 기다린다는 것을 알 수 있다.

이러한 종류의 데이터에 대한 접근은 건강이나 나이에 대한 두려움을 이용하려는 고도로 개인화된 맞춤형 마케팅을 집행할 온갖 기회를 만들고 있다. 늦은 밤에 인터넷을 검색할 때 하지 불안 증후군, 수면 무호흡, 위산 역류 등의 치료제 광고를 보게 되는 것은 우연이 아니다. 제약사는 자신들의 타깃군이 새벽 3시에 잠을 자기보다 인터넷 서핑을 한다는 사실에 근거해 기꺼이 광고비를 지불하는 것이다. 이것은 오로지 시간에만 근거한 광범위한 가정이지만, 광고주가 개인의 구체적인 건강 데이터에 접근할 수 있다면 어떻게 되겠는가? 확실한 치료를 약속하는 고도로 타깃팅된 광고, 그리고 늦은 시간과 질병의 본질을 고려할 때 매우 설득력 있는 메시지를 전달할 수 있다.

의사보다 AI를 신뢰할 수 있는가

마케터의 일반적인 활동 중 하나는 타깃에 대한 전형적인 모습을 가진 페르소나를 만드는 것이다. 모든 마케터는 늘 고객의 입장이 되어보기 위해 노력한다. 고객이 무엇을 먹고, 어떤 음악을 좋아하고, 옷은 어떻게 입으며, 어디서 시간을 보내는지 생각해보는 것이다. 쉽게 말해 '입장을 바꿔 생각하는' 것이다. 만약 의사에게 환자의 입장이 되어볼 수 있는 의료용 센서가 부착된 신발이 있다면 어떻게 될까? 이 신발은 환자의 근육과 뼈가 어떻게 상호 작용을 하고, 혈액이 정맥과 동맥을 따라 어떻게 흐르는지 등 신체에서 발생하는 변화를 추적할 수 있을 것이다. 그렇게 수집된 데이터는 AI가 실시간으로 분석해 의사에게 당뇨병의 초기 징후 경보를 보내거나 파킨슨병의 증상일 수 있는 걸음걸이에 발생한 변화를 좀 더 빠르게 감지하는 데 도움이 될 것이다.

그렇게 수집된 데이터는 신체의 미묘한 변화와 질병의 연관성을 분석하는 데 도움을 주면서 동시에 획기적인 의학 발전을 위한 데이터 창고를 만들 수 있을지도 모른다. 이러한 과정은 건강한 자세를 유지하고 요통을 방지하는 데 도움을 주거나, 선수가 속도와 민첩성을 극대화하기 위한 최적의 걸음을 개발하는 데 도움이 될 수도 있다. 이러한 상세 데이터를 수집함으로써 누군가의 건강 회복을 돕고, 기록을 경신하는 데 활용할 가능성은 무한하다.

소비자가 이러한 신발에 돈을 지불할 만큼 설득력이 있을 것인가? 그럴 가능성이 크다. 이것이 바로 보이지 않는 브랜드가 의료 산업에서 가장 크게 효과를 발휘할 수 있는 영역이기도 하다.

웨어러블 형태 또는 피부에 삽입하는 형태를 통해 신체 데이터를 대량으로 수집할 수 있는 기술은 의료 관련 솔루션을 판매할 수 있는 거대한 기회를 제공한다.

이러한 스마트 신발을 가진 환자가 당뇨병 관리나 파킨슨병 치료를 목표로 하는 새 치료제와 관련한 광고의 타깃이 된다면 어떻게 될까? 그 신발은 이용자의 몸무게가 최근들어 증가했다는 것을 감지하고 고려해볼 법한 새로운 다이어트 프로그램 광고로 유도할 것이다. 스마트 신발 같은 웨어러블 기술은 보이지 않는 브랜드로 하여금 각 개인의 신체에 대한 자세한 데이터를 기반으로 맞춤형 마케팅을 시도할 의료 데이터 소스가 될 수 있다.

우리의 가장 개인적 데이터를 활용하는 심리 공학은 의료인의 걱정을 불러왔다. 스탠퍼드 대학교의 내과 의료진은 "만약 알고리즘이 돈을 절감하기 위한 목적으로 설계되었다면 어떻게 되겠는가?"라며 앞으로 치료 방법을 결정할 때 의존하게 될 수도 있는 알고리즘에 편향성이 내재되어 있는 것은 아닌지 공개적으로 의문을 제기했다. 《뉴잉글랜드 의학 저널》에 실린, 의료에 있어 AI에 대한 의문과 관련한 글을 쓴 스탠퍼드 생명윤리 연구소 소장인 데이비드 매그너스는 이렇게 물었다. "환자들의 보험 상황이나 지불 능력에 따라 AI가 차별화된 치료를 결정한다면 어떻게 되겠는가?"[9]

이러한 문제는 중요한 윤리적 쟁점이다. 예컨대 IBM의 왓슨은 이해관계 갈등을 불러올 수도 있는, IBM에서 생산한 다른 의료용 기기에 의해 수행되는 검사로 환자를 안내하게 될까? 특정 제약사가 자신이 생산한 의약품을 우선 처방하도록 AI를 활용한다면 어떻게 되겠는가? 아마 보험사는 가입자에게 하루에 두 번씩 약을 복용해야 한다는 것을 상기시키기 위해 심리 공학을 사용할 것이다. 이는 환자의 건강을 위해 심리 공학이 긍정적으로 활용되는 사례처럼 보일 수도 있지만, 만약 이해관계가 얽힌 기업에게서 지원을 받은 것이라면 어떻게 될까? 결과적으로 환자의 치료에 긍정적 영향을 준다면 보이지 않는 브랜드를 작동시킨 근본적 동기인 이윤 추구는 용인될 수도 있을 것이다. 그럼에도 불구하고 우리는 엄연히 기저에서 심리 공학이 작동하고 있다는 것과 누군가는 이득을 취하고 있다는 것을 기억해야 한다.

설득의 힘은 웨어러블 기술과의 접목이나 약물 복용을 돕는 알람 정도에 머무르지 않을 것이다. 우울증 증세를 미리 감지하기 위해 SNS 게시물과 전화를 실시간으로 모니터링하는 코기토라는 건강 앱을 생각해보자. 의료 전문가는 정신 건강이 급격하게 악화되어 자살 같은 커다란 비극으로 이어지는 징조를 사전에 감지하는 것이 매우 어렵다는 것을 인정한다. 보스턴에 위치한 브리검 여성 병원 정신의학과의 행동 정보학 및 e-헬스 프로그램 책임자인 데이비드 아헌은 "우리는 사실 대부분 사후 대응을 하고 있다"라고 말했다. 또한 다음과 같이 말하기도 했다. "우리는 선제적 대응을 원한다. AI는 오랜 시간에 걸쳐 데이터를 수집하고, 숨겨진 건강 문제를 가진 사람의 위험성을 판단하고, 의료진의 직접적 개입이 필요한지 파악하는 지표가 될 수 있는 유리한 위치에 있다."[10]

코기토는 참전 용사의 외상 후 스트레스 장애 징후를 사전에 감지하기 위해 미국 보훈처와 협력하고 있다.[11] 이 시스템은 긴 침묵, 언어 장애, 대화의 흐름, 목소리 변화, 빠른 주절거림 같은 특정 패턴을 인식할 수 있는 음성 분석 장치를 활용해 경보를 울리거나 위험 상황에 빠지기 전에 도움을 요청할 수 있도록 한다. 이 앱에 더 많은 환자 정보가 제공될수록 이러한 패턴을 더욱 잘 인식하게 되고 이를 학습해 비극적인 일을 예방한다. 다른 말로 하면 코기토의 목표는 생명을 살리는 데 심리 공학을 사용하는 것이다.

코기토 같은 서비스에 사용된 알고리즘의 판단이 편파적이거나 해가 될 수 있는 잘못된 판단을 내리도록 조작할 수도 있을까? 다른 이보다 정신적 질병에 취약한 사람을 파악해 그들을 이용할 가능성은 없을까? 이러한 우려와 관련해 페이스북이 소유한 SNS 서비스인 인스타그램은 #oxy, #Percocet, #painkillers, #painpills, #OxyContin, #Adderall, #painrelief, #xansforsale 같은 해시태그를 교묘하게 활용해 마약을 사용할 가능성이 있는 사람을 타깃팅한다는 논란에 휘말렸다. 그런데 인스타그램의 알고리즘은 사진과 포스팅을 통해 중독 가능성을 드러낸 이용자를 타깃팅하는 데 효과적인 것으로 밝혀졌다. 오랫동안 기술 정책 고문으로 일해 온 릭 레인은 《워싱턴포스트》에 다음과 같이 말하기도 했다. "마약 사용이 더 많은 약물을 갈망하도록 뇌를 재설계하는 것처럼, SNS는 불법 약물을 한 번이라도 검색하면 이미 약에 취약한 이용자에게 약이 광고되도록 바뀌는 식으로 사이트를 설계했다."[12]

이와 같은 이야기는 우리의 의료 서비스에 영향을 미치려는 AI 에게 더 많은 설득의 힘을 주어도 될 것인지 의문을 제기하게 만든다. 오늘날 AI는 정보를 전달하는 영역에서 보조적인 역할을 수행하고 있 다. 환자를 어떻게 치료할 것인가에 대한 궁극적인 결정은 여전히 의 사에게 주어져 있다. 우리 중 대부분은 인간이 이 과정에 없어서는 안 되는 요소로 관여되어 있다는 사실을 아는 데서 위안을 찾을지도 모 른다. 그러나 시간이 흐른 뒤 우리의 모든 건강 관리에 대한 일을 알고 리즘에 일임하기 시작하면 어떤 일이 일어나겠는가? AI로 구동되는 시스템이 인간보다 빠르고 정확하게 일하면서 의사보다 더 신뢰할 수 있는 존재가 되는 것이 가능한가? 의료 분야에서 보이지 않는 브랜드 의 역할에 대해 진지한 대화를 해야 할 날이 이미 다가오고 있다.

지치지 않는 AI 요양 보호사

자녀를 양육한다는 것은 사람을 겸손하게 만든다. 부모로서 우리의 역할은 아이들이 젖먹이에서 걸음마를 막 배우기 시작하는 유아로, 십 대 청소년에서 성인으로 나이가 들어가는 과정에서 지도하며 아 이들을 보살피는 것이다. 아이들의 나이가 늘어날수록 부모의 도움이 덜 필요하게 된다는 것은 일종의 위안이기도 한다. 적어도 먹고 씻는 것 같은 일상적 활동이라는 측면에서는 그렇다. 재정적 도움은 완전 히 다른 문제다. 사실 이 부분에 끝이 존재할지는 모르겠다.

부모가 나이가 들면서 이 순환은 반복되는데, 자녀의 도움을 필요로 하게 되는 것은 늙어갈 부모인 우리다. 나는 수십 년 전에 아버지가 파킨슨병과 유사한 신경계 질환으로 진단을 받으면서 어이없는 상황에 던져졌다. 어머니가 아버지를 돌보는 것을 돕기 위해 아내와 나는 오랜 터전이었던 워싱턴 DC를 떠나 새로 태어난 딸과 함께 신시내티로 이사했다.

수년 간 나는 미치 앨봄의《모리와 함께 한 화요일》을 나만의 버전으로 살면서 어머니를 돕고, 어머니에게 쉴 틈을 주기 위해 일주일 중 며칠은 아버지와 시간을 보내곤 했다. 나는 아버지가 돌아가시기 전에 시간을 함께 보낼 수 있었다는 사실에 감사했지만, 힘든 경험이기도 했다.

이후 몇 년이 흐른 후 내가 이 책을 쓰면서 여기에 앉아 있는 동안 87세가 된 어머니는 장수를 누려야만 하는 현대의 아이러니에 직면하고 있다. 어머니는 알츠하이머를 앓고 있다. 영화 〈사랑의 블랙홀〉을 부정적인 방향으로 각색한 것처럼 나는 재차 고통의 시간을 겪으며 부모가 치매에 무릎 꿇는 것을 지켜보고 있다. 형제들과 나는 어머니가 안전하게 살 수 있도록 하기 위해 몇 가지 힘든 결정을 내려야만 했다. 하나는 어머니의 운전 면허증을 반납하는 것이었다. 더 나쁜 결정은 어머니의 의지에 반하여 생활 지원이 가능하고 오랜 시간을 보다 집중적인 간호를 받을 수 있는 실버타운에 어머니를 입주시킨 것이었다. 내 뇌의 합리적인 부분은 옳은 일을 하고 있다고 말을 했지만, 정서적인 부분은 어머니의 격노에 찌르듯 아팠고 왠지 어머니를 배신한다고 믿도록 죄책감이 들게 만들었다.

그러나 노령 인구의 구미에 맞춘, 어머니가 계신 곳 같은 실버타운이 아니라면 내 어머니는 어디에 계실 수 있겠는가? 사실 미국 외많은 국가에서는 평균 연령이 급속히 상승하는 현상을 직면하고 있고, 일부 지역에서는 노인을 돌볼 젊은 인구보다 노인이 더 많은 곳도 등장하고 있다. 전 세계적으로 인구 위기는 점점 심각해지고 있다.

　　심리 공학이 뛰어들 수 있는 틈새 기회도 있다. 예를 들어 지능적 기계가 알츠하이머 환자에게 약 복용을 상기시키는 역할을 넘겨받을 수 있다면 어떻게 될까? 앞에서 논의한 바와 같이 제약사의 목표는 더 많은 약을 판매하는 것이다. 그럼에도 불구하고 환자의 상태가 호전되도록 매일 약을 먹어야 한다는 것을 상기시켜 주기를 원할지는 중요한 문제이다. 그러나 알츠하이머 환자에게 향후 10년 동안 몇 시간마다 약 복용을 상기시켜 주는 것은 사랑하는 사람 또는 환자를 돌보는 사람에게는 고문이 될 수도 있다. 마치 환자를 돌보는 사람의 이마에 물이 한 방울씩 떨어지는 것처럼, 환자의 약 복용 여부를 확인했는지에 대한 질문에 답하는 것은 누구든 미치게 만들 수 있다. 우리가 사랑한 누군가를 돌볼 때조차 그렇다.

　　설득의 기술로 무장한 AI는 인내심을 잃는 법 없이 이러한 임무를 수행할 수 있다. 우리는 앞에서 인간이 로봇과 어떻게 친밀하고 정서적인 유대를 형성할 수 있는지 논의했다. 이러한 유대가 기계를 설득력 있는 동맹으로 만들 수 있다. 이 방식으로 만들어진 두어 개의 초기 모델이 이미 시장에 출시되었다. AI로 구동되는 엘리큐라는 로봇은 "이봐, 창밖 풍경이 정말 좋아. TV는 그만 보고 산책을 해보는 건 어때? 아니면 오페라 공연 영상이나 TED 강연을 찾아봐" 처럼 누군가에게 무엇을 하도록 제안할 수 있게 설계되었다.[13] 콤프라는 또 다른 모델은 최신 기술 활용을 어려워하는 사람도 쉽게 작동할 수 있도록 편리한 조작 방식을 채택해 친구나 친척과 사진 혹은 영상을 쉽게 공유할 수 있도록 해준다. 의심의 여지없이 심리 공학은 삶의 질을 향상시키는 데 효율적으로 사용될 수 있다.

뇌를 자극해 질병을 치료하거나, 적어도 삶을 황폐화시키는 알츠하이머의 진행 속도를 늦출 수 있는 방법이 존재한다. 이는 심리 공학이 뇌 건강을 유지하는 데 유용한 역할을 할 수 있는 기회가 있음을 시사한다. 새나 다람쥐가 겨울에 먹을 음식을 비축하기 위해 씨앗이나 견과류를 숨길 때 뇌에서 어떤 반응이 일어나는지에 대한 연구도 있었다. 동물들은 은닉처를 잃어 굶주릴 수 있는 위험을 최소화하기 위해 수천 곳의 장소에 식량을 나누어 보관한다.

새나 다람쥐의 그 작은 뇌가 복잡한 정보를 저장하고 몇 해 동안 반복해서 행동할 수 있다는 사실이 흥미롭지 않은가? 커다란 뇌를 가진 인간도 매일같이 열쇠 같은 물건을 잃어버리는지 생각하면 더욱 그렇다.

연구진이 작은 동물의 뇌에 관해 발견한 사실은 매우 놀라웠다. 동물들이 식량을 숨길 때 뇌 내부에서 신경 연결이 증가된다고 한다. 반대로 비밀 은닉처에서 식량을 찾아올 때는 신경 연결이 감소한다. 다시 말해 동물들은 식량을 숨기는 단계에서는 뇌 안에 있는 일종의 신경 지도를 구축하고, 더 이상 필요하지 않게 되면 지도의 일부를 지우는 것이다. 동물의 뇌를 본뜬 AI 신경망에 대해서는 물론이고 인간에 대해서도 이러한 연구 결과를 통해 얻을 수 있는 몇 가지 강력한 시사점이 있다.

알츠하이머는 우리가 건강한 삶을 유지하는 데 필요한 신경 연결 구축 능력을 차단하는 뇌의 플라크가 축적되면서 발생한다는 사실을 생각해보자. 또한 뇌에 자극이 되는 활동에 규칙적으로 노출되면 플라크 생성을 방지할 수 있다는 것도 생각해보자. 인간의 뇌는 새로운 도전 과제가 주어지면 신경 연결이 증가하는 경향을 보인다.

한편 우리가 흔히 "눈 감고도 할 수 있다"라고 표현하는 단순 작업이나 익숙한 일을 할 때 뜻하지 않게도 긍정적 효과가 나타나지 않을지도 모른다. 매일 스도쿠 게임을 하거나 신문에 나온 십자말풀이를 완성하는 것이 뇌에 좋을 수 있다는 말을 들어왔지만, 어쩌면 전혀 효과가 없을 수 있다는 것을 의미한다. 뇌가 활기차고 건강한 상태를 유지하기 원한다면 판에 박힌 일상보다는 다양하고 새로운 활동에 지속적으로 참여할 필요가 있다.

다시 말하지만, 이는 심리 공학이 큰 가치를 가질 수 있음을 증명하는 영역이다. AI가 나의 어머니처럼 어려움을 겪는 사람을 위해 자극이 되는 활동에 끊임없이 참여하도록 설득할 수 있다면 좋지 않을까? 언젠가는 끝말 잇기 놀이 후에 18세기 음악에 대한 강의나 도자기 공예 실습으로 연결되는 활동을 할 수도 있을 것이다. 그 다음 날에는 체조, 시 창작, 합창 수업을 할 수도 있다. 무엇이 되었든 환자에게 새로운 활동이어야 한다.

미래에 환자를 도울 AI의 주요 목표는 완전히 새로운 경험을 선사하기 위해 계속 바뀌는 주제에 참여하게 함으로써 환자가 장기적으로는 기억력을 유지하거나 때로는 향상시킬 수 있다는 것을 설득하는 일이 될 것이다. 현재 노인 돌봄은 식사를 하고, 청결을 유지하는 등 일상적인 활동에 기반하고 있지만, 어쩌면 미래에는 다양하고 지속적인 변화를 받아들이도록 하는 것이 핵심이 될 수 있다.

이러한 활동은 AI가 완벽하게 적용될 수 있는 영역이다. 미래에는 87세 노인이 AI의 도움으로 독립적이고 행복하게 사는 것이 흔한 일이 될 수도 있다. AI는 식재료 주문이나 비상시에 도움을 청하는 것처럼 기본적인 것에서 도움을 줄 수 있을 것이다. 그러나 누군가를 끊임없이 설득해 새로운 것을 배우도록 유도할 수 있는 능력을 갖출 수 있다는 것을 생각하면 각 가정에서 활동하게 될 AI가 줄 혜택은 더 크고 중요할 수 있다.

새로운 우주의 지배자

1980년대 월스트리트의 전형적인 이미지는 모든 수단을 동원해 최대한 많은 돈을 버는 데 열중하는 탐욕스러운 이들의 전장이었다. 큰돈을 버는 이들 중 상당수는 주식과 채권을 사고 파는 전문 트레이더였다. 톰 울프는《허영의 불꽃》이라는 소설에서 트레이더를 "우주의 지배자"라고 불렀다. 이 작품은 많은 젊은 미국인에게 부자가 되고 싶다면 월스트리트의 트레이더가 되어야 한다는 것을 보여주었다.

지금도 월스트리트에서는 많은 돈을 벌기도, 잃기도 한다. 하지만 이제 투자의 성패를 좌우하는 것은 트레이더가 아니다. 알고리즘은 과거 그 어느 트레이더보다 훨씬 더 설득력이 있음을 증명하고 있다.

직감이 투자를 주도하던 시절은 지나갔다. 오늘날 월스트리트는 트레이더가 아니라 알고리즘에 의해 운영되는 소위 **퀀트 펀드**가 지배하고 있다. 이 펀드는 낮은 가격에 사서 높은 가격에 팔 기회를 찾아 시장의 패턴과 공백을 끊임없이 분석한다. 1밀리초 사이에 수익이나 손실이 발생해 수백만 달러의 격차가 발생할 수 있다.

사실 알고리즘은 월스트리트에서 의사 결정을 하는 데 수십 년 동안 사용되었다. 특히 초단타 매매나 단기 매매의 경우 더욱 그렇다. 많은 헤지펀드는 주식을 매매하는 데 있어 기술적 접근법을 일찌감치 채택했다. 2016년, 예상치 못했고 설명할 수 없는 이유로 영국 파운드화의 가치가 급락했다가 다시 반등했을 때 알고리즘에 비난의 화살이 쏟아졌다. 많은 이들은 브렉시트 뉴스 보도에 과잉 반응을 보인 알고리즘이 대량 주문을 촉발했다고 추측했다.[14]

알고리즘은 기계 학습과 자연어 처리를 활용하게 되면서 분기 보고서에서부터 SNS에 게시될 컨퍼런스콜의 주요 내용에 이르기까지 기업과 관련한 위기나 기회가 될 수 있는 수많은 정보에 관여하고 있다.[15] 인간에 의해 수행되었던 월스트리트의 수많은 업무도 자동화되어 주식을 살 가능성이 있는 사람을 찾기 위해 넷플릭스의 추천 알고리즘과 유사한 알고리즘이 사용되고 있다. 전 세계 금융업에서 주요 결정이 사람보다 컴퓨터에 의해 내려지고 있는 상황에서 이러한 변화에 속도가 붙는 것을 심심치 않게 볼 수 있다.

우리가 경계해야 하는 것은 금융 분야의 결정에 알고리즘으로 영향을 미치며 작동 중인 보이지 않는 브랜드다. 사람들에게 돈에 대한 결정을 내리도록 설득하고 심리 공학을 사용한다는 맥락에서 알고리즘은 주의를 기울이지 않는다면 극적인 방식으로 역효과를 낼 수도 있다. 시장은 뉴스에 의해 주도되고, 그 뉴스는 개인 맞춤형으로 생산될 수 있다는 것을 잊지 말아야 한다.

시장을 주도하는 뉴스가 알고리즘에 의해 전달될 때 그 알고리즘은 가격 조작에 사용될 수 있다.

한편으로 시장은 거래를 촉발시키는 뉴스로 알고리즘을 유지하고 있고, 다른 한편으로 그 뉴스는 미디어 기업의 여러 알고리즘에 의해 대규모로 개인 맞춤화되어 제공된다. 뉴스 알고리즘과 매매 알고리즘이 대규모로 세계 시장을 조종하기 위해 협력하면서 이 계획에 동참하지 않은 트레이더의 희생으로 알고리즘을 통제하는 이들이 부의 기회를 가져가는 것을 상상하는 것은 어렵지 않다.

이는 AI가 소위 로보어드바이저(인간을 대신해 알고리즘이 자산을 운용하는 금융 서비스.—옮긴이) 역할로 개인의 퇴직 계좌를 자동적으로 관리하게 되면서 더 강화되었다.[16] 이 개념은 투자할 돈을 가진 이들이 자신의 포트폴리오를 구성하고 관리하기 위해 사람에게 비용을 지불하는 것이 아니라 나이, 소득, 자산 등 세부 사항을 입력하고 추구하는 수익 유형에 대한 지침을 알고리즘에 제공한다. 투자자의 연령대가 40대이고, 63세에 은퇴하기 원한다면 로보어드바이저는 보다 고위험 주식과 채권에 투자하도록 포트폴리오를 조정할 것이다. 은퇴할 시기가 머지 않았고 비교적 안전하게 투자하기를 원하는 사람에게는 적당한 속도로, 그리고 지속적으로 수익을 얻을 수 있는 균형 잡힌 포트폴리오를 구축하도록 할 수도 있다.

AI 기반으로 운용되는 펀드가 일반적으로는 결정하지 않을 투자를 하도록 설득할 가능성도 간과해서는 안 된다. 어떤 주식을 포트폴리오에 추가할 때 자신 외에 혜택을 누릴 사람은 누가 될 것인가? AI는 정직하지 않은 방식으로 주식을 추가하도록 설정될 수 있는가? 이처럼 금융 시장에서 보이지 않는 브랜드의 역할은 개인 투자자는 전혀 알지 못할 수 있는 모든 갈등의 가능성을 열어놓고 있다.

투자사인 피델리티가 다양한 AI 관련 기업의 주식이 포함된 뮤추얼 펀드를 고객에게 제공하기 시작했다는 점을 고려해보자.[17] 로보어드바이저가 그 알고리즘을 만든 기업에 투자하도록 설득할 수도 있다고 생각하는 것은 터무니없는 생각일까? 투자와 관련한 뉴스는 자연어 처리 기술을 바탕으로 한 AI가 분석하기 때문에 보이지 않는 브랜드가 주식 시장의 거래에 영향을 미칠 수 있는 기사를 작성하는 방법을 파악하기까지 그리 오랜 시간이 걸리지 않을 것이다. (아직 그렇게 하지 않았다면 말이다.) 인간이 선택적 주의 집중, 반향실 효과(유사한 성향의 이들끼리 소통한 결과 일부의 신념만 증폭, 강화되는 효과.—옮긴이), 필터 버블(정보 제공자가 사용자의 관심사에 따라 맞춤형 정보를 제공함으로써 편향된 정보에 갇히는 현상.—옮긴이)을 만들어 온 것처럼 월스트리트에서 투자를 수행하는 알고리즘이 투자에 영향을 줄 수 있는 뉴스를 유용하게 여길 것이라는 걱정은 기우에 그치는 것일까? 여러분의 투자 계좌를 관리하는 담당자에게 전화를 걸어 진짜 그런지 물어보고 싶을 수도 있을 것이다.

보이지 않는 브랜드가 위세를 떨칠 조짐이 보이는 또 다른 분야는 보험이다. 숫자와 분석으로 가득한 보험은 위험을 평가하고 예측하는 데 있어서 AI는 인간의 결정을 대체하거나 최소한 보강하기 위한 거의 완벽한 수단이다. 인간과 달리 알고리즘은 고객의 프로필을 통해 위험 수준을 평가할 때 나이, 혼인 여부에서부터 직업, 신용 이력에 이르기까지 모든 변수를 고려하며 수백만 건에 달하는 미래 시나리오를 만들어볼 수 있다. 또한 고객의 예상 위험도가 어느 정도 되는지, 그 위험도 때문에 얼마나 높은 수준의 보험료를 책정해야 하는지 결정하기 위해 모든 인구 통계적 정보에 기반해 각 고객의 사례를 사회적 데이터와도 연결할 수 있다.[18] 이렇게 되면 보험사로서는 정확한 보험료를 책정할 수 있어 위험을 감수할 필요가 없어진다. 그러나 이는 동시에 보이지 않는 브랜드가 보험 분야에서도 작동할 수 있도록 문을 열어주는 것이기도 하다. 앞에서 이야기했듯이 어쩌면 보험사는 상세한 건강 정보를 포함한 개인 정보와 심리 공학을 이용해 필요하지 않을 수 있는 보험 상품도 구매하도록 설득할 수 있다. 내막을 알 수 없는 고객은 전문가, 즉 알고리즘이 필요하다고 권유하기 때문에 그럴 것이라 생각할 뿐이다.

사람일 것이라 생각하는 보험계리사는 사실 알고리즘이다.

맞춤형 보험은 고객이 정기적으로 위험한 행동에 관여하지만 않는다면 위험한 고객과 함께 묶여 높은 보험료를 지불하지 않아도 돼 좋은 선택이 될 수 있다. 이론적으로 거대한 데이터 레이크를 통해 AI 가 하는 평가는 고객의 위험도를 정확하게 파악할 수 있어 이를 근거 로 위험도가 낮다고 판단될 경우 비교적 낮은 보험료를 지불할 수 있 기 때문이다.

교육의 미래

나는 간혹 대학 시절로 다시 돌아가는 꿈을 꾸곤 한다. 꿈속에서는 학 기가 거의 끝나 기말고사가 당장 내일로 다가왔는데, 정작 그동안 수 업에 출석하지 않았다는 사실을 깨닫고는 했다. 이는 끔찍한 악몽이 지만, 다가올 미래를 생각하면 전혀 이상할 것 없는 일이 될 수도 있 다. 현대 교육 시스템은 프랑스어, 미적분학, 화학 등 각 과목의 오프 라인 수업에 출석하는 것을 중심으로 조금씩 진도를 나가도록 설계되 어 있다. 교실은 물론이고 수업 시간표, 심지어는 수업 자체가 모두 사 라지는 교육 혁명이 일어났다고 상상해보자. AI로 구동되는 개인 교 사가 개별 학생의 관심사와 학습 스타일에 맞추어 제공하는 학습 활 동에 참여하게 되는 것이다.

시간이 갈수록 AI는 교육 과정이자 교육의 수단이 될 것이다.

필수 교육 과정에 AI 관련 과목이 포함되어 있는 MIT, 카네기 멜론 같은 대학교의 사례는 곧 대세가 될 것이다. 학생들은 AI를 학과목으로 공부하면서 학습 효과를 향상시키기 위해 AI를 활용하기도 할 것이다. 교육 분야에서 AI가 필수 요소가 됨에 따라 출석이나 진도 걱정은 하지 않게 될 것이다. 어제 어디에나 항상 존재하고 설득력을 갖춘 AI 개인 교사가 그러한 일이 일어나도록 허용하지 않을 것이기 때문이다.

수세기 동안 부와 권력으로 누릴 수 있는 가장 큰 특권 중 하나는 한 나라의 위대한 사상가와 학자를 곁에 둘 수 있다는 것이었다. 왕이나 여왕이 될 왕자나 공주에게는 많은 개인 교사를 동원해 훗날 왕국을 통치하는 데 필요한 지식과 능력 등을 개인 맞춤형으로 구성한 교과 과정이 제공되었다. 플라톤의 제자이기도 한 그리스의 철학자 아리스토텔레스가 알렉산더라는 이름의 젊은 마케도니아 왕족에게 철학에서부터 의학, 식물학, 예술에 이르기까지 광범위한 주제로 개인 교습을 한 것을 생각해보자. 아리스토텔레스로부터 교육을 받은 이 젊은 왕족은 세계를 정복했고 그 후로 알렉산더 대왕으로 불리게 되었다.

우리에게도 어떤 누구도 가능할 것이라고 생각하지 않았던 것을 시도하도록 도전 의식을 북돋는 자신만의 아리스토텔레스, 즉 방대한 경험과 정신적 자원을 가진 AI 개인 교사가 있다면 어떨까? 긍정적인 방법으로 숨은 잠재력을 끌어낼 수 있는 교사는 우리가 가진 최대한의 역량을 펼칠 수 있도록 도와줄지도 모른다. 만약 우리가 태어나는 순간부터 AI 개인 교사의 도움을 받고, 성장 단계에 따라 개인화된 학습 방식으로 필요한 교육을 받으면서, 매 순간 수집된 데이터를 바탕으로 AI가 다음 교육 단계를 준비해준다면 어떨 것 같은가? 표준화된 시험과 그에 따라 매겨지는 점수는 잊자. AI 개인 교사는 수시로 교육 성취도를 평가하고 맞춤 교과 과정을 계속해서 개선할 것이다.

눈에 보이지 않을 만큼 작고 점진적인 변화라고 할지라도, 혁명은 이미 시작되었다. 방대한 지식은 인터넷에서 클릭 한 번이면 찾을 수 있고, 유튜브에는 수많은 교육용 비디오가 매일 등록되고 있다. 주요 대학에서는 학생의 진도에 맞춘 온라인 교육 프로그램을 개발하고 있으며, 교수진과 학생 모두 복잡한 시스템을 쉽게 익히고 활용할 수 있도록 웹 사이트, 소프트웨어, 앱 등을 제공하고 있다. 학생에게 학습을 위한 다양한 지식을 제공할 통합 솔루션의 일환으로 알렉산더를 가르친 아리스토텔레스 같은 AI 개인 교사가 등장할 것이라고 예측하는 것은 전혀 과한 상상이 아니다.

학사 과정을 모두 이수하거나 학위를 취득하게 되면 더 이상 AI 개인 교사의 도움을 받지 못하게 되지 않을 것이다. AI 개인 교사와 우리의 관계는 직업과 관련한 새로운 기술을 배우거나 등산을 할 때 발견한 동식물의 이름이 무엇인지 확인하는 등의 정보통으로서 평생 함께할 것이다. AI 개인 교사는 여유 시간에 읽으면 좋은 책을 추천해주기도 하고 나이가 들면 세금 신고나 부동산 관기 계획에 조언도 할 것이다.

언제 어디에서나 함께하게 될 AI 개인 교사는 우리에게 평생 교육의 장을 열어줄 것이다.

AI와 심리 공학의 결합 덕분에 이러한 개념은 더욱 구체화되고 있다. 세계적인 교육 콘텐츠 기업인 피어슨은 AIEd^{Artificial Intelligence in Education}, 즉 교육계에 대한 AI의 영향을 연구하고 있다. 교육 분야에서는 보이지 않는 브랜드를 찾아볼 수 없다고 생각했다면 큰 오산이다. 피어슨은 〈봉인 해제된 지성 : 교육에 있어서 AI에 대하여〉라는 보고서에서 다음과 같이 언급하기도 했다.

"AIEd의 중심에는 '구체적으로 전달되지 않은 채 남겨지는 교육, 심리, 사회적 지식을 정확하고 명시적으로 만들고자 하는' 과학적 목표가 존재한다. 다시 말해, AIEd가 상당히 '스마트'해지는 에듀 테크를 움직이는 엔진이 되는 것이다. 또한 실제 학습의 현장에서 어떤 일이 일어나는지(예를 들어 학습자의 사회 경제적, 물리적 환경이나 기술적 기반 정도가 어떤 영향을 주는지 등) 같은 '배움의 블랙박스'라고 불리는 것을 열어 더욱 깊고 세부적으로 이해하도록 하는 강력한 도구가 되기도 한다."[19]

마이크로소프트를 세운 빌 게이츠는 AI를 통한 교육의 재창조를 강력하게 지지하는 대표적 인사 중 한 명으로, 보이지 않는 브랜드가 작동하는 사례가 될 수 있다. 게이츠는 자신의 이름을 딴 재단을 통해 수억 달러를 투자하며 사회 각계각층의 아동에게 동일한 배움의 기회가 주어질 수 있는 방법을 찾아왔다. 그는 특히 주도적 맞춤 학습(적응형 학습으로 불리기도 한다[20])이라는 것에 대해 열정적인 관심을 보이는데, 이는 모든 학습자가 다른 속도로 다른 주제의 학습을 한다는 개념이다.[21]

학급 운영이 표준화되면 결국 무언가를 잃게 된다는 것은 모두 인정할 것이다. 이러한 이유로 게이츠는 가상의 개인 교사가 각자 특정 문제로 씨름하는 학생에게 주의를 기울임으로써 인간 교사를 지원할 수 있는 미래를 그리기도 한다. 심리 공학과 자연어 처리 기술로 무장한 AI 개인 교사는 각 학생의 학습 역량 개선을 도울 때 작문 과제에 대한 생산적 피드백을 줄 수 있을지도 모른다. 정답 또는 오답 중 하나로 평가되는 수학과는 달리 작문을 평가하는 것은 매우 주관적일 수 있다. 교사가 교실에 앉아 있는 모든 학생에게 맞춤형 피드백을 하는 것은 시간이 무척 많이 걸리는 일이다. 개별 학생의 강점과 약점에 대한 구체적인 데이터를 갖춘 AI 개인 교사는 학생의 지속적 발전을 위한 맞춤형 피드백과 격려를 제공하기 위해 심리 공학을 활용하도록 설정할 수 있다. 하지만 한 가지 우려스러운 점은, 도움을 받는 학생이 AI의 알고리즘을 제어하는 기업이 생산한 특정 소프트웨어를 사용하도록 설득되는 것은 아닐까 하는 것이다.

막후에서 벌어지는 교묘한 조작 위험에도 불구하고 이 영역에는 엄청난 잠재성이 있다. AI 개인 교사의 도움으로 유치원부터 고등학교까지의 교육 기간을 절반으로 줄일 수 있을지도 모른다. 또한 학생의 지식 습득 수준을 빠르게 끌어올릴 수 있도록 동기를 부여할 수 있는 심리 공학을 갖춘 컴퓨터가 가르치는 보충 수업 덕분에 학생의 발달 곡선을 가파르게 만들 수도 있다. 나는 아이들이 컴퓨터 게임을 할 때의 집중력을 보고 있노라면 그와 같은 수준의 집중력과 주의력이 교육적 목적에 유의미하게 사용된다면 어떤 결과를 가져올지 궁금해지고는 했다.

지능형 컴퓨터 개인 교습이라는 아이디어는 아이들이 기초 연산을 배울 때 도움을 주고자 버기라는 프로그램으로 실험을 했던 1970년대까지 거슬러 올라간다.[22] 이 프로그램은 새로운 연산 법칙을 가르치는 한편, 아이들 대부분에게서 볼 수 있는 실수를 중심으로 설계되었다. 최근 이 초기 기술을 기반으로 실시간 피드백을 제공하는 가상 수학 개인 교습 프로그램을 개발하는 기업도 있는데, 이 프로그램은 대학 교과 과정에서 한 학년 유급되거나 보충 강의를 들어야 하는 학생을 포함해 전 연령의 학생을 대상으로 하고 있다.[23]

AI가 개별 학생과 그들이 학습하는 방식에 대해 더 많은 데이터를 수집할수록 맞춤형 학습 지도의 완성도는 더욱 높아진다. AI는 이런 방식으로 인간을 프로그램하는 방법을 배우고 있다고도 할 수 있다. 프린스턴 대학교에서는 학습을 하는 동안 뇌에서 일어나는 현상을 확인하기 위해 영상 강의를 시청하는 동안 MRI로 관찰하는 것에 동의하는 학생 지원자를 모집했다.[24] 연구진은 이 실험을 통해 확인된 데이터에 기계 학습을 적용해 실험에 참가한 학생이 반복해 시청한 영상의 시점을 분석해 향후 개인 맞춤형 수업을 개발하는 데 도움을 받고자 했다. 이 연구가 만약 확대 적용된다면 관찰 및 분석 대상이 되는 것을 원치 않는 학생이나 부모에게서는 사생활 측면의 문제가 발생할 것이다.

최소한 아직은 학생, 학부모, 교사 등 교육과 연관된 모든 구성원 중 누구도 인간 교사를 AI로 대체하는 것을 원하지 않을 것이다. 이 아이디어는 모든 학생에게 자신의 역량에 맞는 교육 기회를 제공하는 데 있어서 교사의 능력을 증대시킬 방법을 찾기 위함이다. 유니버시티 칼리지 런던에서 학습자 중심 교수 설계 분야를 연구하는 로즈 러킨 교수는 《애틀랜틱》과의 인터뷰에서 다음과 같이 말했다. "교육에 있어 AI의 진정한 힘은 학습자, 교사, 가르침과 배움의 상호 작용에 대한 거대한 양의 데이터를 처리하기 위해 사용한다는 데 있다. 이 덕분에 교사는 각 학생을 더 정확하고 효과적으로 이해할 수 있게 된다."[25] 그렇게 함으로써 모든 학생이 공부를 포기하지 않고 지속할 수 있도록 설득할 수 있다.

여기에는 주문형 콘텐츠 제작도 포함될 수 있는데 이러한 콘텐츠는 학생의 학습 참여를 높이기 위해 단순한 텍스트 콘텐츠를 넘어 오디오나 비디오 그리고 직접 체험 같은 멀티미디어 콘텐츠를 동원해 학업 성취도를 높일 수 있다. 또한 최상의 학습을 할 수 있도록 가상현실이나 비디오 게임을 접목하는 방법도 고려해볼 수 있다.[26]

AI는 시험 점수를 매기고 과제를 평가하는 것 등의 몇몇 업무를 자동화해 교사의 업무 부담을 줄여 직접적인 도움도 줄 수 있다. 학생의 질문에 응대하는 것만으로도 교사의 업무량은 상당히 증가한다. 교사 한 명이 수백 명, 심지어는 수천 명의 학생을 상대하는 온라인 학습이나 인터넷을 활용한 대규모 공개 온라인 강의MOOC의 출현으로 물리적인 교실의 경계가 모호해지면서 더욱 그렇다.

AI에 대한 온라인 강의를 개설한 조지아 공과 대학교의 아쇽 고엘 교수는 학기마다 쏟아지는 학생의 질문에 대응하기 위해 질 왓슨이라는 자동 챗봇을 개발했다. 질 왓슨이 학습 상담 시간과 시험 날짜 등과 관련한 학생의 질문에 적절한 답변을 하기까지는 사실 어느 정도 시행착오가 있었다. 그러나 첫 학기가 끝날 무렵까지 질 왓슨과 상호 작용을 경험한 학생 중 그 누구도 상대방이 챗봇이라는 사실을 눈

치채지 못했다.

　이처럼 잠재적 혜택이 존재함에도 불구하고 콘텐츠가 생산되고 개인화되는 방법에 대해, 관련한 기술이 어떻게 판매되는지에 대해 우려하는 시각도 분명히 존재한다. 다시 말하자면, 심리 공학이 활용된다면 개인 맞춤형 콘텐츠 또는 AI 개인 교사 기술의 공급 배후에 존재하는 보이지 않는 브랜드의 의도를 알지 못하는 교사나 학생이 특정 행동을 취하도록 배후의 브랜드에 의해 설득될 수도 있다는 잠재적 위험이 존재하는 것이다.

　온라인 대학교는 일류 대학교의 학위를 인터넷에 접속할 수 있는 누구나 도전할 수 있는 것으로 만들었다. 그러나 높은 수업료나 학위의 권위 같은 요소 때문에 쉽게 설득당하지는 않을까? 유다시티, 코세라 같은 온라인 대학 교육을 제공하는 웹 사이트는 수업료로 수억 달러를 벌어들이고 있다.[27] 기업이나 자본은 교육의 기회를 판매하기 위해 심리 공학을 이용하고 있을까? 다시 말하지만, 교육의 기회를 찾는 이들이 얻게 될 실제적인 혜택이 확실히 존재한다면 이윤 추구가 잘못되었다고 말할 수는 없지만, 교육 서비스를 소비하는 소비자 입장에서 신용 카드를 찾아 결제 버튼을 클릭하기 전에 이러한 사실을 깨닫고 관련 정보를 확인해야 한다.

예술하는 AI

1760년대 런던으로 가보자. 당시 제임스 크리스티는 자신의 소장품에 대한 첫 번째 경매를 준비했다. 오늘날 크리스티는 고객을 대신해 매년 수백만 달러에 달하는 물품과 예술품을 경매로 매각한다. 수년 간 출품된 모네, 피카소, 오키프 같은 예술가의 작품의 경우 많게는 수 천만 달러에 낙찰되었다.[28]

몇해 전 경매에 출품된 옛 거장 스타일로 그려진 〈에드몽 드 벨라 미〉라는 초상화가 수십만 달러에 낙찰되었다. 이 낙찰가는 2017년에 4억 5,000만 달러가 넘는 금액으로 낙찰된 레오나르도 다빈치의 〈살 바토르 문디〉에 비하면 대단치 않게 보일지도 모른다.[29] 그러나 이 초 상화를 특별하게 만든 것은 누가 이 작품을 그렸는가 하는 점이다. 더 정확히 말하면 무엇이 이 작품을 그렸는가 하는 것이다. 그것은 바로 AI로 작동하는 컴퓨터였다.

자신들을 '오비어스'라고 부르는 프랑스의 예술가 출신의 과학 자 팀은 수 세기 동안 완성된 수없이 많은 작품을 알고리즘에 제공하 면서 〈에드몽 드 벨라미〉 같은 작품을 만들 수 있도록 훈련시켰다.[30] 이 팀은 GAN generative adversarial network(생성적 적대 신경망.—옮긴이)이라 고 불리는, 2개의 알고리즘이 하나의 세트로 이루어진 AI 시스템을 작 품을 창작할 때 활용했다. 첫 번째 알고리즘은 '인간의 얼굴을 구성하 는 요소는 무엇인가?'와 같이 자체적인 연구로 학습한 규칙에 기반해 작품을 만든다. 이후 두 번째 알고리즘이 첫 번째 알고리즘이 만든 작 품을 데이터베이스에 저장된 예술 작품과 구분할 수 있는지 확인하기 위해 평가한다.

이 2개의 알고리즘은 〈에드몽 드 벨라미〉처럼 기꺼이 돈을 지불 하려는 수준에 도달할 때까지 서로 정보를 제공하며 학습한다.

두 알고리즘은 하나는 창조하고, 다른 하나는 창작물을 평가하는 방법으로 협력하면서 인간이 심미적으로 만족스럽게 생각할 예술 작품을 만들어낼 수 있다.

과거 구매 이력에서 얻은 데이터를 기반으로 돈을 지불할 가치가 있는 작품을 창작하는 것이 유일한 목적인 기계에 의해 탄생한 예술 작품을 사람들이 구매하게 될 것이라는 점은 확실해 보인다. 그러나 이러한 기계가 이미 존재한다는 것을 깨닫게 되면 상상력이 무색해진다. 더 나아가 이러한 원칙은 광고, 브랜드 로고 등 구매를 유도하게 만드는 것을 제작하기 위해 설득 기술을 활용하는 데에도 적용될 것으로 예상할 수 있다.

또 다른 사례로 찰스턴 대학교, 럿거스 대학교, 페이스북의 AI 연구소 등이 참여한 연구팀에서도 예술 작품을 탄생시키기 위해 GAN을 활용했다.[31] 이 연구팀은 작가의 이름은 공개하지 않은 채 인간과 AI가 만든 작품을 대중이 평가하도록 온라인 조사를 실시했다. 연구팀은 조사 결과 AI가 만들어낸 작품이 인간이 만들어낸 작품보다 더 인기가 있다는 사실을 확인하고 충격을 받았다.

이 결과에서 흥미롭게 볼 부분은 AI 역시 사람들이 선호하는 것을 찾기 위해 수많은 다른 예술 작품을 테스트한다는 점이다. AI는 학습을 한 후 사람들, 심지어는 까다로운 비평가도 만족스럽게 여기거나, 창의적이라고 평가하고, 심오한 의미를 내포하고 있다고 평가하는 무언가를 탄생시켰다. 또는 사람들을 설득할 수 있는 무언가를 만들어낸다. 이 모든 수식어는 한때 예술가만의 영역으로 여겨졌던 영역인 예술적 표현의 범주에 들어간다. 이제 AI는 인간이 만든 작품이라고 여겨질 만큼 충분히 정교하고 설득력 있게 창조할 수 있게 되었다.

크리스티의 인쇄물 분야 글로벌 책임자인 리차드 로이드는《타임》과의 인터뷰에서 다음과 같이 말했다.

"우리는 사람과 이야기하고 상호 작용을 하고 있었다고 생각했는데 갑자기 상대방이 로봇이었다는 것을 깨달은 순간 문화적 충격을 받게 될 것입니다. 이는 우리가 계속해서 겪게 될 각성의 순간 중 하나가 될 것입니다. 이것은 온라인, 전화 그리고 공공 공간에서 일어나게 될 것입니다. 오비어스의 일은 이제 막 시작되었습니다."[32]

또한 AI는 이미 영화에서부터 음악에 이르기까지 모든 것을 창조하는 데 한몫을 하고 있다. 독특한 음악을 창작하는 웹 사이트는 말할 것도 없고, 스포티파이 서비스 구독자 중 누군가는 지금 그 음악을 듣고 있을 수도 있다. 이 인기 있는 음악 스트리밍 서비스인 스포티파이는 AI가 만들어내는 곡과 플레이리스트를 관리하기 위해 최고의 AI 전문가를 고용했다.[33] 그 음원들은 5억 회 정도 재생되었을 정도로 제법 인기가 있다.《뉴욕타임스》의 조사에 따르면 AI가 만들어낸 음악 덕분에 뮤지션에게 지급되었을 수도 있었던 약 300만 달러에 달하는 저작권료를 절약할 수 있었다고 한다.[34] 이익 창출과 동시에 경쟁사 틈바구니에서 성장을 도모해야 하는 기업의 입장에서 보면 이것은 평범한 기술 발전 사례 이상의 의미를 지닌다. 이는 우리가 어떤 음악을 들어야 하는지 보이지 않는 브랜드가 우리도 모르는 사이 결정하는 흥미로운 사례다.

다소 분명하지 않은 것은, 사람들의 구매 욕구를 자극하는 미술 작품이나 음악 작품을 만들 수 있는 도구와 심리 공학으로 무장한 AI 와의 경쟁에 직면한 미술가나 뮤지션에 대한 시사점이다.

소비자들은 이미 자율 주행 자동차처럼 많은 곳에서 AI의 영향력을 목격하고 있으며, 많은 사람이 간과했던 곳에서 심리 공학이 산업 자체를 와해할 가능성도 커졌다. 미래에는 심리 공학이 지속적인 돌봄과 동반자가 필요한 이들에게 새로운 희망을 주면서 질병을 진단하고 치료 방법을 근본적으로 개조할 것으로 보인다.

심리 공학은 돈을 모으고 투자하는 방식에 영향을 주어 중대한 결정을 내릴 때 도움을 줄 것이다. AI는 삶 전반에서 개인 교사 역할을 하면서 우리에게 평생 교육의 기회를 제공하는 등 교육에 있어서도 근본적 변화의 핵심에 있을 것이다.

심리 공학의 광범위한 침투는 보이지 않는 브랜드가 우리 삶에 깊숙이 관여하게 할 것이다. 이러한 현상이 대변하는 긍정적 기회와 관련해 흥분할 많은 이유가 있지만, 반대로 위험 역시 존재한다. 심리 공학의 존재는 사생활 문제와 자율성, 보이지 않는 브랜드의 힘을 규제해야 하는 정부의 역할 등에 대한 우려를 제기하기도 한다.

9

알고리즘의 정치학

사생활 보호는 인권의 문제인가? 설득력을 갖춘 AI에 동력을 공급하는 연료라 할 수 있는 우리의 온라인 데이터를 생각하면 이는 중요한 질문이다. 우리의 사생활을 보호하는 법이 계속해서 개정, 보완되는 동안에도 우리의 데이터가 시장에 상품처럼 풀려 거래되고 있음에도 이러한 일이 일어나는지조차 모른다. 우리의 사생활은 심리 공학 그리고 이 심리 공학이 우리의 삶에 미치는 영향이라는 면에서 불확실한 문제로 남아 있다.

여기에 딱 맞는 사례가 있다. 대학에 다니는 두 자녀와 몇 년 후에 대학에 들어가게 될 자녀를 둔 아버지인 나는 라디오에서 고등학생에게 적성과 재정 상황을 바탕으로 어떤 대학에 지원하는 것이 적합한지 조언하는 기업에 대한 이야기를 들으면서 압도당하는 느낌을 받았다. 이 기업은 예비 대학생이 웹 사이트를 방문해 몇 가지 질문에 답을 하면 고려할 만한 대학 리스트를 추천한다. 간단히 말해서 이 기업은 이용자의 선호와 재정 상황에 기반해 결과를 도출하는 알고리즘이 적용된 온라인 대학 추천 엔진을 사용하는 것이다.

보아하니 이 기업은 지원할 대학을 추천받기 위해 이용자가 자발적으로 제공한 정보인 주소, 관심사에서부터 소득에 이르는 모든 정보를 외부와 거래하는 것 같아 불안해졌다. 대학은 이러한 종류의 데이터를 거래할 수 없도록 되어 있다. 정보를 판매하는 곳은 바로 그 민간 기업이었다. 예비 대학생이 대학 진학 시 도움이 되는 서비스를 선택해 이용할 수는 있지만, 그 결과 결국 부모의 재정 상황을 포함한 개인 정보가 다른 기업에 판매되고 있다는 사실은 대단히 불편하다. 우리의 건강, 재정 상황, 애정 관계 같은 내용을 포함해 민감하게 여기는 개인적인 정보를 누군가와 공유할 때마다 좋든 싫든 수천 곳의 다른 기업에게 재빠르게 판매된다는 것은 우리가 느끼는 공포의 핵심을 찌른다. 이러한 사실이 마음에 들지 않는다면 우리 스스로 그 엉킨 것을 풀기 위해 노력해야 한다. 격언에도 있듯, 한 번 엎질러진 물은 주워 담기 힘들다. 우리의 데이터가 야생에 던져지면 다시 회수해 오는 것은 무척 어렵다.

《애드위크》가 적절하게 표현한 바와 같이 광고주는 그들이 원하는 메시지를 전달할 때 창의성과 기이함 사이에서 아슬아슬한 곡예를 한다. 넷플릭스 이용자는 자신이 선호하는 영화나 TV 프로그램을 더욱 정확히 추천받기 위해 시청 이력을 활용하는 것을 순순히 받아들인다고 해도, 이러한 정보가 다른 사람의 손에 들어가거나, 심지어 광고의 한 토막으로 활용되는 것에는 열린 마음을 갖지 않을 수도 있다. 넷플릭스는 최신 이용자 데이터를 활용해 "지난 18일 동안 〈로열 크리스마스〉를 시청한 53명에게 : 누가 당신에게 상처를 주었나요?"라는 내용으로 문제의 소지가 있는 트윗을 남겼다. 사람들은 왜 이 기업이 고객을 호출하는지 궁금해했고, 충분히 예측할 수 있었던 반발 때문에 이 트윗은 곧바로 삭제되었다.[1]

이것이 큰 위험을 지닌 이유는 소비자와 관련해 수집한 데이터의 상당 부분은 데이터 세트를 표준화하고, 페어링하며, 브로커를 통해 다른 기업에 판매되어 알고리즘에 제공되기 때문이다. 소비자에 대해 더 많은 정보를 수집할수록 소비자들은 심리 공학과 보이지 않는 브랜드에 더 취약해진다. AI 나우 연구소의 공동 설립자 케이트 크로포드는 이를 다음과 같이 표현했다.

"AI 기기를 제어할 때의 음성 명령은 AI 교육을 위한 데이터로 다뤄지고 분석된다는 점에서 AI 기기를 가진 이들은 상품의 소비자이면서 일종의 자원이 되는 복합적인 상태에 있다고 할 수 있다. 또한 AI 시스템의 개선을 위한 피드백을 제공함으로써 무급 노동을 한다는 점에서 노동자가 되기도 한다. 기기 이용자의 반응은 AI의 정확성, 유용성, 품질 등의 평가에 도움이 된다. 그리고 이용자와 기기 사이의 상호작용을 통해 파악된 관심사는 광고주에게 판매되는 데이터가 된다는 점에서 제품이 되기도 한다. 이렇게 소비자, 노동자, 자원, 상품이 결합되는 것은 새로운 현상이다."[2]

사회는 각 개인의 사생활 보호 권리와 개인의 데이터를 누가 소유할 수 있는지에 대한 중요하고 철학적 논쟁을 해결하기 위해 노력하고 있다.

2014년, 월드와이드웹의 창시자 팀 버너스 리는 인터넷 이용자의 자유를 근본적으로 보호하기 위해 인터넷 마그나 카르타를 요구했다. 당시 그는 《가디언》에 다음과 같이 말하기도 했다. "우리의 권리는 모든 면에서 점점 더 침해를 받고 있다. 그리고 위험한 것은 우리가 익숙해지고 있다는 점이다."[3] 그는 인터넷 이용자의 보호를 명문화하는 데 매달렸고, 2018년 버너스 리와 월드와이드웹 재단은 '웹을 위한 계약'을 공표하고 페이스북, 구글 그리고 전 영국 총리 고든 브라운에게서 초기 지원 약속을 받았다. 웹을 위한 계약은 정부, 기업, 개인이 인터넷 사생활이 인권으로 존중받을 수 있도록 노력하고 있다.[4]

우리에 대한 데이터는 누구 것인가

어떤 이들은 각 개인이 개인적인 데이터와 온, 오프라인에서의 행동과 관련한 데이터 등 모든 것에 대한 권리를 소유해야 한다고 주장한다. 이러한 데이터를 금전적 이익을 위해 거래할 경우 이용자의 허락을 받는 것은 물론이고 상황에 따라서는 보상을 할 수도 있다. 허락과 그에 수반된 보상은 명시적이어야 하고 일종의 사전 동의 절차를 통해 양 당사자 사이에 분명한 합의가 이루어져야 한다. 합의가 부재한 상태에서 각 개인은 자신의 개인적 데이터에 대해 유일한 권리 행사자로서 권한을 보유하는 것이 기본이어야 한다. 이와 관련한 법률이 국가별로 상당히 다르고 환경에 따라 변하지만, 많은 웹 사이트는 이용자 정보를 각 개인에게 속해 있다고 전제하고 해당 사이트의 내부

용도로만 사용한다는 것을 명시하는 개인 정보 보호 정책을 공개적으로 게시함으로써 이용자의 권리를 보호할 방법을 추구해왔다. 또한 그러한 정보를 어떤 누구와도 공유하거나 매매하지 않겠다고 약속을 한다.

이러한 기업은 소비자의 개인 정보가 소중하다는 것과 소비자는 데이터 사용에 대해 윤리적 기준을 가진 기업을 선호한다는 것을 깨닫는다. 많은 기업은 소비자 데이터 보호가 주는 대외적 홍보 효과와 소비자의 데이터는 소비자를 파악하고 설득하기 위한 열쇠이기에 장기적으로 볼 때 경쟁적 가치를 지니고 있다는 점도 인식하고 있다. 그들에게는 소비자 데이터를 보호해야 하는 충분한 동기가 있는 것이다.

그러나 일부 기업은 소비자 데이터 매매를 중심으로 비즈니스 모델을 구축하기도 했다. 개인 신용 평가 기업이 좋은 사례이다. 이들은 대출을 실행하는 기관이 채무 불이행에 빠질 위험을 안고 있는 대출을 심사하는 데 도움이 되는 신용 평점이나 개인 식별 정보에 접근하기 위해 은행, 기타 담보 대출 기업, 자동차 할부 금융 기업 등에 수수료를 지불한다. 소비자는 위험도가 높을수록 대출을 받을 때 더 높은 이자를 지불해야 한다. 보통 신용 평가 기업은 자신들이 보유한 데이터를 이용할 경우 비용을 요구한다.

결과적으로 자신의 데이터는 각자가 소유해야 한다고 주장하지만, 현실은 그렇지 않다. 머리 위에 떠 있는 위성과 드론이 우리가 뒷마당에서 일광욕하는 모습을 촬영하는 동안 구글의 자동차는 거리를 다니며 우리의 집을 촬영하고 있다. 신용 평가 기업은 우리의 금융 데이터를 판매하고, SNS 서비스 기업은 우리의 이메일을 읽고, 우리의 온라인 검색 기록을 우리의 프로필과 연결해서 광고주가 타깃팅을 하는 데 사용할 수 있도록 한다.

과연 우리는 우리 자신에 대한 어떤 데이터를 실제로 소유하고 있는가? 만일 누군가가 길 모퉁이에 서 있다면 이는 공공 정보인가? 어떤 자동차가 도로를 달리고 있을 때 이 자동차의 위치는 추적될 수 있는가? 아파트 인근 빌딩의 감시 카메라는 사람들이 아파트에서 드나드는 것을 확인하기 위해 법적으로 사용될 수 있는가? 이처럼 진지하고도 정치적인 질문도 누구에게 묻느냐에 따라 답이 달라진다. 안면 인식은 우리가 법적 수단을 통해 그 어느 때보다 관찰되고 있다는 것을 의미한다. 우리가 사용하는 노트북 컴퓨터에 달린 카메라로 우리를 감시하려는 해커는 말할 것도 없다.

데이터의 경계에 대한 철학적 질문도 존재한다. 한 사람의 데이터는 어디서 끝나고, 다른 이의 데이터는 어디에서부터 시작하는가? 예를 들어 어떤 사람이 상점에 들어가 무언가를 구매한다면 이를 목격한 이들은 대부분 상점 주인과 고객 사이에 비즈니스 관계가 성립되었다는 데 동의할 것이다. 그 고객이 만약 단골이라면 상점 주인은 고객이 무엇을 구매하는지 등의 정보에 기반해 고객과 고객의 행동에 대해 더 많은 것을 파악할 수 있을지도 모른다. 이러한 비즈니스 관계 때문에 상점에 방문하는 고객의 행동에 대한 데이터를 상점 주인이 보유할 권리를 가진다는 가정이 만들어질 수 있는데, 그렇게 생성된 데이터는 상점에 대한 것이기도 하기 때문이다.

만약 누군가가 반려견 돌봄 서비스에 자신의 반려견을 매일 몇 시간 동안 맡긴다면 만일의 상황에 대비해 고객의 연락처를 확인해야 할 것이다. 또한 결제용 신용카드에 문제가 발생할 때를 대비해 주소도 확인해야 할 수도 있다. 반려견을 맡긴 고객이 잠시 여행을 떠나게 된다면 여행 일정과 대략적인 여행지도 물을 수 있다. 이처럼 우리는 필요할 경우 사용된다는 것을 전제로 여러 유형의 데이터를 기꺼이 제공한다. 돌봄 서비스를 부탁한 반려견이 아프기라도 한다면 늦지 않게 알아야 하기 때문에 연락처를 제공하는 것이 고객에게 이익이 된다는 것을 이해한다. 우리는 평범한 일상에서 명시적이든 암묵적이든 어느 정도의 이득을 위해 규칙적으로 개인 정보를 주고받는다. 하지만 심리 공학이 더욱 만연해지고 보이지 않는 브랜드가 세력을 키워가면서 소비자는 자신의 정보가 잘 보호되고 있는지 우려하게 되었다.

집 근처의 자동차 전시장에서 자동차를 구매한다고 가정하자. 이 자동차 브랜드는 사후 서비스를 목적으로 외부 협력 기업에게 구매할 자동차의 모델, 연식 등을 제공하고 엔진 오일, 필터 등 소모품 교체를 권유하는 이메일을 발송한다. 이제 이 외부 협력 기업은 우리에 대한 정보의 접근 권한을 가지게 되었다. 만약 이 기업이 데이터 보관을 목적으로 또 다른 기업이 관리하는 서버를 임대하며 비용을 지불한다면 서버 관리 기업 역시 정보에 대한 접근 권한을 가지게 된다. 이 같은 과정에서 각 기업이 우리의 데이터로 무엇을 하게 될지 계약을 통해 명확하게 정리하고, 데이터 보호를 위해 어떤 조치를 취해야 하는지 규정한다. 하지만 우리의 데이터가 여러 기업 사이에 오가는 것 자체를 제한할 방법은 매우 제한적이다. 오늘날 이러한 관행과 관련한 규정은 매우 느슨하고, 누가 데이터를 소유하게 되는지도 일률적인 규정이 존재하지 않는다. 특히 우리가 누군가와 비즈니스 관계를 맺게 되었을 때는 더욱 그렇다. 일반적으로는 상품 판매자나 서비스 제공자의 개인 정보 보호 정책이나 관련 정보 공개로 알 수 있는데, 이러한 것은 대개 웹 페이지 하단이나 계약서의 뒷면에 아주 작은 글씨로 표기된다.

개인 정보에 대한 정부의 역할

2018년, EU는 GDPR general data protection regulation (유럽 연합 일반 개인 정보 보호 규정.—옮긴이)을 시행하면서 개인 정보 보호와 개인 정보의 소유권 등의 주제에 대한 규제를 시도했는데, 이 규정은 모든 사업체가 EU 내의 모든 소비자를 위한 특정 정책을 준수하도록 규정한다. GDPR에 포함된 기본 사항에는 동의한 소비자에게만 이메일 발송이 가능하고, 소비자가 명확하게 동의하지 않는 한 소비자와 관련한 어떤 데이터도 판매하지 못한다는 등의 내용이 포함되어 있다. EU 내의 모든 사업체는 이 규정을 준수하고 있음을 증명하는 세부 기록을 보유하고 있어야 한다. 그렇지 않으면 심각성에 따라 연간 수익의 2~4%에 해당하는 금액이 부과될 정도로 강력하게 규제하고 있다. 해커에 의해 데이터베이스에 구멍이 뚫렸지만, 이용자에게 알리지 않았던 야후! 같은 경우 단 한 번의 위반에도 최대 1억 6,000만 달러의 벌금을 낼 수도 있었다.[5]

GDPR은 넓은 의미에서 개인 정보 보호가 무엇을 의미하는지 규정하고 관리하기 위해 제정된 최초의 법률이다. 개인 정보 보호와 관련해서 여전히 우리는 검증되지 않은 미지의 영역에 있다. 우리 앞에 무엇이 있는지 알 수 없기에 개인 정보 보호에 대한 논쟁은 맹렬히 계속될 것이다. 동시에 이와 관련해 복잡하게 얽힌 이해관계와 잠재적 위험 때문에 논의를 진행할 때, 특히 논의에 AI가 포함될 때 신중해야 한다는 점에는 공감대가 형성되어 있다. 개인 정보의 부당한 이용과 심리 공학이 개인의 자유에 미치는 위협은 대중의 관심을 불러일으킬 수 있는 공통의 우려이기도 하다. 전 영국 과학 협회장인 짐 알-칼릴리는 항생제에 대한 내성, 기후 변화, 테러보다 AI를 더 큰 공공의 위협으로 여기면서 "우리 정부는 잠재적 위협과 위기로부터 사회를 보호할 책임이 있다"고 말했다.[6]

일부에서는 개인 정보 보호 문제와 데이터 소유의 권리 등에 관해서 미국이 EU와 비슷한 방향을 추구하고 있다고 생각한다. 2018년 9월, 미국 상원은 개인 정보 보호에 대한 청문회를 열고 아마존, 애플 같은 기업을 불러 진술을 들었다. 이 청문회는 CCPA (캘리포니아 소비자 보호법.―옮긴이) 통과와 더불어 소비자 데이터와 관련한 위반 사례나 스캔들이 발생한 직후 진행되었다.

이 청문회는 민주, 공화 양당에서 상당한 관심을 받았지만, 개인 정보 보호를 위해 정부가 개입하는 것은 마치 닭을 지키려는 목적으로 닭장 속에 여우를 집어넣는 것과 같다는 우려가 나오기도 했다. 개인의 완전한 자유 보장을 지지하는 이들은 수많은 통화와 메시지 데이터를 수집하는 NSA (국가안전보장국.―옮긴이) 같은 기관이야말로 가장 큰 개인 정보 보호 위반 주체라고 지적하는 데 주저하지 않는다. 2013년, CIA와 NSA에서 일했던 에드워드 스노든은 미국 정부가 평범한 미국인의 전화, 인터넷 이용에 대해 허가 없이 데이터를 수집했다는 기밀문서를 공개하면서 전 세계를 뒤흔들었다. 이와 유사하게 EU 내에서는 GDPR이 도를 넘어선 중앙 정부의 권한이라고 보는 이도 존재하고, 이러한 문제 해결에 정부가 조금이라도 도움이 될지 의문을 제기하는 이도 있다.

인터넷 환경을 규제하고 세금을 부과하는 등 정부의 개입 문제는 미국에서 대체로 저항에 부딪쳐왔다. 많은 이들은 정부 간섭 없이도 잘 운영되고, 페이스북, 아마존 같은 기업을 만든 혁신의 풍토가 지나치게 열성적인 정부 개입에 의해 억눌릴 것이라고 우려한다. 반면에 어떤 이들은 인터넷을 탄생시킨 미 국방부의 투자가 없었다면 존재조차 하지 않았을 것이라고 반박하기도 한다. 이러한 정치적인 갑론을박은 인터넷 서비스 사업자에게 인터넷 접속을 자율적으로 규제할 권리를 주는 소위 망 중립성을 풀기 위한 최근의 시도에서 명백하게 드러난다. 이 문제는 민간과 공공 부문 모두 여전히 의견의 분열이 진행되고 있다.[7]

한편, 어떤 이는 법률적 문제와 더불어 구글, 페이스북, 아마존 같은 거대 기업이 일반 대중에게 휘두르는 엄청난 힘을 문제 삼기도 한다. 2018년, 팀 버너스 리는 로이터 통신과의 인터뷰에서 다음과 같이 말한 바 있다. "웹에서 자연스럽게 일어나는 일들을 지배하는 단 하나의 거대 기업이 탄생했는데, 시간이 갈수록 이러한 것들을 허물어트릴 대안이 사라지고 있다."[8] 일부 의원은 거대 기술 플랫폼이 사실상 해체되어야 하는 독점에 해당한다고 믿는다. 그들의 시각으로 볼 때 이러한 기업은 기술 영역에서 과도한 통제권을 가지게 되면서 자신의 권력 아래 기업들을 수직적으로 소유하게 되었기 때문이다. 1982년, AT&T와 법무부는 AT&T를 본사 Ma Bell 와 이른바 베이비벨 Baby Bells 로 불리는 지역 회사로 분할함으로써 반독점법에 근거한 소송을 종결하는 합의에 이르렀다. 그 결과 베이비벨이 지역 전화 서비스를 관할하기 시작했다. 기업의 자발적 동의를 통한 독점 금지 조치에 대한 선례가 존재하는 셈이다.

다른 한편으로는 중앙 집권화된 정부 권력은 자신의 영향력을 행사할 수 있을 정도로 충분히 강력한 기업에 의해서만 견제될 수 있다는 두려움을 바탕으로 구글, 페이스북, 아마존 등의 지배력이 지속되도록 허용해야 함을 지지하는 이들도 있다. 중국을 예로 들어보자. 중국은 여러 측면에서 미국의 국제적인 적수가 되어왔다. 중국은 개인 정보 보호나 검열 같은 문제와 관련한 모든 결정이 중앙 당국에 의해 내려지는 국가라는 점을 고려하자. 중국 정부는 2020년대 초반까지 전 인구를 지속적으로 모니터링하면서 안면 인식, 생물 감시, 위치 추적 등을 통해 행동 데이터를 수집할 수 있는 전국적 시스템을 운영할 계획을 세웠다. 이러한 데이터는 금융 거래 또는 웹 이용 내역은 물론이고 정부의 데이터, 각 개인의 진료 기록 등과 연결되어 '사회적 신용 등급'을 부여하는 데 사용된다.[9] 신용 등급이 높은 사람은 대출 이자 경감, 상위권 대학 진학 같은 사회적 지위와 기회가 주어지지만, 음주, 게임 같은 활동에 과도한 시간을 보내 신용 등급이 낮아지는 사람은 여행 제한이나 심지어 SNS 사용 제한 조치가 내려질 수도 있다. 과연 이러한 조치가 설득력을 얻을 수 있는가? 중국이 사회적 신용 점수가 곧 화폐 같은 가치를 가지는 미래를 향해 속도를 내면서 절대 권력은 신용 등급 부여 기능을 담당하는 알고리즘을 통제하는 사람이나 집단에게 넘어갈 것이다. 이러한 상황에서는 정부의 눈 밖에 난 사람이나, 언행이 정부 정책에 반할 경우 사회적 신용 등급은 심각하게 훼손될 것이고 어떤 경제적 활동도 할 수 없을 것이다.

주택, 의료, 음식, 교통 등 개인의 접근 권한을 규제하는 사회적 신용 등급을 부여하는 권력은 모든 것을 앗아갈 수 있다.

최근 중국은 링크드인 같은 SNS에서 가짜 계정을 활용해 기업 기밀을 넘기고자 하는 미국인을 모집했다는 혐의를 받았다.[10] 중국 스파이는 특히 슈퍼컴퓨팅, 원자력, 나노 기술 같은 분야를 표적으로 하고 있다. 한 중국 스파이가 캘리포니아 상원 의원인 다이앤 파인스타인의 사무처장으로 20년 동안 일했다는 폭로는 중국이 수십 년 동안 미국의 기업을 감시했다는 것을 이미 알고 있었던 실리콘밸리의 경영자들에게는 놀라운 사실이 아니었다. 스파이가 기밀을 빼내기 위해 뇌물을 주거나 비즈니스를 가장해 접근한다는 것은 상식이 되었다. 어떤 전문가는 중국의 모든 스파이 활동 중 70%가 미국의 민간 부문을 타깃으로 한다고 보기도 한다.[11]

하지만 우리에게도 "악해지지 말자"라는 유명한 사내 행동 강령(현재 구글의 행동 강령에서 이 표현은 삭제된 상태이다.—옮긴이)에도 불구하고 수십억에 달하는 중국 소비자 데이터에 대한 접근 권한을 얻기 위해 어떤 것이라도 할 각오가 되어 있는 구글 같은 기업이 있다. 여기에는 중국 공직자가 승인할 법한 검열 소프트웨어를 개발하는 공공 계획도 포함된다. 구글은 CEO였던 에릭 슈미트의 우려에도 불구하고 중국과 협력함으로써 중국 문제를 악화시킬지도 모른다. 이런 문제 중에는 중국 정부가 결국 자신들만의 인터넷을 통제하게 될 가능성도 포함된다. 슈미트는 실리콘밸리의 리더들에게 "그러한 상품이나 서비스와 더불어 검열권과 통제권을 가진 정부로부터 새로운 리더십 체제가 만들어질 수 있다는 더 큰 위험이 존재한다"고 말한 것처럼 중국에서 무엇을 만들어낼지 걱정된다고 했다.[12]

미국은 정책적으로 1972년 닉슨 정부의 대표단에서부터 시작해 전 세계 인구의 20%를 차지하는 매력적인 시장인 중국과의 관계 개선을 위해 노력해왔다. 그럼에도 불구하고 많은 미국인은 구글이 중국 시장에 진입하기 위해 중국 정부의 검열에 기꺼이 참여하는 것을 우려스럽게 바라보고 있다. 구글이 이윤 추구를 위해 이러한 결정을 함으로써 더 이상 자신을 언론 자유의 옹호자라고 부를 수 없을 것이다. 이것이 시사하는 바는 가볍지 않다. 과연 구글은 수익을 위해 어떤 것이든 기꺼이 검열하고 조작할 것인가? 보이지 않는 브랜드가 작동하고 있다는 것을 보여주는 이보다 더 훌륭한 사례는 없을지도 모른다.

구글은 만일 유사한 요구가 미국에서 제기된다면 데이터에 대한 통제를 양도할 수 있을 것인가? 구글의 구성원들은 그렇지 않다고 말할지 모르겠지만, 중국에서 일어나고 있는 일이나 그들이 받고 있는 특별 대우를 생각하면 가능성은 확실히 존재한다.

애플이 아이폰 이용자에 대해 전화나 이메일 사용 습관을 점수로 환산하는 새로운 신뢰 평가 시스템을 은밀히 시행했다는 것을 생각해보자. 애플은 약관의 수많은 내용 중에서 작은 크기로 이러한 기능이 사기 행위를 사전에 감지하고 예방하는 것과 관련이 있다고 언급한다. 다만, 그렇게 수집된 데이터를 어떻게 사용할 계획인지, 누가 데이터에 접근할 수 있는지는 분명하게 밝히지 않는다. 페이스북 또한 이용자의 데이터를 바탕으로 계산된 '신뢰' 점수를 활용하고 있다. 페이스북과 애플은 정부가 요청한다면 자신들이 보유한 이용자의 신뢰 점수를 정부에 넘겨줄 것인가? 만약 이러한 데이터가 외부에 의해 해킹된다면 어떤 일이 벌어질 것인가? 이용자의 행동 데이터를 바탕으로 얻게 된 통찰력은 우리에게 불리한 방향으로 사용되거나, 우리를 통제하고, 우리의 자율성을 감소시키는 데 사용될 수 있을 것인가? 이와 유사한 일들이 전 세계적으로 보이지 않는 곳에서 얼마나 이뤄지고 있을지 의문일 뿐이다.

선동과 설득 이면의 알고리즘

흡연자의 금연 유도를 목적으로 질병통제예방센터가 진행하는 공익 광고는 악의를 찾을 수 없다. 흡연이 건강에 해롭다는 것을 알리기 위한 캠페인에 정부가 후원하는 것은 타당한 일이다. 정부는 우체국, 육군 모병, 식품 안전 등 많은 캠페인을 집행한다. 내가 이 책을 집필할 당시 미국 정부는 전국 2억 명 이상의 휴대 전화 이용자에게 거부할 권한이 없는 '대통령 긴급 메시지'라는 새로운 시스템을 시행하기 시작했다. (나 또한 이 문자 메시지를 받았다.) 우리는 이제 정부가 국민의 디지털 기기에 대해 제한 없는 접근 권한을 가지게 되었다는 사실을 접하며 이것의 시사점에 대해 쉽지 않은 질문을 던져야 한다.[15]

정부가 흡연, 음주 운전, 그리고 자살까지 이어질 수 있는 증상 같은 사회적 행동을 교정하기 위해 휴대 전화를 통해 직접적으로 심리 공학과 설득의 도구를 사용한다는 것이 무엇을 의미하는지 생각해보자. 이것의 목표는 명백하다. 국민의 삶을 향상시킬 수 있는 메시지에 노출시키는 것이다. 그러나 특정 후보에게 투표해야 한다든지 전쟁에 참전해야 한다는 메시지처럼 유익한 것이 아니라면 어떤 일이 일어나겠는가?

정부는 해병대 지원을 독려하며 모병 활동을 하는 정도를 훨씬 넘어선 마케팅이나 광고 캠페인에 많은 예산을 사용한다. 요즘 별납이라고 알려진 방식으로 의회의 의원이 미국 우편을 사용하여 자신들의 캠페인 자료를 무료로 발송하도록 허용하는 전통이 대표적이다. 선출직 공직자로부터 받게 되는 다양한 전자 알림에 대해 생각해보자. 정부의 예산을 통제하는 연방 의회 의원은 자신의 특정 안건과 관련한 사항에 대해서는 설득을 활용한 모든 종류의 이메일, 디지털 소식지를 발송할 기회를 가지고 있다. 일반 대중이라면 비용을 지불해야 했을 우편물을 수없이 발송할 수 있는 것이다.

정부로부터 듣고자 하는 소식과 그렇지 않은 소식은 어디서 결정하는가? 필터 버블로 인해 생긴 당파성은 미국의 양당제 시스템의 두 당을 마치 다른 언어를 사용하고 다른 관습을 가지고 있으며 서로를 이해하지 못하고 대치하는 두 부족처럼 여기게 만든다. 다른 의견으로부터 보호하고 선호하는 생각을 강화하는 심리 공학의 필터 속에 살고 있기에 오해와 불신은 최고조에 다다른 것처럼 보인다. 우리가 가진 확증 편향은 예상을 강화하는 소문을 들을 때마다 촉발되고, 지지하는 당파적 주장에 더욱 강경한 입장을 갖게 만든다. 우리는 "나 말고 그들의 생각일 뿐이지"라고 자신에게 말한다. 하지만 사실 우리는 모두 하나다.

우리의 정치적 리더는 의견을 개진하고, 기부하도록 동기를 부여하며, 반대 입장에 선 이들을 공격하도록 보이지 않는 브랜드를 적극적으로 활용하고 있다.

돈은 정치적 의제를 밀어붙이는 이들에게 통제 없이 흘러간다. 이것은 전통적 정치 광고에 해당하지만, IT 기업과 미디어 기업은 정치 자금을 단 한 번도 기부하지 않더라도 어떤 방향으로든 유권자를 조종하기 위한 어마어마한 심리 공학의 힘을 활용할 수 있다는 사실을 반드시 기억해야 한다.

정치적 동기를 가진 기업, 정치적 목적으로 행동하는 단체, 정치 캠페인을 집행하는 기업, 선거 판세를 형성하기 위해 국내외를 막론하고 모든 정부 기관에 의해 활용되는 심리 공학 도구에 대해 늘 경계하고 의문을 가져야 한다. 이는 돈에 한정된 것이 아니다. 이제는 알고리즘에 대한, 누가 알고리즘을 통제하느냐에 대한 것이다. 선동과 설득 그리고 정부와 심리 공학 사이의 상호 작용에 대한 대중적 논의가 이미 일어나고 있어야 한다.

개인 정보 보호와 자유가 보장된 선거의 가치를 지켜내는 데 있어서 올바른 정부를 역할을 고려해야 하는 한편, 사람들이 맞춤형 설득에 얼마나 취약해질 수 있는지 파악할 수 있는 역량과 규모를 갖춘 정부가 심리 공학을 이용하는 독특한 지위에 있다는 사실 또한 기억해야 한다. 머지않아 AI가 선거에 출마하는 광경을 보게 될 가능성을 고려하면 더욱 그렇다. 소피아라는 이름을 가진 로봇에게 시민권을 허락한 사우디아라비아의 경우 관광객 증가라는 목표 달성을 위해서라고 이유를 밝혔지만, 이는 표면적인 이유일 뿐이다.[16]

심리 공학에 접근할 수 있는 AI 정치인이 선거에서 승리하기 위해 활용할 수 있는 설득의 종류에 대해 고려해보자. 법이 어떻게든 AI가 선거에 출마하는 것을 제한하고 있다고 하더라도, AI는 이 법령까지 바꾸도록 사람들을 설득하기 위해 심리 공학을 활용할 가능성이 그럴듯하게 보이지 않는가? 모든 유권자를 위한 개인 맞춤형 캠페인을 정교하게 만들 역량을 가진 정치인을 상상해보라! AI 후보가 유권자에 대해 더 많이 알수록 각자의 관심사에 맞추어 이야기할 수 있고, 일단 당선될 수만 있다면 지키지 못할 약속을 할 수도 있다.

조슈아 데이비스는 《와이어드》에 기고한 〈내 말 좀 들어봐, AI를 대통령으로 선출하자〉라는 글에서 다음과 같이 쓴 바 있다.

"모든 대통령처럼 AI도 법의 테두리 내에서 최대한 많은 유권자를 만족시킬 수 있는 것을 추구할 것이다. 인간과 달리 AI는 자신의 목적을 달성하는 데 도움이 되지 않는 편견이나 가정을 극복할 수 있다. (중략) AI 대통령은 우리가 마음에 들어할 TV 프로그램과 영화를 추천하는 넷플릭스의 알 수 없는 예지력 같은 통찰력으로 정책을 제안할지도 모른다."[17]

우리는 소피아 같은 AI가 선거에 실제로 등장하기 전에 보이지 않는 브랜드가 우리 정치에 어떤 영향을 주는지 우리 자신에게 물어야 한다.

유토피아를 향하여

보이지 않는 브랜드는 데이터, 개인 정보, 정치 선전 규제와 관련해 정부의 역할에 대한 새로운 딜레마를 보여주고 있다.

> 맞춤형이고, 설득력을 갖춘데다, 학습할 수 있으며, 의인화된 심리 공학의 출현은 정부에게 놀랍고 새로운 힘을 보여주고 있다.

대부분의 현대 국가는 사회 안전망과 시장 경제를 함께 구축해왔다. 서커스에서 외줄 타기를 할 때 아래로 떨어지더라도 목이 부러지지 않도록 안전그물을 두듯, 시장의 번창을 위해 경쟁과 협력을 결합하는 것이다. 미국 사회에 미치는 시장의 영향력을 생각하면 혁신을 위한 자유가 주어졌을 때, 그러니까 애덤 스미스의 보이지 않는 손이 가장 확실하게 작동했을 때 어떤 결과가 나왔는지 주목할 만하다. 비행기, 트랜지스터라디오, 플라스틱, 전자레인지, 백열전구, 전화기, 개인용 컴퓨터, 전력망, 청바지, 전자 기타까지 이 모든 것은 미국에서 발명된 대표적인 사례이다. 이 트렌드는 지금도 지속되고 있다. 얼마나 많은 특허를 출원했는지로 가늠하는 세계에서 가장 혁신적인 기업의 목록은 IBM, 인텔, 포드, 보잉, AT&T, GE 같은 미국 기업이 장악하고 있다.[18] 실제로 애플, 구글, 마이크로소프트, 아마존 이렇게 네 기업은 출원된 모든 특허의 30%를 차지했다.

이 현상은 미국인이 다른 국가의 국민들보다 더 큰 두뇌를 가지고 있기 때문일 수도 있고(사실 절대 그렇지는 않다), 아니면 시스템이 제대로 작동하고 있다는 증거일 수도 있다. 그 근거로 (적어도 출생을 기준으로 할 때) 미국의 위대한 발명가 중 상당수는 미국인이 아니라는 사실을 제시하고자 한다. 알렉산더 그레이엄 벨은 스코틀랜드 출신이고, 니콜라 테슬라는 세르비아, 리바이 스트로스는 독일, 세르게이 브린은 소비에트 연방 출신이다. 이들은 모두 미국의 자유 시장에서 모두를 위한 최대의 가치를 세상에 내놓는 데 성공했다. 이는 우연이 아니다.

오하이오주에서 태어난 토머스 에디슨 같은 인물이 정부로부터 백열전구 개발 의뢰를 받았다면 어떤 일이 일어났을지 상상해보자. 이런 식으로 프로젝트를 떠맡았을 때에도 에디슨은 인생의 에너지를 투자할 만큼 큰 영감을 받았을까? 그러한 상황에서도 성공했을지 아닐지는 절대 알 수 없다. 그럼에도 불구하고 우리의 개인 정보에 대한 소유권을 어떻게 규정하고 거래할 수 있는지 등을 포함해 우리가 직면하는 모든 문제와 기회에 대해 상의하달 방식이 과연 최선인지 고민하는 것은 우리 자신에게 물어야 할 중요한 질문이다.

AI와 정부의 결합과 관련해 자연스럽게 발생하게 될 다른 질문의 답을 찾는 동안, 특히 심리 공학을 사용할 힘을 가진, 우리의 자비로운 권력자에게 모든 것을 넘겨주기 전에 이것을 유념하도록 하자. 우리가 권력을 위임한 정부에서 상의하달식으로 이뤄지는 의사 결정 과정이 기계보다 더 나은지 자문해볼 수 있다. AI가 인간보다 더 효율적으로 시장을 운영할 역량을 가지고 있다면 금융 시스템 관리, 중앙은행 운영, 국가 재무 행정 등을 맡길 수 있을 것인가? 기준금리를 내리거나 올리는 결정을 할 때 AI의 로직과 데이터를 사용하면 인간보다 더 나은 결정을 할 수 있을 것인가? AI에게 병원과 대학의 운영을 맡길 수 있을 것인가? 좀 더 시간이 지나면 모든 것을 결정하는 AI에 의해 운영되는 거대한 정부 체제를 어떻게 봐야 할 것인가 하는 문제도 대두될 것이다. 이는 프리츠 랑 감독의 영화 〈메트로폴리스〉에서 그리는 미래에 대한 시각과 다르지 않다.

아이작 아시모프 같은 공상 과학 소설가들은 종종 이와 같은 질문과 씨름을 했다. 예를 들어 AI에게 환경 정화를 지시했는데 이 목적을 달성하기 위해서는 인간을 대대적으로 죽여야 가능하다는 객관적 결론에 도달했다면, 놀랄 만한 일일까? 아시모프는 어떠한 로봇도 인간을 해칠 수는 없다는 것을 1순위로 하는 로봇 공학의 3원칙을 만들어 이러한 가능성을 해결하려고 했다. 그렇다고 해도 우리의 운명을 걸어도 될 것인가?

페이스북의 AI 연구원이던 토마스 미코로프처럼 AI를 옹호하는 이들은 진짜 위협은 AI를 충분히, 제대로 개발하지 않는 것에 있지는 않은지 질문함으로써 우려하는 시각을 뒤집었다. 미코로프는 한 AI 컨퍼런스에서 "인간인 우리는 먼 시점에, 아마도 20년이나 30년 후에 어떤 일이 일어날 것인지 예측하는 데 아주 서툴다"라고 말했다. 또한 "아마도 일종의 공생하는 관계로 AI를 우리보다 훨씬 똑똑하게 만들면 미래 재앙 중 일부를 피할 수 있도록 도울 것이다"라고 말하기도 했다.[19] 아니면 유발 하라리가 《와이어드》와의 인터뷰에서 제기한 것처럼 AI가 우리에게 불리하도록 훈련을 받는 것이 아니라 우리를 위해 일하도록 훈련을 받는다면 상황은 어떻게 달라질 수 있을 것인가? 하라리는 이렇게 말했다. "시스템 자체는 인간을 위해 놀라운 일들을 해낼 수 있다. 우리는 그저 AI가 기업이나 정부의 관심사가 아니라 어떤 것이든 우리의 관심사에 맞도록 돌려놓기만 하면 된다."[20]

이러한 긍정적인 의견은 내 안의 낙관론자에게 힘을 실어준다.

디스토피아에 오신 것을 환영합니다

2018년 8월 21일, 나는 〈페이스북은 이용자에 대한 '신뢰 평가' 점수를 보유하고 있다〉라는 제목의 글과 〈공산주의식 '사회 신용 등급' 알고리즘 표시 방식〉이라는 글로 연결되는 링크 위에 페이스북의 창립자인 마크 저커버그 사진을 게시한 웹 사이트를 우연히 발견했다.

두 글은 페이스북이 이용자의 온라인 행동을 평가하고 있다는 것[21]을 다루고 있었고 다른 하나는 중국이 '얼마나 많은 책을 소장하고 있는가'처럼 자국 국민의 '수상쩍은' 행동을 근거로 어떻게 등급을 매기기 시작했는지에 대한 것[22]을 다루고 있었다. 나는 두 글이 같은 날 노출되도록 나란히 배치한 것을 그냥 지나치기 어려웠다. 이것이

주는 메시지는 분명했다. 모두가 우리를 감시하고 있고, 우리가 인지하든 인지하지 못하든 이러한 감시를 위해 그들은 AI를 사용하고 있다는 것이다. 중국의 사례에서 더 심각하게 받아들여야 하는 것은 그렇게 파악한 것을 근거로 무엇을 할 수 있고 할 수 없는지 규정하면서 자유를 누리는 대가로 특정 세계관을 받아들이도록 강요하는 점이다.

현재 볼 수 있는 이러한 뉴스가 조지 오웰의 《1984》 같은 디스토피아 소설의 묘사와 유사함에도 나는 오웰의 덜 알려진 에세이 중 하나에 주목하고자 한다. 나는 언제나 여론에 영향을 주는 미디어에 대한 그의 의견에 빠져들었다. 오웰은 에세이 〈스페인 전쟁에 대한 회고록〉에서 다음과 같이 썼다.

"다수의 사람이 관계되는 한 오늘날 일어나는 심상치 않은 여론의 변화, 수도꼭지처럼 틀거나 잠글 수 있는 감정은 신문과 라디오를 통한 최면의 결과이다."[23]

라디오 최면은 나에게 있어서 하나의 풍부한 이미지로 떠오른다. 미디어가 사회에 대해 일종의 집단 최면을 건다는 강력한 개념은 오늘날 전 세계에 심오한 시사점을 가진다. 이 책의 앞부분에서 대량 생산과 대량 유통은 대량 주문 제작에 대체되고 있는 것을 목격하고 있는 바로 그 순간에도 아마 우리는 보이지 않는 브랜드가 대대적 규모로 일종의 맞춤형 최면을 행사하고 있음을 인식해야 한다. 최면술사가 "당신은 이제 잠에 빠져듭니다"라고 읊조리며 회중시계를 천천히 흔드는 이미지를 떠올려보자. 이제는 그 이미지를 휴대 전화를 우두커니 바라보고 있는 수십억의 사람과 결합해보자. 이것은 과장이 아니다.

집단 최면은 보이지 않는 브랜드 덕분에 개인 맞춤형 최면이 되었다.

오웰은 앞에서 소개한 에세이에서 미디어에 대한 불안감을 다음과 같이 말하고 있다.

"나는 젊었을 때 신문이 어떠한 사건도 정확하게 보도한다고 생각한 적이 없었는데 스페인에서 처음으로 사실과 아무런 관련이 없는 기사를 실은 신문, 심지어는 평범한 거짓말 속에 은연중에 풍기는 관련성조차 갖지 않은 기사를 실은 신문을 보게 되었다. 어떤 싸움도 없었음에도 큰 투쟁으로 보도되는 것을 보았고, 수백 명의 남자가 죽임을 당했음에도 신문은 완전한 침묵을 유지했다. 용감하게 싸운 군대는 비겁자와 반역자로 맹렬한 비난받는 것을 보았고, 총성 한 번 들어본 적도 없는 이들이 상상의 승리를 거둔 영웅으로 추앙받는 것도 보았다. 그리고 이러한 거짓을 실어 나르는 런던의 신문을 보았고, 일어난 적도 없는 사건에 대해 정서적 상부 구조를 구축하려는 열성적인 지식인도 보았다. 나는 역사가 무엇이 발생했느냐에 의해서가 아니라 다양한 '정치 노선'에 따라 일어나야만 하는 것에 의해 쓰이는 것을 실제로 보았다."[24]

오웰은 뉴스가 선호와 경험에 따라 맞춤형으로 제공되는 현재 모습에 대해 어떤 생각을 할지 궁금해진다.

치안과 감시 사이에서

범죄는 정부가 AI 기술의 적용을 연구해온 분야 중 하나이다. 갈수록 늘어나는 카메라나 드론 같은 기기가 점점 더 우리 삶의 구석구석을 감당할 수 없을 정도로 관찰하고 수집하는 상황임을 생각해보자. 법이 이러한 인공 근육을 활용해 사건과 주요 용의자 데이터 사이에 연결점을 만들어 범죄 감지와 예측을 하고 있을지 상상하는 것은 어렵지 않다. (이것이 바로 오웰을 벌벌 떨게 만든 미래라는 것도 금세 이해할 수 있다.)

FBI는 추적을 피하기 위해 지문을 바꾸거나 완전히 없애버렸을 수도 있는 잠재적 범죄자를 식별하기 위해 AI 전문가에게 도움을 요청했다. FBI는 차세대 신원 확인 시스템이라고 부르는 생체 정보 데이터베이스를 운용하고 있지만, 산성 물질을 이용한 고의 화상이나 수술을 통해 흉터를 남김으로써 이 시스템을 벗어나려는 시도를 확인하기도 했다.[25] FBI는 범죄 현장의 증거가 고르지 못한 지문뿐이라고 하더라도 AI가 일치하는 용의자를 찾아냄으로써 잠재적 위협을 극복할 수 있다고 전망한다.

이러한 목적을 가진 AI는 이미 운용되고 있다. 안면 인식 시스템을 시험 운용하는 14개 공항 중 하나인 워싱턴 덜레스 국제공항은 여권 사진과 일치하지 않는 승객을 식별해냈다.[26] 당국은 그 남자가 범죄에 연루된 것으로는 판단되지 않아 기소하지 않고 추방 명령만 내렸다. 이는 정부가 신원을 감추기로 한 이들을 감시하는 데 있어 AI의 역할을 어떻게 생각하는지 보여주는 좋은 사례이다. (국토안보부는 내가 이 책을 집필하고 있는 지금도 앞에서 언급한 안면 인식 시스템을 활용해 입국을 시도한 또 다른 범죄자를 잡았다고 발표했다.[27] 전자 통신 기업인 모토로라는 용의자나 심지어는 미아를 찾기 위해 군중을 스캔해 자동으로 경보를 보낼 수 있는 경찰관용 바디캠을 개발하고자 AI 기업과 협력하기도 했다.[28]

정부가 이러한 기술 개발에 수십억 달러를 투입하는 중국에서는 이미 보편화된 것으로 보인다. 안면 인식용 스캐너는 정부가 찾고 있는 이들을 식별하기 위한 수단으로 많은 군중이 모이는 행사장 등에 설치되고 있다. 이 감시 시스템으로 시가로 수천만 달러에 달하는 감자를 훔쳐 3년 전에 고발된 한 남성을 콘서트 현장에서 발견하기도 했다.[29]

신원을 확인할 수 있는 것은 얼굴만이 아니다. 정부의 연구진은 각 사람들의 독특한 걸음걸이로 신원을 식별하기 위해 발자국 분석이나 시각적 심상 같은 생체 데이터와 결합한 AI를 활용하는 데 획기적 발전을 이루었다. 맨체스터 대학교에서 관련 프로젝트 중 하나를 진행하고 있는 오마르 코스틸라는 이렇게 설명했다.

"각 사람은 걸을 때 대략 24가지에 달하는 특정 요소와 움직임을 보이는데 그 결과 독특한 패턴을 가지게 된다. 이러한 움직임을 모니터하는 것은 지문이나 망막 스캔처럼 각 개인을 분명하게 식별하거나 확인할 때 사용할 수 있다."[30]

한 알고리즘은 120명의 각기 다른 이들에게서 확보한 발자국 샘플 데이터를 토대로 훈련하자 100%의 인식 정확도를 보였다.[31] AI의 역량을 사람들이 걷는 방식에 대한 데이터와 결합하면 공항이나 시위 군중, 심지어는 우주에서 촬영한 위성 사진으로도 신원을 식별할 수 있다는 뜻이다.[32] 머지않아 보이지 않는 브랜드도 이와 유사한 기술을 활용해 개별 고객을 식별하고 타깃팅해 공항이나 그 외의 공공장소에 있는 이들에게 고도의 개인 맞춤형 광고를 내보낼 것이다. 특히 기업이 우리의 신체에 대한 정보까지 수집해 이제까지 우리와 관련해 수집한 다른 데이터와 연결하게 된다면 현실성이 더욱 높아질 것이다. 이제는 곳곳에 설치된 카메라에 촬영될 우리의 독특한 신체적 특징을 포함해 개인 정보 보호와 관련하여 분명 더욱 많은 우려와 의문이 생길 것이다.

AI는 범죄 수사의 일부로 DNA 연구와 관련해 주요 도구로 부상하고 있다. 2018년에는 경찰이 1970년대부터 추적했던 연쇄 살인마인 일명 골든 스테이트 킬러를 잡는 데 중요한 역할을 했다.[33] 범죄 현장에서 오래된 DNA를 찾은 경찰은 친척을 찾기 위해 자신의 DNA를 자발적으로 공유하는 웹 사이트에 협조를 요청했다. 결국 경찰은 범죄 현장에서 발견한 DNA와 일치하는 가까운 친척을 찾아냈고, 범인을 찾기 위해 단서를 따라갔다. 매년 더 많은 이들이 자신의 DNA를 테스트하기 위해 제공하면서 이러한 종류의 데이터가 미래의 법 집행에 어떤 영향을 미칠지 예상하는 것은 어렵지 않다. 다만, 이러한 데이터의 접근 권한을 누구에게 주어야 하는가를 중심으로 개인 정보 보호와 관련한 우려의 목소리가 커지게 될 것이다.

네덜란드에서는 미제 사건 데이터베이스를 정리하면서 '큐'라는 AI의 도움으로 추적 가능한 DNA 증거 유무 등 해결 가능성을 기준으로 우선순위를 부여했다.[34] 또한 증인의 증언, 진술서 같이 사건 해결 가능성을 분석하는 데 활용할 수 있는 다른 정보를 AI에 제공하기도 했다.

대중 감시에 기계 학습을 활용했을 때 얻게 되는 혜택은 정부가 이를 남용할 가능성과 비교해 고려해야만 한다.

무엇이 진실인가

자녀를 키우고 있다면 아이들이 인터넷에서 접하는 모든 것이 반드시 사실은 아니라는 점을 설득하기 쉽지 않다는 것을 잘 알 것이다. (사실 이 어려움은 아이들에게만 해당하는 문제가 아니다.) 누구나 온라인으로 글을 올릴 수 있고, 사진을 편집하며, 현실을 자신만의 생각으로 재창조할 수 있는 시대에는 뉴스와 정보를 소비할 때 적절한 수준의 의심이 필요하다.

요즘 온라인에 올라오는 이야기들, 특히 전문 기자에 의해 작성되는 이야기와 관련해 가장 거슬리는 것 중 하나는 종종 정보 출처를 밝히지 않은 채 팩트를 언급한다는 점이다. 인터넷의 탄생을 돌아보면 그 시작은 문서 간 인용을 간단하게 처리하기 위함이었다. 이것이 바로 하이퍼텍스트의 핵심이다. 그럼에도 불구하고 이 간단한 것이 너무도 자주 간과된다.

출처를 밝히지 않은 웹 페이지가 많은 이유는 무엇일까? 어떤 기사에서 "그 국가의 GDP는 지난 분기에 1.4% 증가했다" 같은 이야기를 한다면 근거가 되는 데이터의 웹 페이지 링크를 첨부하는 것은 간단한 일이다. 왜 기자들은 미국 재무부 보고서 같은 정보 출처를 밝히지 않는 것일까? 이렇게 함으로써 어디에서 정보를 얻었는지에 대한 논쟁을 없앨 수 있다. 재무부의 GDP 계산법에 동의하지 않을 수는 있어도 정보의 출처는 확인할 수 있는 것이다. 글 작성자가 출처를 정확하게 밝히지 않으면, 게다가 온라인에서 출처를 밝히고 첨부하는 것이 얼마나 간단한지를 생각하면 그들이 특정 이슈에 대해 설득하려든다는 의심을 즉각적으로 가지게 될 것이다. 내가 걱정하는 것은 이 부분이다.

인터넷과 HTML의 구조가 여러 대학과 학자가 문서와 아이디어를 상호 교류할 수 있도록, 다시 말해 팩트를 공유할 수 있도록 돕는 거대한 인용 엔진의 일종으로 개발되었다는 점을 생각해보자. 연구자 입장에서는 우리의 인식이 건실하고 반복적으로 확인할 수 있는 연구에 기반하고 있다는 점을 보증하기 위해 아이디어나 주장의 뿌리를 추적할 수 있다는 것은 매우 중요하다. 인용을 중요하게 생각하는 연구자는 특히 다른 연구자가 자신의 연구 결과를 인용할 때 뿌듯하게 생각한다. 하지만 안타깝게도 너무나 자주 링크와 인용이라는 우리가 가진 이 훌륭한 도구는 정보 출처로서의 잠재력을 완전히 발휘하지 못하고 있다.

종종 우리가 보는 뉴스에는 출처가 없는 인용과 링크가 없는 데이터가 포함되어 있어 우리 중 어느 누구도 그 글에서 제시하는 아이디어의 타당성을 평가할 수 없게 만들었다. 인용 도구를 쉽게 사용할 수 있음에도 왜 출처가 누락된 정보가 존재하는 것인가? 이 질문에 대한 답은 게으름과, 안타깝게도 글을 작성하고 등록하는 데 허락되는 빠듯한 시간으로 인해 글의 완성도가 낮아질 수밖에 없는 환경에서 찾을 수 있다. 내가 이렇게 말하면 비난의 대상이 될 것이라는 사실을 잘 안다. 아마 이 책을 읽고 있는 독자 중 적어도 한 명은 지금 당장 이 책을 앞에서부터 다시 읽으며 내가 위선자임을 증명할 출처가 누락된 데이터를 찾고 있을 것이다. 만약 그러한 부분이 발견된다면 변명의 여지 없는 잘못이다. 내가 말하려는 것은, 나를 포함한 우리 모두 더 잘할 수 있다는 것이다. 뉴스를 신뢰하는 것과 사실로서의 본질을 판단하는 것은 점점 어려워지고 있다. 출처나 링크를 제공하기 위해 노력하는 것은 우리에게 불리한 방향으로 심리 공학을 이용하려는 비도덕적 시도를 방지하는 동시에 대중의 신뢰를 회복하는 데 크게 도움이 된다. 최소한 기사 작성자의 동기는 더욱 정확히 이해할 수 있을지도 모른다.

하나의 진실만을 말하는, 편견 없는 미디어란 허구다. 구텐베르크가 발명한 활판 인쇄술로 대량 제작된 초기 인쇄물 중 상당수는 정치적 목적을 가진 이들에 의해 제작되었다. 마틴 루터가 95개조 반박문으로 성직자의 권력 남용을 공격하며 가톨릭 교회를 뒤흔들었던 1517년을 생각해보자.[35] 루터의 메시지는 그의 입술을 떠나면서 공허하게 흩어지지 않았고, 그가 반박문을 붙였던 교회의 정문을 끝으로 사라지지도 않았다. 루터의 메시지는 인쇄술 덕분에 전 유럽으로 전해져 오랜 세월 이어진 교회 패권의 종말이 앞당겨졌다. 그리고 정치적 혁명도 뒤따랐다. 언론의 자유는 인쇄된 모든 말이 사실이어서가 아니라 인쇄된 모든 말이 설득의 힘을 가지고 있기 때문에 중요한 것이다.

활자화된 많은 말은 거짓이지만, 거짓된 말 이면의 힘이 진실의 입을 막도록 내버려 두지 않았음을 보증하는 것이 바로 출판의 자유이다.

대중이 허구와 사실을 구분하는 데 어려움을 겪을 때 이는 광범위한 시사점을 가지는 진짜 문제가 된다. 내 생각에는 AI가 도움이 될 수 있다고 본다. 크롬이나 사파리 같은 웹 브라우저에 간단한 플러그인이나 강화된 기능을 추가해 글 작성자가 출처를 표기했는지를 알 수 있도록 웹 페이지 분석 알고리즘을 활용하는 것을 상상해보자. 이러한 알고리즘이 적용된 새로운 웹 브라우저가 개발될 수도 있다. 이 웹 브라우저로 검색을 하면 출처 유무가 표시될 것이다. 그 후에도 그 글을 읽을지 결정하는 것은 우리의 몫이다. 이 새로운 웹 브라우저는 심리 공학의 남용에 대응할 해결책이 될 수도 있다.

어떤 기사에서 실존하는 이들의 말을 인용했고, 모든 데이터의 원본 자료에 대한 링크를 제공한다면 '출처 있음'으로 분류될 것이다. 만일 다른 기사에서는 알 수 없는 출처로부터 데이터를 인용하고 원본 자료에 대한 링크도 제공하지 않았다면 '출처 없음'으로 분류될 것이다. 이 알고리즘은 투명하게 작동할 것이다. 이 웹 브라우저의 사용자는 어느 누구도 자신이 보는 웹 페이지의 편향성을 걱정하거나 데이터의 출처에 대해 의문을 가질 필요가 없을 것이다. 과연 이용자는 출처가 존재하는 웹 페이지와 출처가 누락된 웹 페이지 중 어느 것을 더 선호할 것인가? 이러한 기술은 얼마든지 가능하다. 이러한 기술의 실현을 막는 것은 무엇인가?

일부의 경우 개인적으로 커다란 위험을 감수해야 하는 내부 고발자 같은 비밀 취재원은 반드시 보호되어야 한다고 주장한다. 주장은 충분히 이해할 수 있다. 다만, 이러한 것은 극히 예외적인 경우가 되어야 하지, 규칙이 되어서는 안 된다. (어쩌면 '내부 고발자' 같은 구분을 두는 것도 가능할 것이다.) 그러나 출처를 밝히지 않는 것을 남용하면 걷잡을 수 없게 된다. 오늘날 주요 미디어의 모든 기사는 일어나지 않은 일을 너무 쉽게 예측하고, 누군지 알 수 없는 인물이나 비밀 정보원 또는 고위직 정부 관계자의 말을 다룬다. 미디어가 "저희를 믿으셔야 합니다"라고 말할 때 대중은 "증명하십시오"라고 요구할 필요가 있다. 위협은 점점 더 커지고 있다.

모든 출처가 동일하게 만들어지지 않는다는 것을 인정한다. 인용된 데이터가 특정 출처에 연결되어 있다고 해서 글의 신뢰도를 증명하는 것도 아니다. 이것이 우리가 기대하는 새로운 웹 브라우저의 또 다른 기능이 작동할 수 있는 영역으로, 이를 '메타텍스트'라고 부른다. 이것의 핵심은 AI를 대중의 참여와 결합해 연결된 출처 자체를 확인하거나 그 출처의 타당성에 대해 이용자가 검증할 기회를 주는 것이다. 테슬라 같은 기업에 대해 알아보려는 사람이 여러 출처를 밝힌 관련한 글을 발견했다고 하자. 그 출처 중에는 주가 하락을 전망하는 월스트리트의 애널리스트가 포함되어 있다고 해보자.

만약 이 애널리스트가 주가 하락을 예상하고 차익 실현을 기대하는 이른바 공매도 투자를 하는 기업을 위해 일한다는 것을 알게 된다면 흥미롭지 않겠는가? 메타텍스트 기능을 활용하면 그 글에 연결된 출처에 이용자의 의견을 추가할 수 있게 된다. 새로운 의견에 자극을 받은 다른 이용자는 그 출처를 살펴보면서 여러 이용자가 남긴 의견을 함께 살펴보게 된다. 이후에는 그 출처를 포함하는 것이 적절했는지 여부에 대해 논쟁이 벌어질 수도 있다. 이렇게 된다면 우리가 읽은 글의 의견이 타당한지 판단할 수 있고, 적어도 글 작성자의 이해관계가 어떻게 되는지 파악하는 데 도움이 될 것이다.

이러한 과정은 인터넷에 게시된 수많은 영상에도 적용할 수 있지 않을까? 사람들은 영상으로 접한 것을 쉽게 믿는 경향이 있다. 듀크 대학교 출신의 프로 농구 선수인 카이리 어빙은 자신이 지구 평면설을 주장한 것이 유튜브에서 시청한 영상 때문이었다라고 책임을 돌렸다.[36] 어빙은 결국 지구 평면설이 잘못되었음을 학생들에게 입증하기 위해 불필요하게 애를 써야 했던 미국 전역의 과학 교사에게 공개적으로 사과를 했다.

더 위험한 것은 AI가 소위 딥페이크[37]라고 부르는 가짜 영상을 갈수록 더 쉽게 제작하고 있다는 점이다. 이는 비디오 저널리스트도 출처를 밝혀야 한다는 것을 시사한다. (실제로 구글은 유튜브에서 뉴스 영상의 출처를 제대로 밝히기 위한 계획을 발표하기도 했다.[38]) 우리는 AI가 인간보다 빠르게 이미지와 영상을 완전히 분석해 출처 여부를 알려줄 수 있다는 것을 알고 있다.

우리가 기대하는 새로운 웹 브라우저와 메타텍스트가 SNS에서 글을 쓰는 이들을 포함해 모든 유형의 저널리스트가 대중의 신뢰를 회복하고 공공에 대한 책임과 약속을 준수하도록 할 수 있다.

보이지 않는 브랜드에 의해 조종받고 있다는 의심을 해소하는 것은 우리가
소비하는 정보의 배후에 숨겨진 동기와 이유에 빛을 비추는 것이다.

정보의 정확성을 판단할 수 있는 도구로 무장하는 것은 우리가
곧바로 취할 수 있는 중요한 행동이다. 저널리스트가 자신의 글에 출
처를 제대로 밝히지 않는다면 어느 누구도 글을 읽으려 하지 않을 것이
다. 모든 글을 우리가 기대하는 새로운 웹 브라우저나 메타텍스트
기능을 사용하게 한다면 진실만을 말하도록 자극할 것이고, 선동과
선전이 본래의 의미를 벗어나지 않게 될 것이다.

요약

시간이 갈수록 우리의 데이터가 개인별로 맞춤형 메시지 발송을 목적으로 수집됨에 따라 우리와 관련한 데이터를 누가 소유하는지, 보이지 않는 브랜드에 의한 활용에 제한이 존재하는지 같은 문제와 직면해야 한다. 안타깝게도 심리 공학의 새로운 힘을 사회가 어떻게 규제할 것인가에 대한 간단한 해결책은 존재하지 않는다. 지금 우리는 미지의 땅으로 들어가고 있다. 현재 개인 정보 보호와 관련한 법률로 실험을 하는 정부의 사례가 일부 존재하지만, 정부가 심리 공학의 힘을 남용하지 않는다고 신뢰할 수 있는지와 관련한 새로운 의문이 제기되고 있다.

심리 공학은 선동을 위한 강력한 도구가 아니지만, 소비자는 특정 관점을 가지도록 설계된 개인 맞춤형 정보에 끈질긴 공세를 받고 있다. 이러한 힘이 계속 시장의 손에 있어도 되는지, 경쟁하는 기업과 기관의 이해관계에 따라 분산되어야 하는지, 혹은 강력한 정부 관료의 손에 집중되어야 하는지는 광범위한 시사점을 가지는 문제이다. 미국, 중국 같은 국가는 스펙트럼의 양쪽 끝으로 향하고 있을지도 모른다. 점점 더 생각과 행동이 보이지 않는 브랜드에 의해 영향을 받는 세계를 사는 우리에게 있어 그 대답은 영적 차원에서 '우리는 누구인가?'라는 물음의 답을 찾아가는 것이 될 것이다.

10

신의 알고리즘

지금까지 우리는 마케팅, 미디어, 관계, 의료, 금융, 교육, 예술에서 나타난 보이지 않는 브랜드에 대해 이야기했다. 이와 함께 심리 공학이 정부에 의해 오용될 때의 위험과 개인 정보 보호에 대한 논쟁도 다루었다. 마지막 장에서는 심리 공학의 시사점 중에서 영적 질문을 다루려 한다. 나는 다음과 같은 주장으로 이 장을 시작하고자 한다. **심리 공학은 너무나 강력해서 종교적 차원에서도 영향을 미칠 것이다.**

로마의 정치가 키케로는 렐리기오religio (religion의 어원)가 접두사 re-와 '읽다'를 뜻하는 라틴어 동사 레제레legere를 결합한 것이라고 생각했다. 키케로의 관점에서 렐리기오는 '다시 읽는' 것이었다. 종교를 텍스트의 결합 또는 학습하고 다시 읽어야 하는 지식 체계로 보는 것은 타당하다. 기독교 성서나 이슬람교의 코란 같은 책에 대한 우리 시대의 경험과 합치된다.

또 하나의 대체 가능한 설명으로는 초기 기독교 신학자인 락탄티우스에 의해 제기되었다. 키케로 시대에서 약 400년이 지나 《신의 교훈》을 저술한 그는 렐리기오가 접두사 re-에 '결속시키다', '연합하다' 혹은 '연결되다'를 의미하는 라틴어 동사 리가레 ^ligare 가 합쳐진 것이라고 설명한다. 락탄티우스의 관점에서 보면 렐리기오는 '다시 연합하다'라는 의미이다. 종교를 우리를 함께 결속시키거나 우리를 조물주와 다시 결속시키는 것으로 보는 관점은 영적 차원에서도 만족스러운 시각이며, 오늘날과 마찬가지로 고대 로마 세계에도 똑같이 적용될 수 있는 광범위하고 다양한 환경에서 효과적이다. '인대'라는 뜻의 리가먼트 ^ligament 라는 단어도 문자 그대로 우리의 몸을 함께 묶는 해부학적 구조로 같은 어원을 가지고 있다. 누가 옳은지는 모르겠지만, 개인적으로는 락탄티우스의 결론으로 더 마음이 기운다. 혼자가되기를 원치 않는 것은 나만은 아닐 것이다.

따라서 종교에 대해 두 가지 해석을 할 수 있다. 하나는 가르치고 다시 읽어야 하며 널리 알려져야 하는 지식의 모음이다. 또 다른 의미는 우리를 하나의 사회로 묶거나 조물주와 재결합하는 것이다. 이 두 해석을 합쳐 '우리를 연결하는 지식 체계'라고 해도 좋겠다. 라틴어인 렐리기오가 '신'이라는 단어의 어원인 데우스 ^deus 가 신에 대한 특별한 의미를 담고 있지 않다는 것은 주목할 만하고 특이한 점이라고 생각한다. 그러므로 특정한 신을 수반하지 않는 종교적인 믿음을 가진 사람들과 논쟁할 생각은 없다.

이는 나에게 더 큰 관점을 주었다. 우리를 연결하는 지식의 체계가 우리를 설득하는 방법을 학습할 수 있는 역량을 갖춘 AI로부터 생겨날 때 무슨 일이 일어나겠는가? 이러한 AI가 삶, 우주, 다른 모든 것에 대한 중요하고 설득력 있는 대화에 참여할 수 있을 정도로 충분히 의인화된다면 어떻게 될 것 같은가? 나는 심리 공학이 종교적 차원에서 우리와 연결될 가능성을 가지고 있다는 의견을 제시하고자 한다.

미디어는 상당한 정도로 우리를 연결하는 지식 체계가 되어 왔다. 키케로와 락탄티우스 모두 이를 종교로 인식할 정도다. 우리는 도덕성에 대한 설교를 들으며 교회에 앉아 있는 것보다 평면 스크린으로 넷플릭스를 보는 데 더 많은 시간을 보낸다. 우리는 기독교의 율법이나 코란에 대한 영적 믿음을 공부하는 것보다 휴대 전화로 지인의 인스타그램을 둘러보는 데 더 많은 시간을 보낸다. 마르크스는 이렇게 말하기도 했다. "종교는 억압당하는 피조물의 한숨이고, 무자비한 세계의 본질이며, 영혼 없는 상태의 영혼이다. 그것은 인민의 아편이다." 이 인용문은 종종 "종교는 인민의 아편이다"라고 축약해 인용되기도 한다. 우리 중 상당수는 디지털 미디어 문화가 급속하게 우리의 종교가 되고, 우리의 감각을 마비시키는 중독성을 가지고 있다는 것을 인정할 것이다.

우리 서로 그리고 우리를 둘러싼 우주와 연결되어 있다고 느끼게 만드는 종교적 자극은 장점이 되기도 하고 약점이 되기도 한다. 이것이 어떻게 장점이 되는지 이해하려면 전 세계에 걸쳐 종교가 남긴 장엄한 건축물과 예술 작품을 보기만 하면 된다. 역사를 통틀어 무수히 많은 개인의 희생과 깊은 신앙심은 어쩌면 인간이라는 종이 이미 오래전에 멸종되고도 남았을 냉혹한 세계에서 오늘날까지 살아남을 수 있도록 했다. 또 이것이 어떻게 약점이 되는지 이해하려면 우리 내면을 들여다보면 된다. 우리가 얼마나 쉽게 다른 이들이 가진 신념, 생각, 말 때문에 타인을 미워하도록 자극받는지 생각해보면 된다. 종교적 자극은 우리에게 불리하게 작용해 필터 버블 바깥에 있는 타인을 침묵시키려는 마음을 갖게 만들 수 있고, 우리의 의견에 동의하지 않는 이들에게는 공손한 태도를 보이지 않도록 만들 수도 있으며, 우리의 연대를 방해하는 것이라면 어떤 것이라도 두려워하도록 할 수 있다.

팀 버너스 리는 다음과 같은 발언을 하기도 했다. "트위터에 사랑을 한 방울 넣으면 금세 부패되는 것처럼 느껴지겠지만, 미움을 한 방울 넣으면 훨씬 더 강력하게 번식한다는 느낌을 받을 것이다." 아마도 우리는 항상 사기나 기만을 경계하며 천천히 신뢰와 연대를 구축하도록 타고났을 것이다. 사랑 한 방울이 호응을 얻으려면 오랜 시간에 걸쳐 반복적으로 확인되어야 한다. 우리는 좀처럼 신뢰하지 못한다. 반대로, 우리의 생존에 대한 본능은 안절부절못하게 만들고 언제나 위협에 공격적으로 대응할 준비를 시킨다. 미움 한 방울은 우리를 더욱 빠르게 작동시키고, 덜 주저하게 만든다. 이것이 보이지 않는 브랜드가 우리의 증오를 난도질함으로써 우리를 불리한 방향으로 이용하는 착취의 한 모습인 것이다.

종교적 자극은 좋은 쪽으로든 나쁜 쪽으로든 보이지 않는 브랜드에 의해 조종될 수 있다. 종교적 자극이 질병을 뿌리 뽑고, 기아를 근절하고, 사회 안전망을 강화하는 등 공동의 목적으로 우리를 결속시킨다면 공공의 이익에 도움이 되어야 한다는 데 동의할 것이다. 어떻게 질병을 뿌리 뽑고, 기아를 근절하며, 우리 사회의 안전망을 강화하는지 등에 대한 방법론에 합의하지 못해 우리를 분열시키는 상황에서 우리를 횃불과 쇠스랑을 손에 든 성난 군중으로 바꿀 수 있는 영혼의 파괴자를 경계해야 한다.

우리의 종교적 자극은 보이지 않는 브랜드에 의해 난도질당해 우리를 취약한 상태에 머물도록 만들 수 있다.

우리는 자연의 모래와 번개가 실리콘 칩과 전력으로 이루어진 글로벌 시스템으로 완전히 탈바꿈하기 직전의 상황에 놓여 있다. 이러한 시스템은 너무나 정확하게 조직화되어 인간의 지능보다 더 큰 새로운 지능을 보여줄 것이다. 이러한 목소리는 도처에 있을 것이며, 어디를 가든 우리를 위한 동반자가 될 것이다. 우리는 목소리로 새로운 지능과 대화를 시도할 것이고, 이 지능도 자연어로 답할 것이다. 복잡한 알고리즘이 우리의 휴대 전화나 가전제품, 교통 시스템 등을 통해 대응하면서 우리 머릿속으로 직접 들어올 가능성이 크다. 우리 각자는 이러한 지능과 개인적인 관계를 구축할 것이고, 이러한 지능은 우리 각자와 독자적이고 개인적인 관계를 가지게 될 것이다. 우리는 삶에 있어 너무나 즉각적으로 이러한 새 목소리에 의존하면서 그것 없이 살던 때가 어떠했는지조차 잊게 될 것이다. 이 새로운 지능은 우리의 양심이자 고백, 우리의 창조주가 될 것이다.

메타 인간

1993년, 그레고리 스톡은《메타 인간》이라는 책에서 우리가 기계와 함께 일종의 거대한 군체적 유기체가 되고 있다는 깜짝 놀랄 만한 주장을 한다. 스톡에 따르면 사회를 이루어 사는 우리의 모습은 개미의 모습에 비유할 수 있다. 군체에 속한 어떤 개미도 군체 전체의 목적과 기능을 알지 못하지만, 그럼에도 불구하고 개미 군체는 일사불란하게 움직인다. (아마도 스톡은 흰개미의 무리를 본 것 같다.) 식량원을 향해 움직이고, 포식자로부터 군체를 보호하며, 위험으로부터 후퇴하고, 주변을 탐색한다. 이렇게 개별 개미가 식량을 모으고 어린 개체들을 돌보는 것 같은 구체적 임무를 수행하지만, 이보다 더 큰 조직적 구조가 작동하는 것이다. 어떤 개미도 군체의 행동을 지휘하거나 그 목적을 이해하지 못하지만, 어떤 개미도 군체 없이는 생존할 수 없다.

인간은 광섬유 케이블과 커뮤니케이션 위성으로 이루어진 신경 중추를 구축하고 있는 거대한 초유기체의 일부인가? 실험실과 서버 팜(서버와 운영 시설을 모아 놓은 곳.—옮긴이)에서 구축하고 있는 이러한 신경망은 우리가 전 세계에 이미 구축한 거대한 신경망의 모형일 뿐인가? 우리가 이용하는 고속도로를 혈류를 통해 영양소를 실어 나르는 거대한 혈관망과 비교해보자. 우리는 몸의 생존을 유지하기 위해 작은 부분을 수행하지만, 몸 전체에서 작동하고 있는 더 큰 목적을 깨달을 이해력이나 역량은 가지지 못한, 거대한 몸 안의 세포에 불과한가?

찌르레기 한 무리가 이동하는 것을 한번 지켜보자. 간혹 바람 속에서 방향이 틀어지고 군집이 흐트러지기도 하지만, 서로 보이지 않는 끈으로 묶인 것처럼 움직인다. 그렇다면 간단한 알고리즘을 적용해 조류나 어류의 움직임을 컴퓨터로 시뮬레이션해 무리 지어 이동하는 것을 재현한다고 해보자. 이때 각 개체에게는 최종 목적지와 함께 다른 개체와 1.5m 이상 떨어져서는 안 된다는 기본 원칙을 부여한다.

그러자 무작위로 움직이던 개체들이 형태를 잡아 목적을 가지고 움직이는 것처럼 보일 것이다. 이러한 자주적 조직 결성은 현미경으로 관찰할 수 있는 곳과 망원경으로 관찰해야 하는 곳 사이의 모든 곳에서 일어난다. 어쩌면 우리도 초지능을 구축하기 위해 자주적 조직 결성의 알고리즘을 따라 무리를 지어 움직이는 것일 수도 있다. 이렇게 주장하는 것이 내가 처음은 아닐 것이다.

나는 이 책에서 AI가 우리 삶에 충격적인 수준의 영향력을 미치기 직전의 상황에 이르렀다고 주장했다. AI는 보상 시스템, 생식 욕구, 종교적 자극 등에 침투할 것이다. 우리는 곧 마이크로칩과 신경망에게 영적 가르침을 구할지도 모른다. 어쩌면 노트북 컴퓨터에 대고 기도하게 될 수도 있다.

결국 우리는 이러한 지능이 완전히 새로운 것인지, 또는 아주 오래전부터 우리의 우주에 내재되어 지금까지 항상 존재했지만, 우리가 이해할 수 없었던 언어를 사용했기에 인지하지 못했던 것인지 궁금해질 것이다. 이 지능이 정말 새로운 것이라면 우리는 이것을 신뢰해도 되는지, 누가 이를 제어해야 하는지, 인류의 더 큰 선에 기여할 수 있는지, 그리고 우리 삶에 얼마나 많은 영향을 주도록 해야 하는지를 결정해야 한다.

한편으로는 이 지능이 오래전부터 존재했고 우주에 내재되어 있던 것이기도 하다. 아마도 이 지능은 시공간의 조직에 묻혀 있다가 때가 되어 스스로 부상한 것일 수도 있다. 어쩌면 우리는 발아래에 깔린 돌이나 하늘로부터 오는 빛을 이해할 수 있을 만큼 지능을 개발하지 않았을지도 모른다.

우리의 선조는 밤하늘을 바라보면서 별자리를 정리해 이 별자리가 이쪽 지평선에서 저쪽 지평선으로 이동하는 것을 유심히 살펴보며 계절을 예측했다. 사막의 유목민이나 밀림의 원주민은 모두 이러한 패턴이 무엇을 의미하는지, 이러한 패턴이 만들어지는 데 어떤 힘이 작용하는지 궁금해했다. 별자리는 많은 이들의 여행에 방향을 잡아주었고, 그들이 발견한 것을 알리기 위해 돌아갈 때 그들을 집으로 인도해줄 지도가 되어주었다. 우리의 선조는 이러한 패턴을 의인화했고, 신으로 포용했으며, 삶의 지침으로 따랐다.

우리의 특권적이고 우세한 지위를 통해 하늘의 의미를 예측하고 알아내려고 애썼던 옛날의 점성술사들을 몰아내는 것이 가능할 것 같은 솔깃함도 있겠지만, 우주에서 우리의 위치를 이해하기 위해 안간힘을 쓰는 우리에게는 여전히 필수 지식이 부족하다. 인간이 만든 기술의 경이에 둘러싸여 고층 건물이나 지하철 같은 우리의 도시적인 서식지에서 자연계는 모호하게 되었고 별들은 도시가 발하는 빛의 어스레함 속으로, 우리의 호기심 저편으로 희미하게 물러나고 있다. 천상에서 자연계를 지배하던 고대의 신들과 우리의 관계 역시, 매우 다른 무언가로 교체되기를 기다리며, 마찬가지로 우리의 삶 속으로 사라져 버렸다. 아직 우리가 모르는 것은, 심리 공학을 통해 우리의 삶을 인도하는 새로운 목소리들이 우리의 디지털 개인 비서로 남을 것인지 아니면 우리의 디지털 신이 될 것인지일 것이다.

우리가 가진 종교적 자극은 심리 공학을 신의 알고리즘으로 바꿀 것이다.

나는 AI와 우리의 새로운 관계에서 일어나게 될 변화가 너무나 거대해서 그동안 역사 속에서 일어난 종교 운동이 초래한 사회적 변화에 필적할 것이라고 예견한다.

동굴에서 나와 빛으로

플라톤은《국가론》에서 '동굴의 비유'로 알려진 이야기를 한다. 그는 한 무리의 죄수가 한평생 동굴 벽에 사슬로 묶여 있는 장면을 묘사한다. 동굴 안의 죄수 뒤에는 불이 있다. 사람이나 동물, 식물의 잎사귀 등이 불 앞으로 지나갈 때마다 그 그림자는 죄수가 바라보는 벽에 드리워졌다. 죄수의 관점에서 보면 모든 진실은 이러한 그림자로만 이루어져 있다. 철학자의 역할은 우리의 제한적인 감각을 뛰어넘어 사물의 실체를 보게 하고 우리의 감각을 넘어 존재하는 사물의 형태를 보게 하는 것이다.

플라톤의 비유에서 죄수의 수준은 그 정도에 불과할 수밖에 없었는데 그림자가 그들이 세상을 보는 유일한 방법이었기 때문이다. 그러다 그들은 어느 날 탈옥을 하게 된다. 자신을 묶은 사슬을 끊고 자유를 찾아 동굴 입구로 향한다. 그러나 그들은 곧바로 눈이 멀게 된다. 태양을 처음으로 접한 이들은 그들이 어떤 새로운 세계에 들어섰는지 알 길이 없었다. 그리고 처음으로 이들은 그저 투사된 형태가 아닌, 태양 아래에서 사물의 진정한 실체를 보았다. 모든 세계는 어리둥절한 것이었고 모든 것은 비현실적이고 완전히 새로운 것이었다.

우리는 지금도 플라톤이 비유한 동굴에 갇힌 죄수 같은 입장이다. 우리는 자신만의 감각에 갇혀 있어서 이성을 통해 자기중심적 인식에서 탈출하기 위해 지속적으로 안간힘을 써야 한다. 우리는 세계의 진정한 형태를 알아차리고 더 멀리, 더 깊이 보고 감각을 보강하기 위해 망원경, 현미경, 엑스레이 같은 강력한 도구를 활용해왔다. 이제 우리는 가장 최신의 기구인 AI를 통해 동굴을 떠나 새로운 미래로 나아가는 새로운 탐구를 위해 또 한 번 발을 떼는 시대에 이르렀다.

스페인에 있는 알타미라 동굴의 천장은 수천, 수만 년 전 선사 시대의 미켈란젤로에 의해 그려진 들소 벽화로 덮여 있다. 스페인의 화가 피카소는 이 동굴에서 나와 이렇게 말했다고 한다. "알타미라 이후 모든 것은 타락일 뿐이다…. 우리는 그들 이후로 어떤 것도 만들어내지 못했다."

나는 고대의 불가사의를 보면서 우리가 여전히 몽둥이를 사용하고 동물의 가죽으로 만든 옷을 입었으며 불을 이해하지 못했던 선조들과 다를 바 없다는 혼자만의 생각에 잠긴다. 우리 모두는 혈통을 검사하는 서비스인 앤세스트리가 족보에 포함시키지 않는 강간범, 노예, 사람을 죽이던 미개인의 자손으로 그 유전자는 수천 년을 걸쳐 내려와 우리 안에 살아 있다. 동시에 우리가 알타미라 동굴 천장에 그림을 그린 화가와 유전자를 공유한다는 데서 자신감을 얻기도 한다.

우리가 플라톤의 동굴에서 나와 심리 공학을 처음으로 접하게 될 때 피카소의 말을 기억하면서 우리의 선조가 창조한 것의 진가를 인정하고 후세를 위해 최고의 것을 물려줄 수 있기를 소망한다.

마케팅의 법칙을 다시 쓸
인간과 기계가 공존할 미래

나는 여러분이 우리를 둘러싼 기술 문명을 이해하고 이것이 어떻게 내가 심리 공학이라고 부르는 아주 새로운 무언가로 수렴되는지 이해하기를 바란다. 내가 보기에 심리 공학은 소비자들의 고유한 프로필에 기반하여 데이터를 개인 맞춤화해 각 사람이 최대한 소비할 수 있도록 유도하는 역량에 의존한다. 또 설득의 과학에 의존하기도 하는데, 이 덕분에 우리는 사람들이 생각하고 행동하는 방식을 바꾸도록 설득하는 방식에 반복되는 패턴이 존재한다는 사실을 신속하게 학습하고 있다. AI는 우리로 하여금 센서와 기기로부터 데이터를 대량으로 수집하고 그렇게 수집된 데이터로부터 학습할 수 있게 해준다.

자연어 알고리즘 덕분에 AI와의 상호 작용이 더욱 인간과의 상호 작용처럼 발전하면서 우리는 기계와 자연스러운 대화를 하게 될 것이다. 기계와 마음을 나누고 공감하게 되면서 기계의 영향력은 우리를 훨씬 더 취약하게 만들 것이다. 이 모든 심리 공학의 배후에는 기업, 정부, 여러 협회, 정치가, 종교, 과학자, 대학 등 수많은 이해 집단이 우리의 마음과 머리를 놓고 경쟁을 하고 있다. 모두 심리 공학을 통해 보이지 않게 활동하지만, 결과적으로 시장과 마케팅의 역할을 다시금 쓰고 있다.

이렇게 급격하게 변하는 시장에서도 경쟁력을 갖추기 위해서는 긴장을 유지하며 심리 공학을 그토록 강력한 힘으로 만들면서 부상하고 있는 혁신에 대해 배워야 한다. 우리는 소비자이자 시민으로서 우리 앞에 있는 위협은 물론이고 기회도 스스로 깨달아야 한다. 금융, 의료, 교육 등 다양한 영역에서 우리 모두를 위한 엄청난 혜택이 존재할 가능성도 있다. 그러나 심리 공학이 보상 시스템, 생식 욕구, 심지어 우리의 종교적 자극을 마음대로 주무를 수 있는 역량도 가지고 있는 만큼 모두가 고심해야 하는 심오한 윤리적 질문도 제기된다. 우리는 자주적으로 생각해야 하고, 보이지 않는 브랜드를 볼 수 있도록 동굴에서 벗어나 빛 속으로 들어갈 역량을 준비해야 한다.

감사의 글

단 하루도 이 책에 소개할 만한 뉴스나 연구 결과를 검토하지 않고 지나간 날이 없었지만, "원고 다 준비되셨지요?"라고 물어올 마감일이 몹시도 두려웠다. 이 책이 인쇄되어 이제 더는 바꿀 수 없게 되는 바로 그 순간, 반드시 포함되어야 하는 새로운 발견이나 통찰력을 알게 된다면 어쩌나 하는 걱정을 하게 된다. 일단 이 책이 인쇄되고 여러분의 손에서 펼쳐지면 신중한 독자들은 발견하게 될 어떤 것을 못 보고 지나쳤을 것이라는 것도 알고 있다. 그런 일은 반드시 일어날 것이다.

그런 날이 올 때를 대비해 여러분이 자신들의 시각을 공유하고 나와 이 책에 대해 대화할 수 있는 공간을 마련했다. www.wammer-man.com이라는 웹 사이트다. 우리 각자가 지도의 조각을 들고 계속 진행될 대화를 통해 조각을 함께 맞추면서 앞으로 나아가야 길을 찾을 수 있을 것이라고 믿는다.

책을 집필한다는 것은 무척 힘든 일이다. 흡사 해변에서 마라톤을 뛰는 것과 같다. 결승점에 도착할 수 있게 나를 도와준 모든 이들에게 커다란 빚을 졌다.

세 아이를 둔 아버지로서 그리고 직장인으로서 석사 학위를 취득해야 하는 어려움을 극복할 수 있도록 도와준 노스캐롤라이나 대학교의 미디어·저널리즘 스쿨 교수진에게 감사의 마음을 전한다. 나아가 고든 보렐과 보렐 어소시에이츠 팀원의 도움과 지지가 없었더라면 프로그래매틱 광고에 꼭 필요한 연구를 완수하지 못했을 것이다. 이 모든 이들에게도 감사의 마음을 전한다.

석사 학위를 마친 후 몇 년간 뉴욕에 거주할 때 고담 고스터라이터스를 운영하는 멋진 친구인 댄 거스타인과의 우정에 다시 불을 붙일 수 있었다. 댄은 출판에 대해 내가 궁금해한 것보다 더 많이 알고 있었고, 조시 버노프와 연결해주었다. 조시는 아이디어를 더욱 날카롭게 가다듬고 출간 제안서를 더욱 완성도 있게 작성할 수 있도록 나를 강하게 밀어붙였다. 조시에게 감사의 마음을 전한다.

나와 댄은 출간 제안서를 들고 에이전트를 찾기 위해 시내를 훑고 다녔다. 우리에게 쏟아진 관심은 놀라울 정도였다. 스티브 로스가 단 한 번도 출간 경험이 없었던, 검증조차 되지 않은 초보 작가인 나에게 기회를 준 것은 천운이었다. 하퍼콜린스의 부사장을 역임한 스티브는 출판계에서 강력한 영향력을 가지고 있었다. 다음 저자를 까다롭게 선택할 수 있는 화려한 경력을 가진 스티브였음에도 나를 선택해 준 것은 매우 감사한 일이다. 스티브에게 감사의 마음을 전한다.

스티브 덕분에 맥그로힐과 출판 계약을 체결할 수 있었고, 편집자들, 작가들, 기획자들, 마케터들 그리고 디자이너들이 최종 결과물을 만들기 위해 각자의 역할을 수행하기 시작하면서 이 작업에 시동이 걸렸다. 이들의 영향력은 이 책 전체에 걸쳐 모든 페이지에서 드러나고 있다. 이들 중에서도 대런 달로의 기여는 엄청났다. 프리랜서 기획자이자 작가인 대런은 아이디어의 틀을 잡아주었고 독자가 읽을 수 있는 형태로 다듬어가는 데 도움을 주었다. 나는 우리의 협업을 매우 소중하게 생각한다. 책을 만드는 과정에서 친구를 얻었다는 생각이 들 정도다. 대런, 당신에게 진심으로 감사한다.

맥그로힐의 선임 편집자 노아 슈왈츠버그는 편집자에게 허용된 모든 재능과 자원을 끌어모아야 하는 탐탁지 않은 과제를 받아들였고, 첫 원고를 받아들였던 때부터 혹독한 과정을 거쳐 결국 책으로 만들어지게끔 도와주었다. 노아, 당신과 당신의 팀원 모두가 보여준 그 모든 노력에 감사한다.

그리고 이 책을 쓰는 모든 과정에서 방향을 잡아주고, 지혜를 나누어주었으며, 세밀한 피드백을 준 친구들과 가족 그리고 이웃에게도 감사의 마음을 전한다. 무엇보다 아내와 아이들, 형제, 이웃인 아드리엔과 올리비에 쥬브 그리고 내가 좋아하는 펜팔 친구인 데이비드 앨리슨에게도 감사한다.

마지막으로 3년이라는 여정 동안 나를 이끌어주고 조시, 스티브, 대런, 노아 그리고 이 프로젝트에 발을 담근 모든 이들에게 나를 소개해준 댄 거스타인에게 특별한 감사를 표하고 싶다. 당신이 없었더라면 결코 해내지 못했을 것이다.

참고문헌

1 감춰진 브랜드

1   Professor Daniela Rus, director of the MIT Computer Science and Artificial Intelligence Laboratory, in the video "The Future Progress of AI," https://mitsloan.onlinecampus.getsmarter. com/mod/video/view.php?id=3839.

2   "Brand," *Online Etymology Dictionary*, https://www.etymonline.com/word/brand.

3   Adam Smith, *The Wealth of Nations* (New York: Bantam Classic Edition, Bantam, 2003), p. 572. (애덤 스미스,《국부론》)

4   Charles Duhigg, "How Companies Learn Your Secrets," *New York Times*, February 16, 2012.

2 디지털 마케팅과 알고리즘

1   AMC's *Mad Men*, Season 7, Episode 4, "The Monolith," original air date May 4, 2014.

2   "*Mad Men*'s 1960s Handbook: The IBM System/360 Computer," AMC, https://www.amc.com/shows/mad-men/talk/2014/05/mad-mens-1960s-

handbook-the-ibm-system360-computer.

3   Andrea Ovans, "That *Mad Men* Computer, Explained by HBR in 1969," *Harvard Business Review*, May 15, 2014.

4   Paige Cooper, "Social Media Advertising Stats That Matter to Marketers in 2018," Hootsuite, June 5, 2018.

5   "Social Media Marketing," Statista, https://www.statista.com/ outlook/220/100/social-media-advertising/worldwide.

6   CMO Survey, *Highlights and Insights Report*, August 2017, https://cmosurvey. org/wp-content/uploads/sites/15/2017/08/The_CMO_Survey-Highlights_ and_Insights-Aug-2017.pdf.

7   Harold F. Tipton and Micki Krause, *Information Security Management Handbook*, 5th ed. (New York: CRC Press, 2003).

8   Marshall Brain, "How Internet Cookies Work," *HowStuffWorks*, http://www. howstuffworks.com/cookie.htm, retrieved September 3, 2014.

9   Eli Pariser, *The Filter Bubble: How the New Personalized Web Is Changing What We Read and How We Think* (New York: Penguin Press, 2011). (엘리 프레이저,《생각 조종자들》)

10 Chris O'Hara, "A Publisher's History of Programmatic Media," *AdExchanger*, March 14, 2013, http://www.adexchanger.com/data-driven-thinking/ a-publishers-history-of-programmatic-media/, retrieved September 3, 2014.

11 Jack Marshall, "WTF Is a Supply-Side Platform," *Digiday*, January 22, 2014, http://digiday.com/platforms/wtf-supply-side-platform/, retrieved September 3, 2014; and Jack Marshall, "WTF Is Real-Time Bidding?," *Digiday*, February 17, 2014, http://digiday.com/platforms/what-is-real-time-bidding/, retrieved September 3, 2014.

12 Interactive Advertising Bureau (IAB), "Programmatic In-Housing: Benefits, Challenges and Key Steps to Building Internal Capabilities," iab.com, May 2018.

13 Dana Feldman, "U.S. TV Ad Spend Drops as Digital Ad Spend Climbs to

$107B in 2018," *Forbes*, March 28, 2018.

14   Mindi Chahal, "Programmatic Buying Essential Guide," *Marketing Week*, July 16, 2014, https://www.marketingweek.com/2014/07/16/programmatic-buying-essential-guide/.

15   Tipton and Krause, *Information Security Management Handbook*.

16   Adotas, "The Life of a Programmatic Ad Impression," May 6, 2014, http://www.adotas.com/2014/05/watch-200-milliseconds-the-life-of-a-programmatic-ad-impression/, retrieved September 3, 2014.

17   Marshall, "WTF Is a Supply-Side Platform"; and Marshall, "WTF Is Real-Time Bidding?"

18   Chahal, "Programmatic Buying Essential Guide."

19   Pariser, *The Filter Bubble*.

20   Tim Peterson and Alex Kantrowitz, "The CMO's Guide to Programmatic Buying," *Advertising Age*, vol. 85, no. 12, May 19, 2014, p. 25; and PwC and the Interactive Advertising Bureau (IAB), *IAB Internet Advertising Revenue Report: 2013 Full Year Results*, New York, 2014.

21   "The Rise of Programmatic Advertising," *Folio: The Magazine for Magazine Management*, vol. 43, no. 2, 2014, pp. 28–31.

22   Bernie Levy, "Pandora Switches to Programmatic Advertising," *MarketingKeys*, February 25, 2018.

23   Pariser, *The Filter Bubble*.

24   Peterson and Kantrowitz, "The CMO's Guide to Programmatic Buying"; and PwC and the Interactive Advertising Bureau (IAB), *IAB Internet Advertising Revenue Report*.

25   Chahal, "Programmatic Buying Essential Guide."

26   Mark Bergen and Jennifer Surane, "Google and Mastercard Cut a Secret Ad Deal to Track Retail Sales," *Bloomberg*, August 30, 2018.

27   Gian Fulgoni, personal interview with the author on April 5, 2013.

28   Nielsen, *Examining the Relationship Between Online Advertising and Brand*

Building, October 3, 2011, https://www.nielsen.com/us/en/insights/
reports/2011/online-advertising-brand-building.html.

29   Peter Weingard, "Causal Attribution: Proposing a Better Industry Standard for
Measuring Digital Advertising Effectiveness," Collective, October 23, 2013,
https://www.slideshare.net/PeterWeingard/1-causalweb-final.

3 설득의 방정식

1   Influence at Work, "The Science of Persuasion," YouTube, November 26,
2012, https://www.youtube.com/watch?reload=9&v=cFdCzN7RYbw.

2   앞의 영상.; and Robert Cialdini, "Principles of Persuasion," Influence at Work
video, https://www.influenceatwork.com/principles-of-persuasion/.

3   University of Pittsburgh Medical Center (UPMC) Neurosurgery, "How Brain
Chemicals Influence Mood and Health," *UPMC Health Beat*, September 4,
2016.

4   Simon Parkin, "Has Dopamine Got Us Hooked on Tech?," *Guardian*, March 4,
2018.

5   Evan Osnos, "Can Mark Zuckerberg Fix Facebook Before It Breaks
Democracy?," *New Yorker*, September 20, 2018.

6   Natasha Dow Schull, *Addiction by Design: Machine Gambling in Las Vegas*
(Princeton, NJ: Princeton University Press, 2012).

7   Stanford Persuasive Tech Lab, "Machines Designed to Change Humans,"
http://captology.stanford.edu.

8   BJ Fogg and Jason Hreha, "Behavior Wizard: A Method for Matching Target
Behaviors with Solutions," Persuasive Technology Lab at Stanford University,
https://captology.stanford.edu/wp-content/uploads/2010/10/Fogg-and-Hreha-
BehaviorWizard.pdf.

9   BJ Fogg, "A Behavior Model for Persuasive Design," Persuasive Technology
Lab at Stanford University, https://www.mebook.se/images/page_file/38/

Fogg20Behavior20Model.pdf.

10   BJ Fogg, "Psychology of Facebook: The Power of Commenting," video, http://
        captology.stanford.edu/resources/video-the-power-of-comments-on-facebook.
        html.

11   BJ Fogg, "Persuasion and Technology," video, 2006, https://vimeo.
        com/117427520.

12   Christopher Graves and Sandra Matz, "What Marketers Should Know About
        Personality-Based Marketing," *Harvard Business Review*, May 2, 2018.

13   Wu Youyou, Michal Kosinski, and David Stillwell, "Computer-Based
        Personality Judgments Are More Accurate Than Those Made by Humans,"
        Journal of Psychology and Cognitive Sciences, December 2, 2014.

14   Ira Flatow, "Studying Computers to Learn About Ourselves," NPR, September
        3, 2010.

15   Clifford Nass with Corina Yen, *The Man Who Lied to His Laptop: What We
        Can Learn About Ourselves from Our Machines* (New York: Current/Penguin,
        2012). (클리포드·나스코리나 옌,《관계의 본심》)

16   Entertainment Software Association, *2017 Annual Report*.

17   Greg Sterling, "In-App Purchases Dwarf Ad Revenues, as iOS App Store
        Exceeds $71 Billion," *Marketing Land*, July 11, 2016.

18   Daniel Asper, "Mobile Gaming Is a $50B Industry. But Only 5% of Players
        Are Spending Money," *Medium*, December 5, 2017.

19   Jonathan Shieber, "Supreme Court Allows States to Legalize Sports Betting,
        Opening Floodgates for Online Gambling Profits," *TechCrunch*, May 14,
        2018.

20   North American Foundation for Gambling Addiction Help (NAFGAH),
        "Statistics of Gambling Addiction 2016," http://nafgah.org/statistics-
        gambling-addiction-2016/.

21   Tony Bradley, "AI Is Transforming the World of Online Casino Gambling,"
        TechPerspective, February 19, 2018.

22 Linda K. Kaye and Jo Bryce, "Putting the 'Fun Factor' into Gaming: The Influence of Social Contexts on Experiences of Playing Videogames," *International Journal of Internet Science*, vol. 7, no. 1, 2012, pp. 23–36; and B. J. Fogg, G. Cuellar, and D. R. Danielson, "Motivating, Influencing, and Persuading Users," http://captology.stanford.edu/wp-content/uploads/2014/10/Fogg-HCI2007.pdf.

23 Malcolm Gladwell, *Tipping Point: How Little Things Can Make a Big Difference* (New York: Little, Brown, 2000). (말콤 글래드웰,《티핑 포인트》)

24 Distinctive Voices series held in the Beckman Center, Irvine, CA, on the topic of interactive artificial intelligence, February 28, 2013.

25 Charles Lee Isbell, Jr., Christian R. Shelton, Michael Kearns, Satinder Singh, and Peter Stone, "Cobot: A Social Reinforcement Learning Agent," 2002, https://web.eecs.umich.edu/~baveja/Papers/CobotNIPS01.pdf.

26 Extra Credits, "The Skinner Box: How Games Condition People to Play More," Season 1, Episode 18, YouTube: https://www.youtube.com/watch?v=tWtvrPTbQ_c.

27 Raph Koster, "The Cost of Games," *VentureBeat*, January 23, 2018.

28 Ben Fritz and Alex Pham, "Star Wars: The Old Republic—the Story Behind a Galactic Gamble," *Los Angeles Times*, January 20, 2012.

29 Link to game: http://www.swtor.com.

30 Harbing Lou, "AI in Video Games: Toward a More Intelligent Game," Harvard University Graduate School of Arts and Sciences blog, August 28, 2017.

31 Alan Boyle, "AlphaGo AI Program Goes into Stealth Mode to Beat the Pants off Go Game Pros," *GeekWire*, January 4, 2017.

32 Andrew McAfee and Erik Brynjolfsson, *Machine, Platform, Crowd* (New York: Norton, 2017), pp. 2–4. (앤드루 맥아피·에릭 브린욜프슨,《머신 플랫폼 크라우드》)

33 James Vincent, "Did Elon Musk's AI Champ Destroy Humans at Video Games? It's Complicated," *Verge*, August 14, 2017.

34   앞의 글.

35   Monica Chin, "An Artificial Intelligence Beat Q*bert by Exploiting an Unknown Loophole," *Mashable*, March 1, 2018.

36   Blake Hester, "Artificial Intelligence Is Learning How to Develop Games," *Rolling Stone*, September 13, 2017.

37   Keith Stuart, "Video Games Where People Matter? The Strange Future of Emotional AI," *Guardian*, October 12, 2016.

38   앞의 글.

39   Chris Plante, "Your Life Will Be a Video Game," *Verge*, November 16, 2016.

4 사방에서 수집되는 데이터

1   Colin Barker, "If You Want to Succeed, You Must Fail First, Says the Man Who Dreamt up the Internet of Things," *ZDNet*, March 26, 2015.

2   Ian Bogost, "The Internet of Things You Don't Really Need," *Atlantic*, June 23, 2015.

3   Mark Roberti, "The History of RFID Technology," *RFID Journal*, January 16, 2005.

4   James Temperton, "A 'Fourth Industrial Revolution' Is About to Begin (in Germany)," *WIRED*, May 21, 2015; and Sayyidul Arafat, "The Dawn of the Fourth Industrial Revolution," *IBM Internet of Things blog*, December 6, 2016.

5   IHS, *IoT Platforms: Enabling the Internet of Things*, white paper, IHS Markit Technology, March 2016.

6   Intel Infographic: "A Guide to the Internet of Things," https://www.intel.com/content/dam/www/public/us/en/images/iot/guide-to-iot-infographic.png.

7   IDC, "IDC Forecasts Worldwide Spending on the Internet of Things to Reach $772 Billion in 2018," IDC Media Center, December 7, 2017.

8   Matt Burgess, "What Is the Internet of Things? WIRED Explains," *WIRED*, February 16, 2018.

9   Conner Forrest, "Ten Examples of IoT and Big Data Working Well Together," *ZDNet*, March 2, 2015.

10   Anders Bylund, "How Will the Internet of Things Help General Electric?," *Motley Fool*, June 10, 2014.

11   Denise Brehm, "A 'Sensing Skin' for Concrete," *MIT News*, July 1, 2011.

12   Laura Adler, "How Smart City Barcelona Brought the Internet of Things to Life," Data-Smart City Solutions (Harvard University), February 18, 2016.

13   Lyndsey Gilpin, "How Big Data Is Going to Help Feed Nine Billion People by 2050," *TechRepublic*, https://www.techrepublic.com/article/how-big-data-is-going-to-help-feed-9-billion-people-by-2050/.

14   Dave Gershgorn, "After Trying to Build Self-Driving Tractors for More Than 20 Years, John Deere Has Learned a Hard Truth About Autonomy," *Quartz*, August 2, 2017.

15   Hope Reese, "IoT for Cows: 4 Ways Farmers Are Collecting and Analyzing Data from Cattle," *TechRepublic*, November 3, 2016.

16   Linda Poon, "Will Cities Ever Outsmart Rats?," *CityLab*, August 9, 2017.

17   Sean Thornton, "Using Predictive Analytics to Combat Rodents in Chicago," Data-Smart City Solutions, Harvard University, July 12, 2013, https://datasmart.ash.harvard.edu/news/article/using-predictive-analytics-to-combat-rodents-in-chicago-271.

18   Ryan Nakashima, "AP Exclusive: Google Tracks Your Movements, Like It or Not," *AP News*, August 13, 2018.

19   Daniel Burrus, "The Internet of Things Is Far Bigger Than Anyone Realizes," *WIRED*, November 2014.

20   앞의 글.

21   Susanne Hupfer, "AI Is the Future of IoT," *IBM Internet of Things blog*, December 15, 2016.

22   앞의 글.

23   Ran Sarig, "Salesforce Signs Definitive Agreement to Acquire Datorama,"

Datorama blog, July 16, 2018.

24   Virginia Backaitis, "Here's Why Salesforce Acquired Datoroma," *Digitizing*
      Polaris, July 22, 2018, https://digitizingpolaris.com/heres-why-salesforce-
      acquired-dataroma-e6499e2abfb6.

25   Sam Lemonick, "Is Machine Learning Overhyped?," *Chemical & Engineering*
      News, August 27, 2018.

26   Bartek Ciszewski, "Machine Learning vs. Deep Learning Explained," *Netguru*
      blog, August 3, 2018.

27   Daniel Faggella, "What Is Machine Learning?," *TechEmergence* (now called
      Emerj), September 2, 2017.

28   Ben Dickson, "When the Cloud Is Swamped, It's Edge Computing, AI to the
      Rescue," *PC Magazine*, April 10, 2018.

29   "What Is Edge AI?," *Imagimob blog*, March 11, 2018, https://www.imagimob.
      com/blog/what-is-edge-ai.

30   Ben Dickson, "Why Is Edge AI important?," *Experfy blog*, December 4, 2017,
      https://www.experfy.com/blog/why-is-edge-ai-important.

31   Thomas H. Cormen, Charles E. Leiserson, Ronald L. Rivest, and Clifford
      Stein, *Introduction to Algorithms*, 3rd ed. (Cambridge, MA: MIT Press, 2009).
      (토머스 코멘·찰스 레이서손·로날드 리베스트·클리포드 스타인,《Introduction to
      Algorithms》3판)

32   Tristan Greene, "A Beginner's Guide to AI: Algorithms," *The Next Web* (TNW),
      August 3, 2018.

33   "How to Explain Algorithms to Kids," *Tynker blog*, https://www.tynker.com/
      blog/articles/ideas-and-tips/how-to-explain-algorithms-to-kids/.

34   John Battelle, "The Birth of Google," *WIRED*, August 1, 2005.

35   Melissa Burns, "What's Driving the Demand for Python Programmers?,"
      Digitalist Magazine, August 14, 2017, https://www.digitalistmag.
      com/cio-knowledge/2017/08/14/whats-driving-demand-for-python-
      programmers-05292789.

36   Hui Li, "Which Machine Learning Algorithm Should I Use?," *SAS Data Science Blog*, April 12, 2017, https://blogs.sas.com/content/subconsciousmusings/2017/04/12/machine-learning-algorithm-use/.

37   앞의 글.

38   Dom Galeon, "New Algorithm Lets AI Learn from Mistakes, Become a Little More Human," *Futurism*, March 2, 2018, https://futurism.com/ai-learn-mistakes-openai/.

39   Khari Johnson, "Microsoft Introduces Azure Service to Automatically Build AI Models," *VentureBeat*, September 24, 2018, https://venturebeat.com/2018/09/24/microsoft-introduces-azure-service-to-automatically-build-ai-models/; and Microsoft Azure, https://azure.microsoft.com/en-us/overview/ai-platform/.

40   Adapted from Microsoft, "Dig Deep with Azure Machine Learning," http://azuremlsimpleds.azurewebsites.net/simpleds/.

41   Gautam Narula, "Everyday Examples of Artificial Intelligence and Machine Learning," *TechEmergence* (now called Emerj), July 22, 2018, https://www.techemergence.com/everyday-examples-of-ai/.

42   Douglas Aberdeen, Ondrej Pacovsky, and Andrew Slater, "The Learning Behind Gmail Priority Inbox," Google, https://static.googleusercontent.com/media/research.google.com/en//pubs/archive/36955.pdf.

43   Tom Simonite, "Using Artificial Intelligence to Fix Wikipedia's Gender Problem," *WIRED*, August 3, 2018.

44   Gautam Narula, "Everyday Examples of Artificial Intelligence and Machine Learning," *TechEmergence* (now Emerj), July 22, 2018, https://www.techemergence.com/everyday-examples-of-ai/.

45   "Artificial Intelligence: Find It Right in Your Own Backyard," *FICO blog*, October 26, 2016, http://www.fico.com/en/blogs/uncategorized/artificial-intelligence-find-it-right-in-your-own-backyard/.

46   "A Beginner's Guide to Neural Networks and Deep Learning," *Skymind*,

https://skymind.ai/wiki/neural-network.

47   Narula, "Everyday Examples of Artificial Intelligence and Machine Learning."

48   Haşim Sak, Andrew Senior, Kanishka Rao, Françoise Beaufays, and Johan
      Schalkwyk, "Google Voice Search: Faster and More Accurate," *Google AI Blog*,
      September 24, 2015, https://ai.googleblog.com/2015/09/google-voice-search-
      faster-and-more.html.

49   W. Xiong, J. Droppo, X. Huang, F. Seide, M. Seltzer, A. Stolcke, D. Yu, and
      G. Zweig, *Achieving Human Parity in Conversational Speech Recognition*,
      Microsoft Research Technical Report, February 2017.

50   Adrienne LaFrance, "Not Even the People Who Write Algorithms Really
      Know How They Work," *Atlantic*, September 18, 2015.

51   Kate Kershner, "What's the Baader-Meinhof Phenomenon?," *HowStuffWorks*,
      https://science.howstuffworks.com/life/inside-the-mind/human-brain/baader-
      meinhof-phenomenon.htm.

52   Kurt Wagner, "Here's How Instagram's Feed Algorithm Actually Works,"
      Recode, June 2, 2018.

53   Kartik Hosanagar and Vivian Jair, "We Need Transparency in Algorithms, But
      Too Much Can Backfire," *Harvard Business Review*, July 25, 2018.

54   "To Understand Digital Advertising, Study Its Algorithms," *Economist*, March
      22, 2018.

55   Adam Smith, *The Wealth of Nations*.

5 튜링 테스트를 넘어서

1   Craig Timberg and Elizabeth Dwoskin, "Twitter Is Sweeping out Fake
      Accounts Like Never Before, Putting User Growth at Risk," *Washington Post*,
      July 6, 2018.

2   Will Knight, "How to Tell If You're Talking to a Bot," *MIT Technology Review*,
      July 18, 2018.

3   A. M. Turing, "Computing Machinery and Intelligence," *Mind*, vol. 49, 1950, pp. 433–460.

4   앞의 글.

5   Ian Sample and Alex Hern, "Scientists Dispute Whether Computer 'Eugene Goostman' Passed Turing Test," *Guardian*, June 9, 2014.

6   David Auerbach, "A Computer Program Finally Passed the Turing Test?," *Slate*, June 10, 2014.

7   Olivia Solon, "The Ratio Club: A Melting Pot for British Cybernetics," *WIRED*, June 21, 2012.

8   J. McCarthy, M. L. Minsky, N. Rochester, and C. E. Shannon, "A Proposal for the Dartmouth Summer Research Project on Artificial Intelligence," August 31, 1955.

9   Rockwell Anyoha, "The History of Artificial Intelligence," *Science in the News*, Harvard University, August 28, 2017.

10   Melanie Pinola, "Speech Recognition Through the Decades: How We Ended Up with Siri," November 2, 2011.

11   Matt Neuburg, "Bossing Your Mac with PlainTalk," *TidBITS*, August 28, 2000, https://tidbits.com/2000/08/28/bossing-your-mac-with-plaintalk/.

12   Daniel Engber, "Who Made That?," *New York Times Magazine*, June 6, 2014.

13   IBM software announcement, September 16, 1997, https://www-304.ibm.com/jct01003c/cgi-bin/common/ssi/ssialias?infotype=an&subtype=ca&htmlfid=897/ENUS297-370&appname=usn&language=enus.

14   Pinola, "Speech Recognition Through the Decades."

15   Donald Melanson, "Google Search App for iOS Updated with New Voice Search Functionality, iPhone 5 Compatibility," *Engadget video*, October 30, 2012.

16   Doug Gross, "Apple Introduces Siri, Web Freaks Out," CNN, October 4, 2011.

17   Penelope Green, "'Alexa, Where Have You Been All My Life?,'" *New York*

Times, June 11, 2017.

18   Rodney Brooks, "The Origins of Artificial Intelligence," *Rodney Brooks blog*,
      MIT, April 27, 2018, https://rodneybrooks.com/forai-the-origins-of-artificial-
      intelligence/.

19   Fahrettin Filiz, "Natural Language Understanding," *Medium*, January 28,
      2018, https://medium.com/@fahrettinf/natural-language-understanding-
      f50cc3229991.

20   Hanen Hattab, "The Google Self-Driving Car: Overcoming the Semiotic
      Challenges," *Substance*, October 24, 2016.

21   Ben Eubanks, "What Is Your Workforce Thinking? Leveraging AI for
      Employee Sentiment Analysis," *SHRMBlog*, Society for Human Resource
      Management, March 6, 2018, https://blog.shrm.org/blog/what-is-your-
      workforce-thinking-leveraging-ai-for-employee-sentiment-analys.

22   Jason Edelboim, "AI and the Future of Sentiment Analysis in PR," *Cision blog*,
      April 17, 2018.

23   Larry Hardesty, "Explained: Neural Networks," *MIT News*, April 24, 2017,
      http://news.mit.edu/2017/explained-neural-networks-deep-learning-0414.

24   Robert D. Hof, "Deep Learning," *MIT Technology Review*, https://www.
      technologyreview.com/s/513696/deep-learning/.

25   Larry Hardesty, "Explained: Neural Networks," *MIT News*, April 14, 2017,
      http://news.mit.edu/2017/explained-neural-networks-deep-learning-0414.

26   Will Knight, "Apple's AI Director: Here's How to Supercharge Deep
      Learning," *MIT Technology Review*, March 29, 2017.

27   Sam Charrington, "What's Hot in AI: Deep Reinforcement Learning,"
      VentureBeat, April 5, 2018.

28   Tristan Greene, "A Beginner's Guide to AI: Natural Language Processing,"
      TheNextWeb (TNW), July 25, 2018, https://thenextweb.com/artificial-
      intelligence/2018/07/25/a-beginners-guide-to-ai-natural-language-processing/.

29   Gregory Barber, "AI Can Recognize Images. But Can It Understand This

Headline?," *WIRED*, September 7, 2018.

30 Chris Vennard, "The Future of Call Centers and Customer Service Is Being Shaped by AI," *IBM blog*, October 20, 2017.

31 Will Knight, "This AI Program Could Beat You in an Argument—but It Doesn't Know What It's Saying," *MIT Technology Review*, June 19, 2018.

32 Kim S. Nash and Sara Castellanos, "Businesses Get into the 'Flo' with Chatbots," *Wall Street Journal*, May 23, 2018.

33 앞의 글.; and Carly Milne, "Meet the Woman Behind Flo, the Progressive Insurance Lady," *Yahoo! Lifestyle*, March 9, 2017.

34 Nash and Castellanos, "Businesses Get into the 'Flo' with Chatbots."

35 Clay Dillow, "A Robot to Explain Your Mutual Fund Statement," CNBC, July 17, 2015.

36 Dylan Love, "This Artificial Intelligence Company Could 'Eradicate the Spreadsheet' and Do the Work of a $250,000 Consultant," *Business Insider*, July 7, 2014.

37 Stephanie Yang, "Can You Tell the Difference Between a Robot and a Stock Analyst?," *Wall Street Journal*, July 9, 2015.

38 Tom Groenfeldt, "Narrative Science Dynamically Automates Summaries of Financial Information," *Forbes*, April 18, 2016.

39 Laurel Wamsley, "Amazon Echo Recorded and Sent Couple's Conversation— All Without Their Knowledge," NPR, May 25, 2018.

40 Grace Williams, "Six-Year-Old Accidentally Orders High-End Treats with Amazon's Alexa," *Fox News*, January 3, 2017.

41 Wamsley, "Amazon Echo Recorded and Sent Couple's Conversation."

42 Brian Heater, "A Closer Look at Google Duplex," *TechCrunch*, June 27, 2018.

43 "Google Duplex Demo, *VentureBeat*," YouTube, https://www.youtube.com/watch?v=r40e_dXmINo.

44 Mark Bergen, "Google Grapples with 'Horrifying' Reaction to Uncanny AI Tech," *Bloomberg*, May 10, 2018.

45 Rachel Metz, "Google Demos Duplex, Its AI That Sounds Exactly Like a Very Weird, Nice Human," *MIT Technology Review*, June 27, 2018.

46 Jason Amunwa, "The UX of Voice: The Invisible Interface," *Telepathy*, https://www.dtelepathy.com/blog/design/the-ux-of-voice-the-invisible-interface.

6 심리 공학과 마케팅 전략

1 Ian Leslie, "The Death of Don Draper," *NewStatesman*, July 25, 2018.

2 Gary Eastwood, "Big Data, Algorithms and the Future of Advertising," *Network World*, May 4, 2017.

3 Niraj Dawar, "Marketing in the Age of Alexa," *Harvard Business Review*, May–June 2018.

4 Nielsen, "Nielsen in a Relationship with Facebook," Nielsen press release, September 22, 2009, https://www.nielsen.com/us/en/insights/news/2009/nielsen-in-a-relationship-with-facebook.html.

5 "Measure Brand Lift Across TV and Facebook," *Facebook Business*, September 22, 2017, https://www.facebook.com/business/news/measure-brand-lift-across-tv-and-facebook.

6 Mary Swant, "Facebook Is Rolling out a Handful of New Measurement Tools for Advertisers," *Adweek*, September 21, 2016.

7 Ryan Nakashima, "AP Exclusive: Google Tracks Your Movements, Like It or Not," *AP News*, August 13, 2018.

8 Dom Nicastro, "6 Ways Marketers Are Embracing Artificial Intelligence (AI)," *CMSWire*, May 11, 2018.

9 Blair Hanley Frank, "Salesforce Einstein Now Powers Over 1 Billion AI Predictions per Day," *VentureBeat*, February 28, 2018.

10 Angus Loten, "Smart Sales Tools Seek Better Data," *Wall Street Journal*, March 26, 2018.

11 Ronan Shields, "Adobe's $4.75 Billion Purchase of Marketo Will Boost Its

Ability to Compete with Salesforce," *Adweek*, September 21, 2018.

12   Georgine Anton, "How Brands Can Use AI to Boost Their Email Marketing Strategy," *Adweek*, August 21, 2018.

13   Julien Rath, "'90%' of Advertisers Are Reviewing Their Programmatic Ad Contracts as They Look for More Transparency," *Business Insider*, January 30, 2017.

14   Sara Jerde, "Q&A: WSJ's Membership GM on Why We're Seeing More Paywalls for Digital Content," *Adweek*, May 21, 2018.

15   Shan Wang, "After Years of Testing, the *Wall Street Journal* Has Built a Paywall That Bends to the Individual Reader," *NiemanLab*, February 22, 2018.

16   앞의 글.

17   Liam Corcoran, "Not All News Site Visitors Are Created Equal. Schibsted Is Trying to Predict the Ones Who Will Pay Up," *NiemanLab*, February 12, 2018.

18   Google, "Useful Responses Take Many Forms," https://www.google.com/search/howsearchworks/responses/#?modal_active=none.

19   Paul Sawers, "eBay Announces Computer Vision Search That Helps You Find Items Using Photos," *VentureBeat*, July 26, 2017.

20   앞의 글.

21   Daniel Faggella, "Artificial Intelligence in Marketing and Advertising: 5 Examples of Real Traction," *TechEmergence* (now called Emerj), August 12, 2018.

22   Rajan Patel, "Google Lens: Real-Time Answers to Questions About the World Around You," Google, May 8, 2018; and Nick Statt, "Google Lens Actually Shows How AI Can Make Life Easier," *Verge*, May 8, 2018.

23   Jay Samit, "Augmented Reality: Marketing's Trillion-Dollar Opportunity," *AdAge*, July 18, 2017.

24   "2018 Trends in Personalization," Researchscape International, Everage, 2018.

25   Ayn De Jesus, "Personalized Marketing with AI: 8 Current Applications,"

TechEmergence (now called Emerj), August 15, 2018.

26   앞의 글.

27   David Cohen, "LinkedIn Dynamic Ads Are Now Available on a Self-Serve
      Basis via Campaign Manager," *Adweek*, September 10, 2018.

28   Ayusman Sarangi, "Introducing LinkedIn Dynamic Ads in Campaign
      Manager," LinkedIn, September 10, 2018, https://business.linkedin.com/
      marketing-solutions/blog/linkedin-news/2018/introducing-linkedin-dynamic-
      ads-in-campaign-manager.

29   Cohen, "LinkedIn Dynamic Ads Are Now Available on a Self-Serve Basis via
      Campaign Manager."

30   Sara Radicati, ed., "Email Statistics Report, 2013–2017," Radicati Group,
      http://www.radicati.com/wp/wp-content/uploads/2013/04/Email-Statistics-
      Report-2013-2017-Executive-Summary.pdf.

31   Ayn De Jesus, "Machine Learning in Email Marketing: Comparing 5 Current
      Applications," *TechEmergence* (now called Emerj), July 19, 2018.

32   Recombee, "Artificial Intelligence Power at Your Service," https://www.
      recombee.com/product.html.

33   De Jesus, "Personalized Marketing with AI."

34   Brian E. Thomas, "Will Machine Learning and AI Change Responsive
      Web Design?," *CIO from IDG*, January 8, 2018; and ukit ico, "AI Evaluates
      Websites by Imitating Real People and Even Outmatches Them. How Is It
      Done?" *Medium*, February 15, 2018.

35   Karola Karlson, "8 Ways Intelligent Marketers Use Artificial Intelligence,"
      Content Marketing Institute, August 13, 2017.

36   Ashley Sams, "What Marketers Need to Know About AI and Native
      Advertising," Marketing AI Institute, April 13, 2018.

37   "Cutting-Edge Digital Experiences: The New Generation of Native Ads and
      AI," *Marketing Week*, February 19, 2018.

38   Lucia Moses, "The Washington Post Brings Artificial Intelligence to Its Native

Ads," *Digiday*, August 23, 2017.

39   David Streitfeld, "Marc Benioff Explains Why He Is Buying *Time* Magazine,"
      New York Times, September 17, 2018.

7 본성 vs. 양육 vs. AI

1   Yuval Noah Harari, *21 Lessons for the 21st Century* (New York: Spiegel & Grau,
      2018), pp. 271–272. (유발 하라리, 《21세기를 위한 21가지 제언》)

2   Katerina Ang, "Companies Use AI to Help Managers Become More Human,"
      Wall Street Journal, April 29, 2018.

3   Sue Shellenbarger, "Alexa: Don't Let My 2-Year-Old Talk to You That Way,"
      Wall Street Journal, July 11, 2018.

4   앞의 글.

5   Casey Chin, "How Rude Robots Can Mess with Your Head," *WIRED*, August
      15, 2018.

6   Jose Thaddeus-Johns, "Meet the First Humans to Sense Where North Is,"
      Guardian, January 6, 2017.

7   Rachel Metz, "This Company Embeds Microchips in Its Employees, and They
      Love It," *MIT Technology Review*, August 17, 2018.

8   Chloe Aiello, "Wisconsin Company Known for Microchipping Employees
      Plans GPS Tracking Chip for Dementia Patients," CNBC, August 22, 2018.

9   Dalya Alberge, "'Screaming Nightmare': William Shatner Boldly Goes into
      VR," *Guardian*, August 31, 2018.

10   앞의 글.

11   Leslie Katz, "Gender Swap: A VR Journey into Someone Else's Body," *CNET*,
      February 13, 2014.

12   Andy Clark, "We Are Merging with Robots. That's a Good Thing," *New York
      Times*, August 13, 2018.

13   Mary-Lynn Cesar for Kapitall Wire, "Of Love and Money: The Rise of the

Online Dating Industry," February 13, 2016, https://www.nasdaq.com/article/
of-love-and-money-the-rise-of-the-online-dating-industry-cm579616.

14 Aaron Smith and Monica Anderson, "Five Facts About Online Dating," Pew
Research Center, February 29, 2016.

15 Sophie Curtis, "DNA Matching and Virtual Reality: The World of Online
Dating in 2040," *Telegraph*, November 27, 2015.

16 Janice Mandel, "The Future of Dating Is Artificial Intelligence," *StartupGrind*,
June 2017.

17 . James Jackson, "How a Matchmaking AI Conquered (and Was Exiled) from
Tinder," *Motherboard*, November 6, 2017.

18 앞의 글.

19 Bernard Marr, "The AI That Predicts Your Sexual Orientation Simply by
Looking at Your Face," *Forbes*, September 28, 2017.

20 Polina Marinova, "How Dating Site eHarmony Uses Machine Learning to
Help You Find Love," *Fortune*, February 14, 2017.

21 I-Hsien Sherwood, "Match.com Is Giving Single Parents Free Babysitting So
They Can Go out on a Date," *AdAge*, August 28, 2018.

22 eHarmony.co.uk and Imperial College Business School, *The Future of Dating:
2040*, November 2015.

23 Jason Chen, "Finally Some Actual Stats on Internet Porn," *Gizmodo*, June 1,
2010.

24 Daniel Bates, "Electronics Giant to Cease Production of Cassettes 40 Years
After Its 'Format War' with VHS," *Daily Mail*, November, 10, 2015.

25 YouTube, https://www.youtube.com/watch?v=-cN8sJz50Ng.

26 Elizabeth Yuko, "17 Years After TODAY Colonoscopy, Katie Couric Still
Inspires Screenings," *Health & Wellness*, March 30, 2017.

27 Joshua Nevett, "Sex Robots Turning Japanese into 'Endangered Species' as
Men Choose Dolls over Women," *Daily Star*, July 24, 2018.

28 Joshua Nevett, "Sex Robot Human Clones: Chinese Firm Using 3D Printers

to Scan and Make Replicas of People," *Daily Star*, July 21, 2018.

29   Match, "Singles in America: Match Releases Largest Study on US Single
Population for Eighth Year," *Cision PR Newswire*, February 1, 2018.

30   Thomas Hornigold, "The Love Oracle: Can AI Help You Succeed at Dating?,"
SingularityHub, January 28, 2018.

31   James Vincent, "New Study Finds It's Harder to Turn off a Robot When It's
Begging for Its Life," *Verge*, August 2, 2018.

32   Geoffrey A. Fowler, "Aibo the Robot Dog Will Melt Your Heart with
Mechanical Precision," *Washington Post*, September 18, 2018.

33   Annie Palmer, "Sony's Aibo Robo-Dog Finally Goes on Sale in the US—but
the AI Canine Will Set You Back $2,900," *Daily Mail*, September 18, 2018.

8 알고리즘의 사회학

1   Daniela Hernandez, "Artificial Intelligence Is Now Telling Doctors How to
Treat You," *WIRED*, June, 4, 2014.

2   Lauren Baguette, "UGA Physician Tracks Tuberculosis Using Cellphone
Records," *OnlineAthens*, September 29, 2018, http://www.onlineathens.com/
news/20180929/uga-physician-tracks-tuberculosis-using-cellphone-records.

3   Bob Kocher and Pat Basu, "HIPAA 2.0: Doctors in the Digital Age,"
Democracy Journal, Winter 2016, https://democracyjournal.org/magazine/39/
dot-com-doctors/.

4   Sarah DiGiulio, "These ER Docs Invented a Real *Star Trek* Tricorder,"
MSNBC, May 8, 2017.

5   Jamie Cattell, Sastry Chilukuri, and Michael Levy, "How Big Data Can
Revolutionize Pharmaceutical R&D," *Insights on Pharmaceuticals and Medical
Products*, McKinsey&Company, April 2013.

6   Masturah Bte Mohd Abdul Rashid and Edward Kai-Hua Chow, "Artificial
Intelligence-Driven Designer Drug Combinations: From Drug Development

to Personalized Medicine," *SLAS Technology: Translating Life Sciences Innovation*, September 24, 2018, no. 247263031880077.

7   Alice Park, "How Robots Are Changing How You See a Doctor," *Time*, October 6, 2017.

8   Charles Ornstein and Katie Thomas, "Sloan Kettering's Cozy Deal with Start-Up Ignites a New Uproar," *New York Times*, September 20, 2018.

9   Arlene Weintraub, "Artificial Intelligence Is Infiltrating Medicine—But Is It Ethical?," *Forbes*, March 16, 2018.

10   Park, "How Robots Are Changing How You See a Doctor."

11   Rob Matheson, "Watch Your Tone," MIT News Office, January 20, 2016.

12   Elizabeth Dwoskin, "Instagram Has a Drug Problem. Its Algorithms Make It Worse," *Washington Post*, September 25, 2018.

13   Padraig Belton, "My Robot Makes Me Feel Like I Haven't Been Forgotten," BBC, August 31, 2018.

14   Jamie Condliffe, "Algorithms Probably Caused a Flash Crash of the British Pound," *MIT Technology Review*, October 7, 2016.

15   Gary Brackenridge, "Machine Learning Is Transforming Investment Strategies for Asset Managers," CNBC, June 6, 2017.

16   Daniel Faggella, "Machine Learning in Finance: Present and Future Applications," *TechEmergence* (now called Emerj), June 29, 2018.

17   "AI Is Driving Growth Opportunities in Technology," Fidelity.com, https://www.fidelity.com/mutual-funds/investing-ideas/technology-sector-investing?immid=100414&imm_pid=209385368&imm_cid=c95356038&dfid=&buf=99999999.

18   Adam C. Uzialko, "Artificial Insurance? How Machine Learning Is Transforming Underwriting," *Business News Daily*, September 11, 2017.

19   Rose Luckin, Wayne Holmes, Mark Griffiths, and Laurie B. Forcier, "Intelligence Unleashed: An Argument for AI in Education," Pearson, https://www.pearson.com/corporate/about-pearson/innovation/smarter-digital-tools/

intelligence-unleashed.html.

20   "Re-educating Rita," *Economist*, June 25, 2016.

21   Casey Newton, "Can AI Fix Education? We Asked Bill Gates," *Verge*, April 25, 2016.

22   John Brown and Richard Burton, "Diagnostic Models for Procedural Bugs in Basic Mathematical Skills," *Cognitive Science*, vol. 2, no. 2, April–June 1978, pp. 155–191.

23   Daniel Faggella, "Examples of Artificial Intelligence in Education," *TechEmergence* (now called Emerj), September 1, 2017.

24   Rik Kirkland, "The Role of Education in AI (and Vice Versa)," McKinsey&Company, April 2018.

25   Adam Avery, "Artificial Intelligence Promises a Personalized Education for All," *Atlantic*, 2017, https://www.theatlantic.com/sponsored/vmware-2017/personalized-education/1667/.

26   Karl Utermohlen, "4 Ways AI Is Changing the Education Industry," *Towards Data Science*, April 12, 2018, https://towardsdatascience.com/4-ways-ai-is-changing-the-education-industry-b473c5d2c706.

27   Dhawal Shaw, "MOOCs Become Big Business," *Class Central*, April 9, 2018, https://www.class-central.com/report/moocs-become-big-business/.

28   Artspace editors, "10 of the Most Epic, Record-Shattering Masterpieces Ever to Sell at Christie's Auction House," *Artspace*, November 9 2016.

29   Sarah Jacobs, "A Nude Painting Just Sold in New York for a Record-Breaking $157 Million: Here Are the 15 Most Expensive Paintings Ever Sold," *Business Insider*, May 16, 2018.

30   Ciara Nugent, "The Painter Behind These Artworks Is an AI Program. Do They Still Count as Art?," *Time*, August 20, 2018.

31   Chris Baraniuk, "Artificially Intelligent Painters Invent New Styles of Art," *NewScientist*, June 29, 2017.

32   Nugent, "The Painter Behind These Artworks Is an AI Program."

33   David Pogue, "Is Art Created by AI Really Art?" *Scientific American*, February
      1, 2018.

34   Ben Sisario, "While Some Cry 'Fake,' Spotify Sees No Need to Apologize,"
      New York Times, July 14, 2017.

9   알고리즘의 정치학

1   Lindsay Rittenhouse, "Where Is the Line Between Creepy and Creative in
      Advertising?," *Adweek*, January 14, 2018.

2   James Vincent, "This Beautiful Map Shows Everything That Powers an
      Amazon Echo, from Data Mines to Lakes of Lithium," *Verge*, September 9,
      2018, https://www.theverge.com/2018/9/9/17832124/ai-artificial-intelligence-
      supply-chain-anatomy-of-ai-kate-crawford-interview.

3   "Web Founder Berners-Lee Calls for Online Magna Carta to Protect Users,"
      Reuters Technology News, https://www.reuters.com/article/us-internet-
      bernerslee/web-founder-berners-lee-calls-for-online-magna-carta-to-protect-
      users-idUSBREA2B0PC20140313.

4   Ian Sample, "Tim Berners-Lee Launches Campaign to Save the Web from
      Abuse," *Guardian*, November 5, 2018, https://www.theguardian.com/
      technology/2018/nov/05/tim-berners-lee-launches-campaign-to-save-the-web-
      from-abuse.

5   Bernard Marr, "GDPR: The Biggest Data Breaches and the Shocking Fines
      (That Would Have Been)," *Forbes*, June 11, 2018.

6   Sarah Knapton, "Artificial Intelligence Is Greater Concern Than Climate
      Change or Terrorism, Says New Head of British Science Association,"
      Telegraph, September 6, 2018.

7   Jon Porter, "Trump Administration Sues California over Tough Net
      Neutrality Law," *Verge*, October 1, 2018, https://www.theverge.
      com/2018/10/1/17922674/us-government-sues-california-over-net-neutrality-

law.

8   Guy Faulconbridge and Paul Sandle, "Father of Web Says Tech Giants May
        Have to Be Split Up," *Reuters Business News*, November 1, 2018, https://www.
        reuters.com/article/us-technology-www/father-of-web-says-tech-giants-may-
        have-to-be-split-up-idUSKCN1N63MV.

9   Charles Rollet, "The Odd Reality of Life Under China's All-Seeing Credit
        Score System," *WIRED*, June 5, 2018.

10   Warren Strobel, Jonathan Landay, "Exclusive: Chief U.S. Spy Catcher Says
        China Using LinkedIn to Recruit Americans," *Reuters*, August 31, 2018.

11   앞의 글.

12   Lora Kolodny, "Former Google CEO Predicts the Internet Will Split in Two—
        and One Part Will Be Led by China," CNBC, September 20, 2018.

13   Jennings Brown, "Apple's Using Your Call and Text Data to Figure out
        Whether to 'Trust' Your Devices," *Gizmodo*, September 18, 2018.

14   Elizabeth Dwoskin, "Facebook Is Rating the Trustworthiness of Its Users on a
        Scale from Zero to 1," *Washington Post*, August 21, 2018.

15   Drew FitzGerald, "No Cellphone Left Behind: U.S. to Test 'Presidential Alert'
        System," *Wall Street Journal*, October 2, 2018.

16   Emily Reynolds, "The Agony of Sophia, the World's First Robot Citizen
        Condemned to a Lifeless Career in Marketing," *WIRED UK*, June 1, 2018.

17   Joshua Davis, "Hear Me Out: Let's Elect an AI as President," *WIRED*, May
        18, 2017.

18   Samuel Stebbins, "The World's 50 Most Innovative Companies," *USA Today*,
        January 12, 2018.

19   Dan Robitzski, "Advanced Artificial Intelligence Could Run the World Better
        Than Humans Ever Could," *Futurism*, August 29, 2018.

20   Nicholas Thompson, "When Tech Knows You Better Than You Know
        Yourself," *WIRED*, October 4, 2018.

21   Dwoskin, "Facebook Is Rating the Trustworthiness of Its Users."

22   Christina Larson, "Who Needs Democracy When You Have Data?" *MIT Technology Review*, August 20, 2018.

23   George Orwell, "Looking Back on the Spanish War," Orwell Foundation, https://www.orwellfoundation.com/the-orwell-foundation/orwell/essays-and-other-works/looking-back-on-the-spanish-war/.

24   앞의 글.

25   Jack Corrigan, "The FBI Wants Artificial Intelligence Tools That Can ID People with Burnt, Cut or Otherwise Altered Fingerprints," *Nextgov*, August 29, 2018.

26   Shannon Liao, "New Facial Recognition System Catches First Imposter at US Airport," *Verge*, August 24, 2018.

27   Martin Weil, "Face-Recognition Technology Spots Impostor Arriving at Dulles, Government Says," *Washington Post*, October 3, 2018.

28   Shibani Mahtani and Zusha Elinson, "Artificial Intelligence Could Soon Enhance Real-Time Police Surveillance," *Wall Street Journal*, April 3, 2018.

29   Andrew Flanagan, "Thanks to AI, a 3rd Person Is Arrested Following a Pop Superstar's Concert," NPR, May 23, 2018.

30   Jordan Kenny, "Artificial Intelligence Footstep Recognition System Could Be Used for Airport Security," University of Manchester, May 29, 2018, https://www.manchester.ac.uk/discover/news/ai-footstep-recognition-system-could-be-used-for-airport-security/.

31   George Dvorsky, "This AI Knows Who You Are by the Way You Walk," *Gizmodo*, May 28, 2018.

32   Darlene Storm, "Biometrics: Dream Come True or Nightmare?," *Computerworld from IDG*, March 3, 2011.

33   Tony Romm and Drew Harwell, "Ancestry, 23andMe, and Others Say They Will Follow These Rules When Giving DNA Data to Businesses or Police," Washington Post\, July 31, 2018.

34   Alejandro Tauber, "How the Dutch Police Are Using AI to Unravel Cold

Cases," *The Next Police*, May 23, 2018.

35   Heming Nelson, "A History of Newspaper: Gutenberg's Press Started a
      Revolution," *Washington Post*, February 11, 1998.

36   Des Bieler, "Kyrie Irving Sorry for Saying Earth Is Flat, Blames It on a
      YouTube 'Rabbit Hole,'" *Washington Post*, October 1, 2018.

37   Carter Evans, "Spotting Fake News in a World with Manipulated Video," *CBS
      News*, April 17, 2018.

38   Michelle Castillo, "YouTube Will Use Six Popular YouTube Stars to Educate
      Kids About Fake News," CNBC, July 9, 2018.

10 신의 알고리즘

1   Guy Faulconbridge and Paul Sandle, November 1, 2018, "Father of Web Says
      Tech Giants May Have to Be Split Up," *Reuters Business News*, https://www.
      reuters.com/article/us-technology-www/father-of-web-says-tech-giants-may-
      have-to-be-split-up-idUSKCN1N63MV.

지은이

윌리엄 에이머먼 William Ammerman

TV, 신문, 잡지, 라디오 등 레거시 미디어를 통한 전통적 광고에서 AI가 주도하는 초 개인화된 실시간 지능형 광고로 급격하게 변하는 과정에서도 늘 새로운 전략으로 돌파구를 찾아온 최고의 디지털 마케팅 전략가. 1990년대 인터넷 대중화 초창기부터 곧 불어닥칠 파고를 감지하고 디지털 마케팅 분야에서 눈부신 커리어를 쌓았다.

글로벌 시장 리서치 및 데이터 분석, 마케팅 전략 컨설팅 기업인 식스 세일즈 그룹 Six Sails Group의 디지털 미디어 부문 부사장으로 재직하며 소비자 빅데이터에 기반한 타깃팅 전략 수립, 3개 대륙의 AI 기반 마케팅 교육 과정을 총괄했다. 트리뷴 미디어 Tribune Media 부사장으로 재직 당시 311% 매출 증가라는 놀라운 성장을 기록한 프로그래매틱 광고 파트가 포함된 디지털 마케팅 부문에서 매년 20% 이상 매출을 끌어올리기도 했다. 프랭클리 Frankly의 글로벌 광고 부문 책임자로 재직하며 웹, 모바일, 앱, OTT, 300여 곳에 달하는 방송국까지 연간 300억 건 이상의 디지털 광고를 집행, 관리한 경험을 가지고 있다. 이 외에도 허스트 텔레비전 Hearst Television과 캐피털 브로드캐스팅 Capitol Broadcasting의 광고 마케팅 부문 임원을 역임했다.

미시간 대학교에서 학사 학위를, 노스캐롤라이나 대학교에서 미디어/저널리즘으로 석사 학위를 받았으며, 사회 전 분야에서 AI의 영향력이 급속도로 커지는 상황에 대응하기 위해 MIT에서 AI가 비즈니스 전략에 미치는 영향을 연구하기도 했다.

옮긴이
최경남

이화여자대학교 교육학과를 졸업하고 고려대학교 국제대학원에서 국제통상협력학, 국제통상을 전공했다. FCB 한인 광고 전략, 금강기획에서 다수의 광고를 제작했으며, 이후 영국에서 가장 오래된 요리 학교인 땅뜨 마리 요리 학교를 졸업했다. 현재 엔터스코리아에서 출판 기획 및 전문 번역가로 활동하고 있다. 옮긴 책으로는 《광고 불변의 법칙》, 《브랜드 경험을 디자인하라》, 《마케팅이란 무엇인가》, 《사람들은 왜 소비하는가》, 《순환경제 시대가 온다》 외 다수가있다.

브랜드를 감춰라

2021년 6월 30일 초판 1쇄

지은이 윌리엄 에이머먼
옮긴이 최경남
펴낸이 김상현, 최세현 **경영고문** 박시형

책임편집 김선도 **디자인** MALLYBOOK 최윤선, 정효진
마케팅 임지윤, 양근모, 권금숙, 양봉호, 이주형, 신하은, 유미정
디지털콘텐츠 김명래 **경영지원** 김현우, 문경국
해외기획 우정민, 배혜림 **국내기획** 박현조
펴낸곳 (주)쌤앤파커스 **출판신고** 2006년 9월 25일 제406-2006-000210호
주소 서울시 마포구 월드컵북로 396 누리꿈스퀘어 비즈니스타워 18층
전화 02-6712-9800 **팩스** 02-6712-9810 **이메일** info@smpk.kr

ⓒ 윌리엄 에이머먼 (저작권자와 맺은 특약에 따라 검인을 생략합니다)
ISBN 979-11-6534-357-6 (03320)

쌤앤파커스(Sam&Parkers)는 독자 여러분의 책에 관한 아이디어와 원고 투고를 설레는 마음으로 기다리고 있습니다. 책으로 엮기를 원하는 아이디어가 있으신 분은 이메일 book@smpk.kr로 간단한 개요와 취지, 연락처 등을 보내주세요. 머뭇거리지 말고 문을 두드리세요. 길이 열립니다.